国际传播与融合新闻实务

朱　颖◎主编

九州出版社
JIUZHOUPRESS

图书在版编目（CIP）数据

国际传播与融合新闻实务 / 朱颖主编. —北京：
九州出版社，2022.10
ISBN 978-7-5225-1314-0

Ⅰ.①国… Ⅱ.①朱… Ⅲ.①传播学－文集②新闻学
－文集 Ⅳ.①G206-53②G210-53

中国版本图书馆CIP数据核字(2022)第201315号

国际传播与融合新闻实务

作　　者	朱　颖　主编
责任编辑	王丽丽
出版发行	九州出版社
地　　址	北京市西城区阜外大街甲35号（100037）
发行电话	（010）68992190/3/5/6
网　　址	www.jiuzhoupress.com
电子信箱	jiuzhou@jiuzhoupress.com
印　　刷	艺通印刷（天津）有限公司
开　　本	710毫米×1000毫米　16开
印　　张	19.75
字　　数	351千字
版　　次	2023年1月第1版
印　　次	2023年1月第1次印刷
书　　号	ISBN 978-7-5225-1314-0
定　　价	98.00元

前　言

在激烈竞争的国际舆论场上，国际传播能力决定国际影响力，深远地影响着国家软实力的提升和国家形象构建。党的十八大以来，加强国际传播能力和对外话语体系建设、推动中华文化走向世界成为国家发展战略的重要组成部分。习近平总书记多次强调，要加强国际传播能力建设，精心构建对外话语体系，增强在国际上的话语权。

2016 年 2 月 19 日，习近平总书记在党的新闻舆论工作座谈会上再次强调，要加强国际传播能力建设，增强国际话语权，优化战略布局，精心构建对外话语体系，注重对外话语的创造力、感召力、公信力，着力打造具有较强国际影响的外宣旗舰媒体；要讲好中国故事，传播好中国声音，阐释好中国特色。

2021 年 5 月 31 日，中共中央政治局就加强我国国际传播能力建设进行第三十次集体学习。习近平总书记在主持学习时强调，要深刻认识新形势下加强和改进国际传播工作的重要性和必要性，下大气力加强国际传播能力建设，形成同我国综合国力和国际地位相匹配的国际话语权，为我国改革发展稳定营造有利的部外舆论环境，为推动构建人类命运共同体做出积极贡献。

加强国际传播能力建设，提升中国话语权是国家战略，也是一项系统工程。实施这项工程，平台和人才是关键。

从媒体平台来看，以社交媒体、视频网站为代表的网络新媒体如雨后春笋般迅速崛起，不仅冲击着传统媒体的渠道优势，还重新塑造了新的内容生产模式。传统媒体作为信息入口的价值急剧下降，主要表现在忠实用户流失、广告收入下滑、核心人才流失等方面，迫使传统媒体积极开展资源整合或重组，主动尝试不同途径的融合方式。党的十八大以来，以习近平同志为核心的党中央做出推动传统媒体和新兴媒体融合发展的战略部署。2014 年，中央深改组会议审议通过《关于推动传统媒体和新兴媒体融合发展的指导意见》。在一次次重要会议和媒体视察中，习近平总书记反复就推动媒体融合发展做出深刻阐述，提出明确要求。2019 年 1 月 25 日，中共中央政治局第十二次集体学习把"课堂"设在了媒体融合发展的第一线。习近平总书记在主持学习时强调，推动媒体融合发展、建设全媒体成为我们面临的一项紧迫课题。

从人才资源来看，能否尽快培养和造就一批高水平的、优秀的国际传播人才，直接关系到国际传播能力建设战略的成败。当今世界的国际话语体系仍然由西方国家掌控，西方国家政府的传播力和影响力左右着世界政治格局。要扭转国际传播领域"西强我弱"的格局以及信息流通的"落差"和"逆差"，增强国家对外传播"软实力"，更好地传播中国声音，就必须努力适应全球化与全媒体时代国际传播的新形势与新要求，在培养既具备跨文化交流能力，熟悉国际新闻传播实务和规律，又懂得新媒体操作技术的全媒体与国际传播高端人才方面迈出实质性的步伐。

广东身处改革开放和意识形态"两个前沿"，是国家对外传播的重要窗口，意识形态与对外宣传任务复杂而繁重。作为文化大省、传媒大省与互联网大省，广东一直致力于创新对外传播方式，大力拓展对外传播渠道，加快媒体深度融合步伐，支持主流媒体做强做大，强化国际传播能力建设。

为了进一步推动对外宣传事业的发展，创新青年人才培养机制，促进国际传播人才成长，广东省委宣传部 2017 年 12 月在广东外语外贸大学设立"广东省国际传播青年人才培养基地"，充分发挥广东外语外贸大学外语和新闻专业人才聚集的优势，加快培育培养一批既有爱国爱党情怀又具有国际视野，既熟悉国际新闻传播实务又懂得新媒体操作技术，能够讲好中国故事、传播好中国声音、阐释好中国特色的国际新闻传播人才，为提高广东省国际形象、国际话语权和国际影响力服务，为宣传文化人才队伍储备力量。

人才基地每期选拔培养 30 ~ 40 名从事国际报道的媒体记者、编辑、文化外译人员和高校国际传播领域教研人员，以马克思主义新闻观、对外报道、外语沟通、国际公关、国际政治经济关系和国际舆情监测等内容为重点开展培训。具体培养方式包括专题讲座、实地考察、名家指导、实战训练、学术研讨等。

为了推进学员的科研创新能力，人才基地会对每届学员进行论文和调研报告写作技巧培训，指导学员参加主题调研和论文写作，产出高水平的科研论文和调研报告。本论文集汇编了广东省国际传播青年人才基地第二届学员的科研论文，立足媒体实务前沿，对各种实践问题展开理论层面的探讨，涉及国际传播策略、对外报道实务、国际治理创新、媒体融合改革、城市形象建构、主流舆论引导等论题，以期对国际传播与媒体融合理论与实务提供一定借鉴。

目 录

CONTENTS

上 篇 国际传播与对外报道

中　篇　媒介融合与转型实践

下 篇　其他类型

上　篇

国际传播与对外报道

新时代城市英文媒体的对外传播实践

——以《深圳日报》融媒体发展为例

邓含能①

一、研究背景

党的十八大以来，党中央高度重视对外宣传工作，把对外话语体系建设作为创新外宣工作的重要突破口。习近平总书记多次强调，要创新对外宣传方式，着力打造融通中外的新概念、新范畴、新表述，讲好中国故事，传播好中国声音，增强在国际上的话语权。十八届三中全会强调，加强国际传播能力和对外话语体系建设，推动中华文化走向世界。从当前来看，国力的增强、外交关系的融洽、文化的特质性以及中国模式的成功等等，都为我国的对外传播打下了前所未有的坚实基础。

本文中的"对外传播"主要指针对讲英语人群的传播。作为世界第一大语言，英语对于"讲好中国故事"的重要性毋庸置疑。英语不仅是最多国家使用的官方语言，也是世界上使用最广泛的第二语言，还是众多国际组织的官方语言之一。

我国在国家层面的对外传播，主要依靠新华社、中国国际广播电台（CRI）、中国国际电视台（CGTN）、《中国日报》《环球时报》等全国性媒体。而城市英文媒体，目前数量还比较少，主要有《深圳日报》《上海日报》《今日北京》《成都周报》、南方网英文版等几家。而在这几家媒体中，成立于香港回归之日的《深圳日报》是我国大陆首家城市英文媒体，是地方媒体中少数打造了纸媒、网站、App、社交媒体账号等全媒体网络的机构之一。

地方对外传播是我国对外传播体系的重要组成部分。随着我国国力的增强和城市

---

①　邓含能，《深圳日报》新媒体部主任。

的崛起，越来越多的外籍人士定居在中国各大城市，国际社会对中国城市的关注也日益增多。设立地方英文媒体，对于提升城市形象、便利外籍人士在中国城市的工作生活，都是非常有必要的。相比全国性英文媒体，地方英文媒体在资金支持、报道空间等方面都比较受限，得到的关注也比较少。

当下媒体传播格局正在发生深刻变革，媒体融合为构建我国对外传播力量提供了新的契机，媒体技术变革重塑国际传播格局，有助于打破长期以来被西方垄断的话语格局。城市英文媒体如何利用融媒体时代的机遇发展壮大？本文以中华人民共和国大陆地区创立最早的地方英文媒体《深圳日报》及其融媒体发展为例，讲述我国新时代城市英文媒体的对外传播实践，以期对其他城市创立英文媒体有一定借鉴作用。

二、《深圳日报》介绍

《深圳日报》为深圳报业集团旗下报纸，于 1997 年创刊，成立于香港回归之日，时为中国大陆唯一的三家英文日报之一（另外两家为《中国日报》和《上海日报》）。目前纸媒工作日每天出版 8 个版面。

近年以来，《深圳日报》开始积极进行融媒体转型，由单一纸媒发展为集纸媒、网站、社交媒体的矩阵，收入来源由广告、发行和集团补贴扩展到网站代运营、举办活动等多元化经营，实现社会影响力和营业收入的双双提升。目前拥有员工 38 人，其中 1/3 左右是新媒体人才。可以说，《深圳日报》在融媒体时代探索出了一条地方英文媒体发展壮大之路。

具体而言，《深圳日报》主要在以下几方面做出努力。

（一）融媒体内容建设

《深圳日报》拥有一支英语和采编水平都较高的团队。采编人员 90% 以上拥有英语或新闻专业硕士以上学位与海外留学经历。

在新闻写作方式上，《深圳日报》遵循国际权威主流报纸的新闻写作规范，要求记者就同一事件采访多个消息来源或者引用多家评论以求公正。新闻稿件中尽量避免出现主观色彩和意识形态色彩浓烈的词语，以此保持新闻的客观性。新媒体和传统媒体平台遵循同样的质量标准，无论在报纸、网站，还是社交媒体账号上发表的稿件，都必须经过用严格的"三审三校"程序后方能刊发。

在报道选材上，《深圳日报》坚持民生优先，关注民生、经济、环境保护这样的民生类新闻议题，对政治题材、政府领导的报道偏少。近年来，深圳屡次成为国际焦点，如华为事件、中兴事件、基因改造事件等，《深圳日报》都第一时间关注，积极回应国际舆情，为城市发声，也增强了报纸影响力。

在视频为王的时代，《深圳日报》特别重视视频内容的创作，通过双语视频拍摄特别是文化类视频拍摄来提升国家和城市的对外传播效果。《深圳日报》视频团队每周创作1～2个中英双语视频，已经成为深圳最主要的双语视频创作来源。以2019年出品的《深圳鸟人》为例，《深圳日报》视频记者历时半个月，采访了深圳一群爱鸟、护鸟的志愿者，记录了深圳人对环境保护和对自然的热爱，也传达了这样一个事实：深圳不光是创新之城，也是环保之城，从政府到民众都在为保护深圳的自然环境做出努力。如"麦乐迪的春晚"，拍摄了参加2019年中央电视台春节联欢晚会的在深外籍家庭，反映了外籍人士对深圳、对中国的热爱之情。对于"深圳文化菜单"的每一项重要活动，《深圳日报》均派记者进行拍摄，留下了城市文化活动的每一个精彩瞬间。

在报道内容选取上，《深圳日报》特别重视从新媒体渠道获取信息。如新冠肺炎疫情防控期间，《深圳日报》记者通过微信朋友圈发现一群外籍人士创作了一个武汉加油的音乐视频，经征得创作者同意后，记着转发到了《深圳日报》微信公众号。由于后台阅读量很高，记者进一步采访了多位创作者并发表在报纸上，形成了良好的新媒体到纸媒的循环。

针对纸媒、网站、社交媒体账号等不同的发表平台，《深圳日报》的编辑会进行不同的内容和标题制作，在不同的平台上打造各自最适合的内容。同时，纸媒报道上会放新媒体报道的二维码，社交媒体上也会放纸媒新闻的网站链接，便于读者在不同平台之间做选择，以便看到最适合自己的内容。

（二）渠道建设

"酒好也怕巷子深"。在深耕内容的同时，《深圳日报》大力拓宽稿件传播渠道，形成包含报纸、网站、社交媒体账号的传播矩阵。

网站方面，《深圳日报》与政府部门合作，开展深圳市委、市政府、各区英文网站的内容运营。一方面，拓宽报纸收入来源；另一方面，也拓宽了稿件传播渠道。以《深圳日报》代运营的深圳英文门户网站"爱深圳"为例，网站月点浏览量超过10万，在国内同类英文网站名列前茅，被评为"2018年度最具影响力的外文版政府网站"。"深圳公交车全部电动化"这条新闻，在"爱深圳"网站发布后，被知名环保机构"气候现实"等多个机构转发，在脸书的阅读量迅速达到 49 万。

社交媒体方面，《深圳日报》先后开通了微信、微博、脸书、推特、油管等新媒体账号，第一时间分享《深圳日报》优质内容。以微信为例，《深圳日报》早在 2013 年就开通了英文版微信公众账号，是国内首批开通英文微信公众账号的媒体之一。开通之初，腾讯团队英文审核力量不够，英文稿件经常不能发出。如今，微信英文版 WeChat 已经非常成熟，居住中国的外籍人士大都会用 WeChat 来沟通和获取信息。《深圳日报》的微信公众账号也已经成为在深外籍人士获取深圳和粤港澳大湾区新闻的主要渠道。《深圳日报》的微信公众账号还实现了多种服务功能，包括活动组织、报料、线上订报。

社交媒体账号终究依托于第三方平台，比如微信公众号每日发文有条数限制，今日头条最近由于"英文稿件审核力量不够"的原因关闭了《深圳日报》的头条号，海外社交媒体账号发稿也容易受到 VPN 影响。因此，《深圳日报》最近上线了自己的 App，将对其新闻生产方式、频率、传播效果产生巨大的影响。

（三）涉外活动举办

《深圳日报》常年举办各种涉外活动。"深圳外国人中文演讲暨中华才艺大赛"已经连续举办 9 年，每年吸引几百名居住在深圳和珠江三角洲的外籍人士报名，上百万人会通过线上、线下的方式观看比赛。外籍人士以"我眼中的深圳"作为主题演讲并展示他们各自的才艺，极大地激发了外籍人士爱深圳、爱中国、爱中华文化的热情。大赛还捧出了许多外籍明星，如参与大赛的俄罗斯选手喜莲娜已成为荧幕上的闪闪明星，参演了中央电视台播出的电视剧《彭德怀元帅》。参加了第一届比赛的加纳小伙子雷锋，则受到鼓励积极学习中文并热衷公益，成为深圳首支外国人志愿团队的核心成员。在《深圳日报》协办的"酒店业国际礼仪大赛"中，来自福田香格里拉、深圳华侨城洲际、大中华希尔顿等 30 多家国际酒店踊跃报名，通过服务行业的技能比拼，提升了本地国际化服务水平。

2019 年 6 月，《深圳日报》承办了首届"国际友人在深圳"摄影大赛。大赛吸引了来自 20 多个国家的国际友人投稿，参赛作品超过千幅。美丽幽静的深圳湾畔、高耸入云的摩天大楼、幸福美好的市民生活、色彩缤纷的大芬油画村……一张张代表深圳独特的城市形象和文化魅力的"名片"通过外国友人独特的视角向世界展现和传递了深圳这座城市的蓬勃生机和人文风采，讲述了他们对这座城市的内涵、精神、气质的理解，记录了深圳创新、成长、繁荣的故事。

随着《深圳日报》影响力逐渐增强，越来越多的国际活动也"找"上了它。2018年，世界政党大会首场专题会议在深圳召开，来自 100 多个国家、200 多个政党的数百位嘉宾出席，《深圳日报》除负责英文报道之外，还承担了媒体接待任务。2019 年全球青年创新集训营 Unleash 在深圳召开，来自全球 160 多个国家和地区的创新人才参加活动，《深圳日报》负责新闻中心的运作。2019 年国际篮联篮球世界杯深圳赛区的新闻中心也由《深圳日报》承办，从新闻中心设施的提供到会务信息的发布，《深圳日报》帮助境外记者获取各种信息，全方位展示中国形象。

（四）外宣品制作

近年来，《深圳日报》配合深圳市政府部门制作了大量外宣品。如年度中英文版《深圳概览》《深圳外宣折页》、英文版《发现深圳之美》、英文版《深圳投资指南》与 2011 年世界大学生运动会期间的中英文《采访指南》等。中英文《深圳概览》《深圳外宣折页》等外宣品电子版在《深圳日报》旗下各社交媒体账号及各代运营英文网站广泛发布。新冠肺炎疫情暴发期间，《深圳日报》配合政府部门翻译权威信息并利用旗下各社交媒体账号快速发布，实现信息公开透明，受到外籍人士好评。新冠肺炎疫情防控期间，《深圳日报》微信公众号、App 每天发布最新疫情数据、最新病例情况；疫情防控严重期间发布"每日疫情简讯"；疫情防控期间口岸、通关、签证服务信息都是 24 小时英文滚动发布。这些信息给外籍人士提供了及时的信息，也为《深圳日报》聚集了不少粉丝。

三、融媒体时代城市英文媒体的机遇与挑战

地方英文媒体随着城市国际化程度的提高而产生，但是在其发展过程中，面临的困境是显而易见的。无论是经费支持、报道尺度，还是国际影响力，地方英文媒体都比不上全国性英文媒体。在我国，英文毕竟是小众语言，即使在北京、上海、深圳等国际化程度较高的城市，地方英文媒体的影响力也无法与同城中文的媒体相匹敌。因此，长期以来，地方英文媒体被比喻为城市的"领带"，仅仅起到锦上添花的作用。

全球化和融媒体时代的来临，给传统媒体行业带来了较大的冲击。但是，地方英文媒体却正面临着难得的发展机遇。一方面，随着城市国际影响力的提高，国际社会对城市报道的需求增大，城市讲英语的人群增多，对国际化信息服务的需求也在增大；另一方面，随着各种新技术、新平台的崛起，传播内容的方式更多样、更便利，

对于作为小众媒体的地方英文媒体，也是一大利好。

城市英文媒体作为当地向外界开放的"窗口"，最重要的任务就是做好当地的对外传播工作，其工作分为两部分：一是报道那些能够积极建立城市外在形象的新闻，推动城市国际交流；二是为城市居住生活的外籍人士提供信息服务，提升本地服务国际化水平。对于城市英文媒体而言，这两方面的工作同等重要。

城市英文媒体应该怎样抓住融媒体机遇？《深圳日报》的经验是，应该采取"新闻＋服务"的策略。一方面，用目标读者喜闻乐见的方式，精选报道角度、内容、传播渠道，讲好"中国故事"和"城市故事"，实现城市品牌形象和国际影响力的提升；另一方面，通过与地方政府、机构紧密合作，提升城市国际化服务水平，包括策划外宣品、建设英文网站、举办国际活动等。从某种意义上讲，透过一个城市的传播水平，可以看出它的开放程度、文化发展水平和社会文明程度。因此，英文媒体对于城市而言，正在发挥着越来越重要的作用。

毋庸讳言，融媒体时代，城市英文媒体也面临着诸多挑战，其中最大的挑战是人才。目前媒体人的薪酬普遍不高，而新媒体时代对英文媒体人的技能需求却有增无减：除语言能力与写作能力之外，视频拍摄、新媒体运营、活动策划等，都是必备技能。如何吸引人才、留住人才，是城市英文媒体面临的最大问题。

四、结　语

设立地方英文媒体，对于提升城市形象、便利外籍人士在中国城市的工作生活，都是非常有必要的。相比全国性英文媒体，地方英文媒体在资金支持、报道空间等方面都比较受限，得到的关注也比较少。融媒体时代的到来，恰恰给"小众"的城市英文媒体提供了难得的发展机遇。通过充分利用新媒体技术和各种新媒体平台，采用"新闻＋服务"的策略，讲好"中国故事"和"城市故事"，服务好目标读者，地方英文媒体的发展之路将会越走越宽。

参考文献：

［1］朱鸿军，蒲晓，彭姝洁.中国对外传播 40 年回顾［J］.对外传播，2018（12）：8-101.

［2］张桂珍.全球化视域中的国际传播与中国对外宣传［J］.中共天津市委党校学报，2003（1）：64-69.

［3］吴智颖.我国不同英文媒体在对外传播上的现状与展望［J］.新闻传播，2019（1）：77-78.

［4］邓含能.英文报纸《深圳日报》的微信营销［J］.中国报业，2014（4）：11-12.

中国原创图画书版权输出问题与对策研究

——以"梁培龙·中国绘"系列为例

傅　琨^①

自 20 世纪 90 年代以来，中国出版业已经为市场提供了数万本优秀的外国图画书，我们花了大约 10 年时间把西方优秀图画书几乎"一网打尽"。不容置疑地，这些优秀的版权引进作品是国人的图画书启蒙，让中国读者逐渐接触、了解并接受这种起源于西方的图书品类，并将阅读、欣赏图画书的方法通过阅读推广活动在中国读者中普及开来，这为中国原创图画书的发展奠定了基础。直至 21 世纪初，中国市场才开始涌现一批有规模、成现象的原创图画书。而关于中国原创图画书，正如方卫平教授早在 2006 年的一篇研究论文里所说，"作为一种出版和创作门类，图画书或准图画书的创作与出版在中国儿童文学的历史上并非始于最近这些年。但是，作为一种自觉的、成规模的创作和出版行为，作为一种受到读者普遍关注的文学现象，原创图画书的兴起显然是世纪之交的一道新的创作和出版风景"。^②

同样因为上述的"先天劣势"，在图画书这一品类的图书版权贸易中，中国的图画书版权输出一直处于贸易逆差的地位。在出版了自己的原创图画书之后，不少国内出版机构都对国际市场跃跃欲试，一是受国家"走出去"相关扶持政策的鼓舞，二是感受到国际市场对中国图画书的好奇。随着国际形势的发展，中国在国际舞台上越来越活跃，"中国故事"和"中国元素"也慢慢地走入了国外出版商的眼帘。而中国出版机构在购买国外图书版权时，与国外出版机构打交道积累下来的经验，也成为中国原创图画书对外推广和输出的必要条件。

---

① 傅琨，副教授，现任教于广东轻工职业技术学院数字出版专业。原广东新世纪出版社儿童文学出版中心主任。

② 方卫平 . 图画书在中国大陆的兴起 [J] . 中国儿童文化，2006（1）：20-24.

一、研究背景

（一）中国原创图画书版权输出概况

近 10 年来，专业少儿出版社所开发、出版的大型原创图画书系列已成功出口版权，进入亚洲、欧洲和美国市场。如：中国少年儿童新闻出版总社出版的"中少阳光图书馆"丛书中的绘本《香香甜甜腊八粥》版权已输出至尼泊尔，《爸爸，别怕》版权已输出至新加坡、马来西亚等国家。虽然这个品牌的原创绘本数量不多，但每一本都受到了读者的欢迎，并且已经走出国门[①]。如 2012 年出版的《云朵一样的八哥》，因其独特的剪纸风格，获得了多项国内外大奖，其中包括布拉迪斯拉法国际插画"金苹果奖"，其版权已出口到海外多个国家；2015 年出版的《不要和青蛙跳绳》和《麻雀》，前者创下了 6.5 万多册的销售纪录，而后者则因其阴郁、怪异而又深刻的寓意而成为艺术绘本的话题；《外婆变成了老娃娃》出版于 2016 年年初，绘本中阿尔茨海默症与感人至深的亲情故事，使它已经变成了"催泪瓦斯"。

上述"爆发"并不是在一夜之间实现的。自 20 世纪 80 年代末以来，国内出版机构如二十一世纪出版社、明天出版社、中国社会福利协会出版社就开始大量引进欧美图画书；特别是二十一世纪出版社，在图画书出版经验的"洋为中用"上尤其突出，为中国原创图画书出版做出了重大的贡献。在此基础上，2008 年之后，原创图画书逐渐成为中国少儿出版的一个重要板块[②]。在这些专业少儿出版社的引导下，原创图画书已慢慢成为在以家长和老师为购买主体的群体中颇受欢迎的儿童书籍。中国原创图画书是儿童的高质量阅读代名词，往往都带有先进、科学的育儿理念，在培养儿童的情感、态度和价值观以及发展儿童的智力及审美方面的能力，它们具有特别的价值和重要性。这些都是中国原创图画书的市场土壤，而有了中国自主版权的图画书，才有版权输出的可能。

（二）"梁培龙·中国绘"系列图画书版权输出概况

本文所述的"梁培龙·中国绘"系列图画书是泛指由中国水墨儿童画家梁培龙创作的一系列原创图画书。梁培龙被誉为"中国十大儿童画家"之一，是岭南画派传人，其"撞水、撞粉"的技法让画作色彩明快，"无骨造型"的人物绘法使他的作品颇具辨

---

①　谭旭东.中国原创绘本出版发展的观察与思考［J］.出版广角，2018（23）：6-9.

②　王峰.漂洋过海的中国梦——杂谈中国图画书走出去［J］.出版广角，2013（8）：27-29.

识度；更难得的是，梁培龙从 20 世纪 80 年代即投入到儿童画的专业创作中去，以浸润的笔法再现了江南水乡的风物，其笔下的儿童和动物形象充满童趣。因此，由他创作的儿童图画书，无论在国内市场还是在国际市场，都是具有高辨识度的资源稀缺性产品。

本文选取作为研究对象的几套图画书，都是在新世纪出版社出版，并由新世纪出版社操作输出版权的项目，包括：黄庆云著、梁培龙绘的童谣图画书《月光光》（输出西班牙地区、西班牙语版权），肖衰著、梁培龙绘的故事图画书《乡下动物园》（输出美国地区、英语版权），国学图画书《唐诗》《宋词》（输出越南地区、越南语版权与美国地区、英语版权），童诗图画书《中国绘·诗韵童年》（输出印尼地区、印尼语版权）。

二、中国原创图画书版权输出存在的问题

（一）强调形式大于内容

中国原创图画书对外输出实践的一个误区是过分重视形式而不是内容。虽然图片和文字在图画书中扮演着重要的角色，但应该专注于一个特定的主题，并有一个故事。这个故事不仅可以唤起孩子们对语言的兴趣，也可以满足他们通过画面发回想象力的需要。自 2010 年以来的很长一段时间里，我国的原创图画书主要是由一些神话、传说、民间传说或现实内容改编而成，表现形式也使用了中国化的视觉元素，而相关的推介资料也侧重于突出"中国元素"，过于注重形式而不是内容。

笔者在刚刚接手推介梁培龙水墨图画书的版权输出时，也犯了类似的错误。许多外国出版商直接放弃了阅读，因为他们缺乏对中国绘画的欣赏方法和常识，而书中的故事和价值无法进行有效的对外传播。

（二）目标读者定位模糊

根据《中国年鉴》发表的数据和国家版权局近年来发表的统计数据可以发现，虽然中国出版的图画书种类繁多，但它们的主题主要集中在历史和传统故事，其中许多是关于中国传统文化的。从国际市场的层面看，这些作品往往无法在海外市场找到清晰定位的读者群体；正是因为目标读者定位模糊，这些作品缺乏广泛的海外读者对象

基础，形成不了规模效应，因此无法吸引外国书商的注意。[①]

相较而言，欧美和日韩这些图画书发展得比较早的地区，图画书创作主题非常丰富，许多作品无论是内容还是概念都可以克服意识形态和文化的束缚，可以强烈地激发不同国家和文化的读者的阅读兴趣。换句话说，这些作品不仅让外国读者感兴趣，而且让他们可以理解，给读者很好的阅读体验。这是值得中国出版机构借鉴和模仿的。

（三）忽视文化差异与语境

国内出版商在制作对外推广材料（如版权目录）时，通常不会对内容进行调整和选择，也很少考虑到目标市场的文化差异。参考图画书市场较为发达的地区和国家的做法，他们会将全球市场划分为不同的文化群体，并针对不一样的文化圈，投其所好地进行版权推广。对于那些与自己文化不能相通的目标市场，他们在选择产品时会非常小心，通常会从宗教、政治和历史的角度来考虑，规避因为文化差异产生的负面效果和风险。

目前，国内出版社的版权经理和版贸专员很多都是"零经验"的职场新人，他们对自身产品解读不到位，对目标市场需求缺乏分析，对目标受众的文化背景缺乏关注与理解；他们只是将出版社在国内推广图书的现成材料翻译成外语并投放到国际书展上，这样一来，国产原创图画书乏人问津也是在常理之中的。

（四）缺少受众适应效果评估

即使图书内容质量优秀、装帧设计很用心，定位为国内市场产品的图书在"走出去"的时候不重新定位，也很难"走下去"。

从装帧设计上来说，每个国家的文化产品都有自己的"民族性"，无论是电影、电视还是图书产品，都应遵从在地读者对内容展现形式的适应性。例如，日本流行左开竖排本，欧美地区的图画书以精装书为多[②]。

从内容质量上来说，版权输出的外文版图书并不只是翻译作品，不仅要适应读者的语言习惯，也要了解以目标读者的知识储备是否能理解译文内容。在《中国绘·国学经典启蒙系列》图画书的对外输出经验中正好说明了这一点。原版图书既有"唐

---

① 江一常.新世纪中国儿童图书版权贸易研究［D］.北京：北京印刷学院，2009.

② 杨定安.引进·原创·走出去——二十一世纪出版社对外合作之路［J］.出版参考，2016（3）：48-49.

诗""宋词""千家诗"选读篇目的图文内容，更有以英文意译的解读内容；但是，英语国家和地区的出版商在审读后反馈，表示书中诗句是由中国学者翻译的，直接使用原书的英语译文作为出版内容，对国外读者（尤其是青少年读者）来说太生涩了；而且译者并没有注意到，一些概念对英语母语的读者来说，并不是不言自明的。例如，在《中国绘·国学经典启蒙系列：宋词》一书的《武陵春》一词中，译者将"日倦晚梳头"一句用英语释义为"I rose late but still feel too weary to comb my hair"[①]；译者把"梳头"直译为"comb my hair"，显然是错误的，因为这里应为"梳妆打扮"的意思，而没有中国语言和文化背景常识的读者，更不能理解为什么起床梳头竟是一件难事，毕竟他们对宋代女子的高髻梳起来有多复杂是一无所知的。这样的译文就是忽略了目标读者对内容的适应性。

三、"中国绘"系列图画书版权输出策略

（一）精准定位目标读者

出版机构应准确地梳理出具有海外输出潜力的主题和书目，了解外国读者的需求和兴趣，以下类别图书较为符合要求。第一类是关于中国传统文化和历史的书籍。中国传统文化和历史的巨大商业价值越来越受到外国贸易组织的关注，例如，日本、韩国和其他国家多次将《三国演义》《西游记》等经典作品改编成游戏和动画，并出版了各种各样的书籍，从商业、管理、文化和其他角度出发，都产生了巨大的影响[②]。中国的图书版权出口机构应该抓住这个机会，学习国外先进的经验，确定目标对象，并以一种创造性的、符合外国读者口味的方式，重新诠释中国的文化和历史主题。第二类是中文学习类图书。随着"中国热"在全球蔓延，越来越多的人对中文书籍有着强烈的需求和兴趣。

梁培龙早期创作的童谣图画书《月光光》的版权输出，正是符合这两类西班牙地区读者的需要。西班牙出版社将一本 16 开竖版图画书，改造成一本异形 16 开横版的图画书，并将西班牙语译文、中文原文和拼音横排在同一页，文本和拼音逐行对照，又将最具特色的中国水墨插画放在文本上方的对开页，形成一个"蝴蝶版"。如此一

---

① 马国华. 中国绘·国学经典启蒙系列：宋词［M］. 梁培龙，绘. 麦晓昕，译. 广州：新世纪出版社，2012：56-57.

② 高天航. 如何提升中国图书版权输出数量［J］. 传媒论坛，2019（12）：141-142.

来，读者可以首先通过插画对童谣的内容有一个感性的认识，然后读西班牙语了解内容的细节，最后中文学习者还能通过拼音朗诵童谣。这样的设计优化了读者的阅读体验。同样，在编辑图画书《中国绘·诗韵童年》的印尼语版本时，印度尼西亚出版商也主张保留汉语，然后将儿童诗歌的内容用印尼语进行意译放在同一页，帮助中文学习者掌握诗歌的大意。

（二）凸显中华文化鲜明特色

"梁培龙·中国绘"系列图画书要进入不同国家的图书市场，必须突破文化壁垒。在推介过程中，笔者先前一直强调"梁培龙·中国绘"系列是一套十分具有中国特色的图画书，这样做虽然可以突出图画书独特的文化元素，但另一方面也会让它遭遇来自不同文化的抵抗力。如果把这些书放在三个细分市场里，不难发现：在欧美的童书图书市场中，图画书已趋于饱和，欧美的出版商都对自己的图画书很有自信，对自己的文化很自豪。他们只会把中国图画书看作一种独特的"文化调剂"，用以补充他们原有产品线中"民族特色"和"异域文化"的空缺。因此，针对目标读者群的文化价值观念，调整并改写图书内容就显得尤为重要了。

《中国绘·乡下动物园》于2019年向美国地区输出了英语版权，在初期选品中，外国出版商从该系列五本书中，单单挑选了这一本，就是因为"动物"和"自然"对美国读者来说，都是比较容易接受的主题。但对于发达国家身处城市生活的读者来说，"乡下"概念却是陌生的，所以该书在出版时，刻意从书名上抹去了这一概念，把书名翻译为 *I Have a Zoo*——这一做法也是顺应了欧美图画书强调故事与人之间的关系的习惯。

（三）培养文化认同观念

如上所述，不同的语言系统，不同的传播价值观，不同的文化认同也会有所不同。对于出版机构来说，要让海外读者接受并喜欢中国的书籍，他们必须在内容价值上找到彼此共鸣的方式。如果将近年来在流行文化领域成功输出的文化形象拿来做分析，如"花木兰"和"熊猫"，就不难发现这些形象只是被西方主流文化借用了而已，例如，中国经典的"花木兰"形象被塑造成一个充满个人英雄主义的女性形象，并被好莱坞传播到世界各地；又比如，虽然美国电影《功夫熊猫》采用了全中国元素，但故事的套路和精神核心仍然是宣扬典型的美国个人英雄主义。这些价值观显然与我们的文化作品内涵不符，但是我们可以借用这种"游客凝视"的机制，在选品时选择对方更容易接受的选题，增加选题被接受的成功率；同时根据对方的文化价值取向，重新包装自己的图书产品，降低因文化壁垒造成的负面影响。

《中国绘·国学启蒙》图画书在对外推广时，也特别注意选品，特别着重推荐在海外享誉度较高的《唐诗》和《宋词》两本书，重点推介咏别诗等容易与读者产生共情的篇目，对中国传统文化做现代阐释，把中国故事以更生动、更接地气、更触人心扉的方式讲给世界听。

（四）尊重读者阅读习惯

书籍从其本质上来看，也是一种产品设计，产品与功能相契合的材料选择，以及最后成品的质感无疑都是书籍成功的关键因素。图书在版权输出的过程中，更应重点考虑目标读者的阅读习惯。

《月光光》的西班牙语版本改变开本尺寸，以较为小巧精致的品相走向西班牙语市场。《中国绘·乡下动物园》的英文版 I Have a Zoo，也经历了装帧设计的改造：英文版不仅把横开 16 开改为 12 开，还为图书增加了护封的设计，这也是欧美精装图画书的惯常做法，但仍有不足的是，内封设计不够考究，只是简单地复制了护封的设计图案，从书籍设计美学上未能做到极致。另外，在封底设计方面，中文版设计素雅，选用了一张五只小羊的图画，而英文版重新选用一幅有儿童人物形象的画作，强调的是"人与自然"的关系，试图唤起读者更多的共鸣；除此之外，封底加入了点题的几句话"I have a zoo with no walls or entry free. It's open to everyone. Welcome to this beautiful zoo."，不仅让书名 I Have a Zoo 复现，还有力地点出主题：这个动物园很特别，它不用收门票，对所有人开放。这也是遵从美国读者的习惯，摒弃了中国图书设计中克制、低调的做法，转而用更直接的方式引导读者翻开这本书。

四、结 语

作为图画书消费大国，中国的图画书市场正迅速膨胀，为原创图画书的出版发行提供了土壤，从而也为原创图画书的版权贸易提供了必要的基础，巧妇难为无米之炊的困境已慢慢得到改善。如何将这种舶来的文化产品反向输出，将是下一个十年中国图书出版业界的一大兴奋点。

对图书版权对外推广工作者来说，充分了解自己的产品和对方的市场是开展版权贸易工作的必要前提。而在图画书这一独特的领域里，如何以这种形式简洁、风格强烈的图书产品表达中国元素、说好中国故事，这就要求版权贸易从业者在熟悉外方市场、读者与文化的基础上，经过不断沟通与探索，灵活地将自己的产品改造成符合对方市场需求的图书。版权交易的背后，是不同文化不断碰撞、交流、互融的过程。

版权贸易者通常会扮演经理人的角色，通过关注图书选品、卖点提炼这些环节，来准备推介材料，以促成交易；但在图画书版权贸易中，从业者更应该成为一个产品经理，去探索各种市场在文化上的独特性，摸清目标读者的需求，再将自身的图书产品从装帧设计到内容编排上进行改造，才能跨越各种壁垒，才能让我们的原创图画书"走出去"，并真正地在其他市场里"走进去""走下去"。

主流媒体运用"第三只眼"讲好中国故事策略

——以《南方日报》"'中国通'看广东"全媒体系列报道为例

龚春辉[①]

中国正日益成为世界各国人才创新创业的理想栖息地。如今，外籍人士群体已经逐渐融入中国经济社会发展的方方面面，且数量巨大。据澎湃新闻消息，以联合国的模型估算，在 2019 年中国境内的外国移民人数约有 72.03 万人。如此多的外国人亲身体验中国生活，他们经历着各自的中国故事，也对中国自然而然形成了自己的评价。中国大步迈向世界舞台，多元共融的社会各自应有各自发声的机会，既要"我说"，也要"你说"和"他说"。在华外国人作为看待中国的"第三只眼"，应该对他们加以鼓励和引导，使之成为中国故事的积极讲述者。主流媒体利用"第三只眼"发言有利于营造包容和谐的社会氛围，塑造国际社会认识中国的良好契机，与此同时其影响力有利于生产报道走向国际化，获得更广泛的传播。

作为中国的开放大省、外经贸大省、口岸大省、华侨大省，广东国际人员往来频繁，在粤常住的外籍人员众多。2019 年，广东全省口岸出入境外国人 1400 多万人次。根据广东省公安厅的统计数据，截至 2020 年 4 月 11 日，广东全省共有常住外国人 11.7 万人，其中亚洲 6.08 万人，美洲 2.89 万人，欧洲 1.57 万人，非洲 6700 多人，大洋洲 4700 多人。

《南方日报》是中共广东省委机关报。在中华人民共和国成立 70 周年背景之下，《南方日报》主创团队独具匠心地设置议题，通过"中国通"这一特殊群体来看广东、观中国、通世界，在勾勒出新时代外国友人在华追梦的新气象的同时，彰显了广东"两个重要窗口"的作用，以及中国坚持改革开放、构建人类命运共同体的不懈努力，为全媒体时代我国主流媒体讲好中国故事，传播好中国声音提供了参考。

---

① 龚春辉，《南方日报》时政新闻部记者。

一、运用"第三只眼"讲好中国故事的重要性

从国内传播角度来看，主流媒体运用"第三只眼"讲好中国故事有利于促进国内社会各界的相互包容和理解。当今国内社会舆论和社会环境存在大量对在华外国人的误解和刻板印象。2020 年 2 月 27 日，《中华人民共和国外国人永久居留管理条例（征求意见稿）》引发社会各界关注，有些网友不满条例的部分内容，在网上宣泄个人情绪，而网络平台的特性容易触发沉默螺旋现象，会加剧不当价值观的传播。因此，主流媒体报道应当善用资源，及时把在华外籍人士群体对华友好的行为、故事报道出来，促进新时代中国话语的正能量传播，营造良好的社会环境。

从国际传播角度来看，主流媒体运用"第三只眼"讲好中国故事有利于增加报道的客观性和公信力。有学者推论了斯图亚特·霍尔的"他者"表征理论，认为在外国人和中国人之间实际存在着两个完全不同的表征系统，他者视角更多负面的评价，而自我视角则完全正面，以至于他者视角下的国外观众不能相信自我视角的真实性。作为有着直接在中国学习、工作和生活经验的外国人，在华外国人对其中国经历的记录和解读，自然而然会被视为是基于其中国体验做出的真实反映，因此对国际受众来说具有更高的可信度和客观性。因此，主流媒体在国际传播过程中，除了从自我视角出发进行新闻报道外，也应当有意识地借助外籍人士的"他者视角"优势讲故事。用国外受众读得懂的语言讲述中国故事，才能让世界更全面地了解中国。

二、人物选取策略

在选取、刻画人物方面，《南方日报》主创团队专访的四位外籍人士，都是典型的"中国通"，包括中国改革友谊奖章获得者、美国库恩基金会主席、知名中国问题专家罗伯特·劳伦斯·库恩，刘少奇长孙、俄罗斯亚洲工业企业家联合会联席主席阿廖沙，也有自媒体机构歪果仁研究协会创始人、以色列籍"网红"高佑思，以及迪拜中阿卫视驻华首席记者、埃及女孩馨玥。他们对中国政治制度、文化历史或生活形态等领域，有着精辟认识与理解，并且乐于与人分享。他们身份多样，是不同领域内的知名人物，拥有各自的发展目标和生命经历。在人物选取方面，《南方日报》团队主要遵循了如下 4 个策略。

第一，受访者有地缘共性及情感联结。为符合区域性媒体贴近本地读者的要求，让读者产生阅读兴趣，媒体生产的内容需与媒体受众群体产生联结。《南方日报》主

要受众为广东民众，采访团队虽在国家政治中心北京、国家经济重心广东两地取材，但在探寻受访者来到中国的原因及在中国追梦的经历时，着重对受访者曾与广东结缘的故事内容进行了取材。

第二，受访者具有代表性。学者王泱曾对可邀请讲中国故事的外国人群体进行了划分，按其归类，此系列报道中的受访者分属于普通外国人、境外专家、对华友好的国际传媒人士以及海外华侨这四类不同的群体。而几位受访者的共同特点则是长期在中国生活，偏离多数外国人本地就学、工作的情况，性格特点鲜明，人生经历丰富，能够激起受众阅读兴趣。

第三，受访者覆盖不同国别与代际。来自不同国家的受访者对中国的第一印象可以反映中国在其他国家的形象，不同的年龄段的外国人可以讲述各自年龄层经历的中国故事，几位受访者均来自不同国家，分别代表了"40后""50后""80后""90后"4个代际，处于不同年龄段，从而扩大了报道叙述的历史空间。

第四，受访者具有扎实的中文表达能力和文化积累，有一定的信息传播影响力。例如，罗伯特·劳伦斯·库恩曾走访过中国100多个城市和乡村，迪拜中阿卫视驻华首席记者馨玥到访过中国20多个省市，与中国多个领域杰出人物进行过对话。这些受访者本身就具有讲故事的能力，媒体可以"借船出海"。

三、故事刻画策略

在故事刻画时，《南方日报》团队弱化宣传思维，着重描绘了受访者细腻的日常生活，从而更凸显报道人情味。要让"中国通"在中国追梦的故事走向世界，媒体需要仔细刻画受访者形象，挖掘外国人普遍关注和百姓有情感共鸣的细节。"中国通·看广东"系列报道中的生活细节描写精彩，例如，库恩为打乒乓球"逃"掉会议，阿廖沙是旧照片里刘少奇紧抱的小男孩，馨玥对学院老师鼓励的话记忆犹新，人物形象因而能更丰富饱满。

故事展开中结合焦点议题进行发散，更易引起读者关注。近些年，中外人民友好是颇受媒体关注的议题。讲述库恩个人故事中有一个细节，库恩不惧美国专家的质疑与批评，坚持自己客观全面地呈现中国故事的意愿。

早在2017年，阿廖沙就是广东省取得在华永久居留身份证的外籍人士之一。他辗转北京、湖南宁乡等多地寻根，在往返中俄两国的过程中，渐渐意识到"只有常居中国，才能更好地认识中国、真正地融入中国"。并且，阿廖沙在定居广州后，与朋友创立了俄罗斯亚洲工业企业家联合会，促进中俄工商企业界对接，致力中俄友好的事业。

另外，系列报道的文末都摘录了《南方日报》主创团队与受访"中国通"的对话原文，呈现了故事主体外的主角性格及熟悉领域议题的花絮，一定程度上增加报道的广度和趣味。

四、内容传播策略

全媒体时代，主流媒体要在实践中把握转型升级的机遇，而其中一个评分项是优质内容的传播情况。"'中国通'看广东"全媒体系列报道制作精心，"立体化＋跨国界＋多语种"的特色鲜明，在产品形态、传播渠道、受众需求上表现良好。

在产品形态方面，呈现人物故事的形式多样。既有平面报纸专注深度的文字故事，又有客户端形态的视频、图片、文字相结合的报道。多形态报道有利于人物的多样化呈现，海报上带有的二维码能实现单独传播激发受众阅读兴趣，使有利于在朋友圈等强社会关系网络进行传播，吸引读者主动挖掘这些"中国通"和中国、广东的动人情缘。短视频影片是全媒体制作中视觉化信息的表现方式之一，能够拉近观众与受访者间的距离，浓缩报道精华，人物形象借此"短平快"特点展现出来。

在传播渠道方面，系列报道在《南方日报》、南方网、"南方＋"客户端推出，并透过今日头条、腾讯视频、一点资讯、UC大鱼号、抖音等第三方平台进行分发推送，被众多主流新媒体平台转载。其中，刘少奇长孙、俄罗斯亚洲工业企业家联合会联席主席阿廖沙的专访报道在"南方＋"客户端的阅读量达10万，在抖音短视频的播放量超过了60万，点赞数达6.2万，在全网各平台的流量累计达400余万。迪拜中阿卫视驻华首席记者、埃及女孩馨玥的专访报道，仅在今日头条的阅读量就超过了50万。

在用户思维上，改造内容进行二次传播。主创团队将此系列报道在美国侨报、加拿大商报等海外华文媒体上进行差异化呈现，突出有亲和力、个性化；英文译制系列文本内容与合集视频，在南方英文网及其脸书、油管账号分发，让广东声音、中国声音更好地传播至海外主流群体。

学者程曼丽认为讲好中国故事有四个要点：解谜题，话趣事，启未知，引入戏。主流媒体肩负使命，不应等西方媒体透过层层滤镜来观察中国，而要主动发声，率先向世界展示一个真实、立体的中国。那么，在未来的新闻策划或报道实践中，应紧跟全媒体时代要求，借鉴现有经验，进一步探索报道策划内容的改进之处。

粤港澳大湾区地方外文媒体国际传播策略研究

——以南方英文网为例

胡 南[①]

粤港澳大湾区是习近平总书记亲自谋划、亲自部署、亲自推动的重大国家战略，是新时代推动形成全面开放新格局的新举措，也是推动"一国两制"事业发展的新实践。广东把粤港澳大湾区建设作为新时代广东改革开放的"纲"，举全省之力推动建设，携手港澳打造世界级城市群和国际一流湾区，共同深度参与"一带一路"建设，牵引带动广东形成高水平全面对外开放新格局。

对国际社会和外国受众而言，粤港澳大湾区是个新生事物。如何让国际社会和外国受众开始了解这一新生事物，需要中央媒体和地方媒体共同发力。与中央媒体相比，地方媒体，尤其是地方外文媒体，在资金、技术和传播渠道上相对处于劣势，但在区域经济发展和地缘文化交流上具有优势。

中国学者程曼丽认为，媒体进入国际传播主阵地，首先要靠政府助推。[②]地方外文媒体的属性决定了其必须服务于地方政府的中心工作。因此，地方外文媒体必须充分发挥地方特色和区位优势，围绕地方政府工作重心做文章，对外讲好地方建设故事。同时，地方外文媒体的目标受众群体比较特殊，既要服务好广大海外受众，也要服务好在本地工作生活的外籍人士。这就要求地方外文媒体必须精准针对不同受众的多样化需求，来策划和推出风格形式多样的产品。

此外，地方外文媒体不妨充分发挥媒体属性，最大限度地发挥智媒智库作用，及时反馈国际社会对于粤港澳大湾区建设的关切，并加强与海外媒体联动，共同讲好粤港澳大湾区建设故事，形成舆论声势和引导合力。

---

① 胡南，南方新闻网、南方英文网代主管。

② 程曼丽.如何进入国际传播的主阵地——以"今日俄罗斯（RT）"电视台为例［J］.新闻与写作，2013（6）：94-95.

一、分众传播，积极解读湾区建设进展

近年来，随着《粤港澳大湾区发展规划纲要》等一系列文件和政策措施的颁布，粤港澳大湾区建设开始往纵深方向发展，人们开始逐渐受益于包括广深港高铁开通、港珠澳大桥通车等湾区建设成果，"粤港澳大湾区"也成为我国媒体上的常频词。

南方英文网作为广东省级权威外宣媒体平台，积极抓住广东全力推进粤港澳大湾区建设的机遇，围绕广东推进粤港澳大湾区建设的重点工作和领域，主动与广东省新闻办、广东省外事办、广东省推进粤港澳大湾区建设领导小组办公室（以下简称"省湾区办"）、广东省商务厅等部门合作，建立协调和沟通机制，抓住广东湾区建设的关键节点，针对不同受众和传播渠道的特性，合作推出形式多样的多语种新闻报道、专题策划、宣传手册等外宣"产品"，帮助国际社会和外国受众了解认识粤港澳大湾区，以及广东为全力推进粤港澳大湾区建设所做出的努力。

例如，南方英文网近年来与省大湾区办合作建设权威消息发布平台粤港澳大湾区门户网外文版，及时发布中央和广东推进粤港澳大湾区建设的权威消息和政策法规。在 2019 年 7 月广东省出台推进粤港澳大湾区建设实施意见和三年行动计划之际，联合省大湾区办推出英文版和葡语版《一图读懂广东推进粤港澳大湾区建设实施意见》和《一图读懂广东推进粤港澳大湾区建设三年行动计划》，用符合外国受众阅读习惯的方式，向他们介绍广东湾区建设的最新进展。

在省大湾区办的统一部署下，南方英文网主动配合广东推进粤港澳大湾区建设的线下海外推广活动，"量身订制"多语种版本的推广视频、推介材料、新闻报道等。例如，2019 年 4 月，广东联手港澳，首次在日本召开湾区推介会，南方英文网充分发挥多语种语言优势，协助制作推介会上播放的带中英双语字幕的粤港澳大湾区官方宣传视频，及在推介会上发放给与会嘉宾的英文和日文版宣传折页。

针对在大湾区工作、生活的外籍人士，南方英文网主动策划多语种图解、视频、动画等生动活泼的"轻阅读"产品，"软化"政策法规类"硬干货"，梳理发布外国人出入境、安全、签证、工作许可新政、教育、文化等方面的最新实用信息，及相关法律法规的介绍，以等全媒体形式，及时提供办事服务指南指引。资讯类产品通过南方英文网旗下"GDToday"（今日广东）微信公号及与相关厅局合作的本地渠道，推送给广东外籍社群和人士。还将部分特别重要的产品和内容进行"深加工"，通过《广东通讯》电子周刊等渠道，精准推送给各大驻穗总领馆、外国商会、500 强企业代表和关心粤港澳大湾区建设的专家学者。

而针对粤港澳大湾区发展感兴趣的境外受众,南方英文网主动探索以外国人的视角,制作系列新媒体产品,通过生动的画面和温暖的故事,并通过海外社交媒体平台脸书,油管和照片墙等境外渠道推送给海外网友,拉近外国受众与粤港澳大湾区发展的距离,增强他们的参与感。

例如,南方英文网在 2019 年组织"活力湾区 世界共享"——东南亚主流网络媒体湾区行联合采访活动期间,精心制作中英双语版微纪录片《原来,这就是大湾区》,真实记录东南亚媒体团其中的 5 位记者在先后走访广州、东莞、深圳、中山、珠海 5 座湾区城市时的所思所感,表达了他们想要从更广维度、更深层次了解和报道大湾区的强烈意愿,寄予了他们加强与大湾区合作的热切期盼。英文版微纪录片及英文原创稿件在国际在线、中国日报网等对外平台全面推送,还被翻译成印尼语、马来语、泰语、越南语等东南亚地区语言,利用英文网海外合作渠道"借船出海",广泛传播。据不完全统计,截至 2019 年 9 月 22 日,微纪录片及活动相关报道,经美国知名财经媒体市场内幕(Market Insider)、德国财经媒体财经网(Finanzen)、《印度尼西亚商报》、马来西亚光华网、马来西亚《每日快报》、新加坡《联合早报》、新加坡《海峡时报》、新加坡门户网站(AsiaOne)、《泰国星暹日报》《越南西贡时报》和越南通讯社等境外报纸、网站、App、电视台、广播台等平台转载,还被部分媒体转载至脸书、推特、油管等社交媒体平台,覆盖境内外读者超过 2000 万。

二、建言献策,及时反馈国际社会关切

南方英文网在做好我党"喉舌",积极向国际社会宣传推介广东省全力推进湾区建设的成就的同时,勇于拓展媒体功能的内涵与外延,不断强化智媒智库作用,充分利用"联通外国人"的优势,为粤港澳大湾区国际化发展出谋划策,贡献智慧和力量。

针对我国关于粤港澳大湾区建设重要节点及海内外重点关注问题,充分发挥语言优势,及时监测搜集境外媒体和社交平台上对粤港澳大湾区相关的舆情,组织分析研判,形成内参文件或公开报道,为省委、省政府提供舆情信息。例如,2019 年 2 月《粤港澳大湾区发展规划纲要》印发后,南方英文网在省大湾区办的统一部署下,重点关注美国 CNN、《纽约时报》《华尔街日报》、英国 BBC、《金融时报》、新加坡《海峡时报》等西方主流媒体对粤港澳大湾区及规划纲要出台的相关报道,并撰写舆情分析上报。

南方英文网针对粤港澳大湾区建设相关主题，结合广东近期重点工作，主动联系外籍目标受众进行调研采访，并形成分析报告上报。例如，在2019年4月广东省联手港澳地区前往日本推介大湾区前夕，南方英文网联手南方新闻网中文部门，先后采访广州日本商工会、瑞穗银行（中国）有限公司广州分行、三井物产（广东）贸易有限公司等日本在穗企业，及亚洲经济研究所研究员丁可等日本经济研究专家，重点针对他们对粤港澳大湾区关注点及诉求建议进行采访调研，在推出系列专访稿件的同时，形成"日本部分在穗企业对粤港澳大湾区关注点及诉求建议调研"的报告上报，为广东在日本有效推介湾区发展提供决策依据。调研报告获广东省委副书记、省长马兴瑞批示。

近年来，广东持续致力于优化营商环境，南方英文网主动与部分驻粤外国商会联系，针对外商外企在粤投资资讯和服务需求等进行调研，分别走访了华南美国商会、中国欧盟商会华南分会等机构。调研过程中，这些机构纷纷表示，随着广东省持续推进粤港澳大湾区建设，越来越多外商外企看到广东蕴含的巨大商机，许多已在华其他地区投资的外商外企纷纷表示想来广东投资，同时很多已在粤投资的外商外企计划在广东扩大再投资，希望能及时获取广东全力推进粤港澳大湾区建设的最新工作部署，尤其是近期全省和主要地市重点发展产业领域等信息。南方英文网非常重视这些意见，撰写报告向有关厅局进行汇报。根据省商务厅的要求，外商外企所需的粤港澳大湾区建设相关部分信息也将在最新版的《2020广东投资指南》中体现。

三、深耕东南亚，中外媒体互鉴助推海外传播

广东是中国古代海上丝绸之路的重要发祥地，是中国第一侨乡，广东省与"一带一路"沿线国家，尤其是东南亚国家的交流合作源远流长。粤港澳大湾区与东南亚国家的合作，在地理上有便利条件，经贸上有互补优势，人文上更有深厚历史底蕴，两地广泛、具体的合作将给两地人民带来福祉。2019年2月，习近平总书记在向中国—东盟媒体交流年开幕式致贺信时指出，媒体是开展交流合作、促进民心相通的桥梁，"希望双方媒体做友好交往的传播者、务实合作的推动者、和谐共处的守望者"。[①] 广东外文媒体不妨深耕东南亚地区，加强与东南亚国家主流媒体的交流合作，讲好共商共建共享"一带一路"故事和粤港澳大湾区建设故事，可为广东省全力推进粤港澳大

① CCTV. 习近平向中国—东盟媒体交流年开幕式致贺信［Z/OL］.（2019-02-21）［2021-10-08］. http://www.xinhuanet.com/politics/leaders/2019-02/20/c_1124142468.htm?agt=1412.

湾区建设、推动新一轮改革开放发展营造良好的国际舆论环境。

2019年6月，在省新闻办的部署下，南方英文网借南方报业传媒集团赴新加坡举办"中国（广东）—新加坡新闻文化交流周"活动的契机，与新加坡华文媒体集团合作推出"新加坡人看广东"全媒体策划，围绕"广东智造""食在广东""宗祠血缘""非遗文化"四个新加坡人对广东最为感兴趣的话题，形成了一系列全媒体专题报道。系列报道借助南方日报、南方网、南方英文网、"南方+"客户端及旗下社交媒体平台广泛传播；《联合早报》（中文）、《海峡时报》（英文）也以见报稿、网络专题等多种形式发布，合计覆盖810万独立访客，被AsiaOne（新加坡门户网站）、《西贡时报》、马来西亚《每日快报》《亚洲简报》等东南亚主流媒体转载。整个全媒体策划获得超过3000万的总点击量，吸引两地各界人士强烈"围观"，有效覆盖了两地及东南亚主流受众，拉近了粤新两地人民的心灵距离。

同时，南方报业传媒集团与新加坡华文媒体集团签署了全媒体传播交流合作意向书，建立粤新首个媒体合作长效机制——"粤新国际传播平台"，计划将在促进和推广粤港澳大湾区、推动青年创新创业等方面开展深入、务实的合作。

9月，南方英文网邀请来自印度尼西亚、马来西亚、新加坡、泰国、越南的9家东南亚国家主流网络媒体记者参加"活力湾区 世界共享"——东南亚主流网络媒体湾区行联合采访活动，深入广州、东莞、深圳、中山和珠海等5个城市进行体验式采访，发掘粤港澳大湾区发展中的合作机遇。活动结束后，东南亚主流媒体竞相报道粤港澳大湾区。新加坡发行量最大的英文报纸《海峡时报》和最有影响力的中文报纸《联合早报》分别在报纸和网站推出相关报道，引发新加坡社会各界的广泛关注。其中，《联合早报》9月22日推出2/3个版的原创特别策划《中国特稿：粤港澳大湾区 旭日初升》，向新加坡重点推介大湾区充满活力的科创氛围和不断优化的营商环境。马来西亚历史最悠久的华文报纸《光华日报》先后在其新媒体平台推出《东南亚主流网媒湾区行 光华网应邀见证广东新格局》《立足华南放眼国际 粤港澳大湾区掀高科经济转型》等原创稿件。越南党中央机关报，越南发行量最大、最具影响力的越文日报《人民报》在旗下网站发布越南语原创稿件《中国着力打造粤港澳大湾区》，寻求越南与大湾区合作发展机会。泰国《星暹日报》和印度尼西亚《商报》在旗下网站和新媒体平台也分别推出系列大湾区报道专题稿件。此外，不少记者还利用自己职业的身份，在脸书、推特、油管等海外社交媒体平台上分享本次湾区行的感受，表达对粤港澳大湾区的积极看法。

此外，活动还进一步探讨了中外媒体间合作交流的模式和方向。印度尼西亚《商报》计划更深入地与包括南方报业传媒集团在内的国内媒体进行交流联动，对粤港澳大湾区进行更广泛的宣传报道；新加坡《联合早报》也表示计划增派记者常驻广州，加大对粤港澳大湾区的报道力度。

参考文献：

［1］王瑞林．地方媒体对外区位传播的特点与策略［J］．青年记者，2017（3）：56-57.

［2］汪丽琴．我国英语媒体国际传播策略研究［J］．新闻战线，2017（12X）：51-52.

［3］于泽，何万明．发挥主流媒体智库优势 助推粤港澳大湾区建设——以惠州报业传媒集团实践为例［J］．城市党报研究，2019（7）：52-54.

［4］张咏华，王立俊，扶黄思宇．地方对外传播媒体的传播路径研究——以上海外语频道为例［J］．新闻爱好者，2018（3）：61-64.

中国在国际互联网治理领域的话语权建构策略

李 彦①

国际制度具有多种表现形式②。中国参与的互联网治理的国际制度大致可划分为四种类型，针对这四种类型，中国分别采取了不同的参与路径③。尽管这四种制度的创立时间先后不一，但目前是同时存在的，因而中国的四条路径间也不是非此即彼而是相互联系与配合的关系。第一种制度是美国借助技术和历史的优势，构建起的以互联网数字名称与地址分配机构（ICANN）为核心的互联网治理制度，对此中国采取了加入的路径。第二种是联合国框架下的以信息社会世界峰会（WSIS）、互联网治理论坛（IGF）等为核心的互联网治理制度。与其他国家一样，中国没有能力改变美国主导的不尽合理的互联网治理制度，因此采取了通过联合国框架下的制度平台谋求变革的路径。第三种是中国与某个国家或某几个国家间通过谈判等方式建立的双边或多边制度。对此，中国与相关国家采取了共建的路径。第四种是世界互联网大会制度，对此我国采取的是独立创建的路径，2014年起我国创建世界互联网大会，发出我们自己关于互联网治理方面的主张和声音。

从全局角度对这四条路径进行比较，深入探讨每条路径中中国政府、企业、科学家等参与主体的策略问题就很有必要性了。除了共建路径，其他三条路径中涉及的组织和会议都有官方网站，刊载了几乎全部的会议记录。本文运用历史制度主义的方

---

① 李彦，男，传播学博士，广州大学新闻与传播学院教师。本文系2022年国家社科基金年度项目"数据跨境安全治理中的话语博弈与中国进路研究"（22BXW115）研究成果。

② 国际关系新自由制度主义的奠基人基欧汉认为，国际制度包含了正式的政府间组织、跨国的非政府组织、国际机制、国际惯例等多种形式。本文分析框架部分还会进一步阐释。

③ 李彦，曾润喜.中国参与国际互联网治理制度建构的路径比较［J］.当代传播，2019（5）：97-102.

法，确定我国参与互联网国际制度建构的关键节点，在此基础上结合我国国际和国内互联网治理的两个领域的治理实践，通过文本分析、制度比较、个案研究等方法就每条路径中建构互联网治理国际制度的话语策略进行研究。

一、理论基础与分析框架

国际关系新自由制度主义的奠基人罗伯特·基欧汉和约瑟夫·奈在《权力与相互依赖》一书中提出"在国际层次上，国家和行为体'在各种论坛展示自己的观点'，并力图使自己关注的问题在国际组织中提出来，通过议程的扩大或缩小追求自身优势的最大化"。① 这一表述指出了在参与国际制度建构的过程中，扩大话语权需要考虑的两个重要方面：在哪说和说什么，除此以外，还要考虑如何说的问题。

在国际场合提升话语权首先面临的一个问题是"在哪说"。斯蒂芬·利文斯通提出了议程"切入点（access points）"概念，将其界定为行为体构建令人信服的议题的场所，认为国际政治的议程设置是通过"议程切入点进行的，也是通过切入点来进行议程控制的"。在国际政治中，大致包括四类场所：全球知识生产场所、跨国网络及传媒、关键的国际组织或机制、国际会议或联盟等外交活动。② 基欧汉和奈认为国际制度协助制定国际议程，促成联盟建立，是弱国提出政治倡议、推行联系战略的场所。③ 这些论述富有启发，但太过广泛，因此，在构建本文的分析框架时将根据我国参与国际互联网治理的实际情况来确定"场所"。

国际议程设置是国际制度创制过程中扩大话语权的关键。麦库姆斯和肖率先提出并证实了议程设置理论，他们指出：大众媒介不能决定人们对某一事件或意见的具体看法，但是可以通过安排相关的议题来影响受众关注某些事实和意见，以及议论这些事实和意见的排序。④ 在此之前，另一位新闻传播学者伯纳德·科恩提出过类似的思想：新闻媒介在告诉人们怎么想这一方面可能并不成功，但是在告诉人们想什么的方

① ［美］罗伯特·基欧汉，约瑟夫·奈.权力与相互依赖［M］.赵宝煦，门洪华，译.北京：北京大学出版社，2003：34-35.

② STEVEN G, LIVINGSTON. The Politics of International Agenda-Setting：Reagan and North-South［J］. *International Studies Quarterly*，1992，36（3）：313-329.

③ ［美］罗伯特·基欧汉，约瑟夫·奈.权力与相互依赖［M］.赵宝煦，门洪华，译.北京：北京大学出版社，2003：34-35.

④ MCCOMBS M E，SHAW D L. The Agenda-Setting Function of Mass Media［J］.*Public Opinion Quarterly*，1972，36（2）：176-187.

面则异常成功。①大众传播的议程设置与国际议程设置的机理并无太大区别，基欧汉和奈指出：在国际社会，诸多问题之间并不存在明确的等级关系，因而议程形成和控制的政治将变得更加重要。②奈进一步指出"权力使用者通过议程建构、说服和积极吸引等同化手段，得到自己想要的结果的能力"③。但相较大众传播的议程设置，我国关于国际互联网治理制度的议程设置主要是针对其他国家、国际组织和非政府组织等，与国际话语权、国家利益关系密切，这些是需要考虑的。

"进入渠道"或"切入点"解决了"在哪说"的问题，议程设置解决了"说什么"的问题，但"如何说"的问题同样重要，这就关乎设置国际议程的能力或手段问题。清华大学薛澜将政府参与国际规则制定的能力分为三种：政府在国际组织中的运作能力与影响力、本土政策环境、官僚机构的统筹协作水平。④权力即是一种能力，刘小燕等学者以国际网络安全规则为例，说明一国网络话语权的提升以技术的创新和发展为保障，巩固则依赖于制度性权力和解释性权力的强化。制度性权力表现为相关标准是否能够进入国际议程并成为普遍标准，而解释性权力指一国能否将己方标准、理念有效推广。⑤对国际互联网治理领域来说，单边、双边和多边等不同性质的制度平台，对运用什么能力、采取何种手段给出了范围，不能一概而论，要分别探讨。

基于以上研究成果，本文构建了一个包含制度平台、议程设置、手段和能力三个要素的分析框架，力图研究我国在互联网治理国际制度订立过程中树立话语权的策略。

（一）树立话语权的制度平台

不同的制度框架，很大程度上影响着行为体的话语权建构策略。根据前文，将中国参与的国际互联网制度平台划分为四类：第一类是美国主导的以互联网数字名称与地址分配机构为核心的制度平台；第二类是联合国框架下的以信息社会世界峰会、互

① ［美］麦库姆斯.议程设置：大众媒介与舆论［M］.郭镇之，徐培喜，译.北京：北京大学出版社，2008：3.

② ［美］罗伯特·基欧汉，约瑟夫·奈.权力与相互依赖［M］.赵宝煦，门洪华，译.北京：北京大学出版社，2003：34-35.

③ ［美］约瑟夫·奈.权力大未来［M］.王吉美，译.北京：中信出版社，2011：18.

④ 薛澜，俞晗之.政策过程视角下的政府参与国际规则制定［J］.世界经济与政治，2012（9）：28-44.

⑤ 刘小燕，崔远航.国际网络安全规则创制与政府话语权博弈——技术维度的阐释［J］.国际新闻界，2017，39（11）：126-142.

联网治理论坛等为核心的制度平台；第三类是中国与某个国家或某几个国家间通过谈判等方式建立的双边或多边制度平台；第四类是世界互联网大会制度平台。

（二）理念引领下的议程设置

互联网治理包含多个领域，治理议程的设置体现出背后的理念。具体议程将在下文详细展开，在此仅梳理我国在四条路径中虽有不同但呈现出演进关系的理念：扩大国际互联网治理中主权国家政府的角色，倡导政府在国际互联网治理中起主导作用，以主权国家身份与别国进行网络合作化解网络纠纷，尊重网络主权构建网络空间命运共同体。

（三）设置议程的能力或手段

议程是所有议题的清单，如何让本国倡导的议题进入议程，甚至登上首要位置这就关系到了议程设置的能力或手段。在互联网治理国际制度订立的议程设置阶段，我国在不同制度平台的行动框架内采取了提交技术草案、大会演讲、发表声明和评议、推荐人选、承办和举办会议、游说、发起倡议等手段。另外，与话语关系密切的手段，虽然是在国际规则制定中使用、具有自身的特殊性，但它们也要遵循严谨的逻辑说服力、公正的价值理念、科学实证的依据等衡量话语的标准。

二、参与路径中建构话语权的策略

互联网最初诞生在美国，美国凭借技术和历史优势，逐渐形成了以互联网数字名称与地址分配机构为中心负责互联网资源分配、互联网工程任务组（IETF）等机构相配合负责标准制定的治理体系。中国要在信息时代迎头赶上，接入国际互联网、加入美国主导的国际互联网治理制度是理性选择，也是必然选择。

（一）政府作用受限的制度平台

1998 年，互联网数字名称与地址分配机构建立，负责全球互联网域名、IP 地址以及协调互联网技术参数的分配。美国一方面通过签订合同对互联网数字名称与地址分配机构进行控制；另一方面凭借其强大的互联网企业、科学家群体和社团组织，政府不用直接出面便可实现国家利益。在互联网数字名称与地址分配机构制度下，主要由私营部门和技术社群等组成组织自下而上形成政策进行互联网治理，而其他国家政府则须在政府咨询委员会（GAC）中达成"大多数共识"（旧章程规定）或"全体共识"（2016年新章程规定）才能向互联网数字名称与地址分配机构董事会提出建议，并无实质性影响力。2002年运行了三年的互联网数字名称与地址分配机构因参与机制不足、决策过程冗长、经费不足等问题进行改革，政府咨询委员会坚持政府和公共当局的参与是互联网数字名称与地址分配机构完成其使命不可或缺的中心要素，但互联网数字名称与地址分配机构领导层认为用传统的政府手段来取代不可行。[①] 2002年互联网数字名称与地址分配机构大会在上海举行，中国互联网络信息中心（CNNIC）提出，互联网数字名称与地址分配机构已不适合再履行职责，建议将其改革成为一个独立的国际性组织，以全体会员大会作为最高决策机构。[②] 然而因自身的改革意愿以及与美国政府间的合同限制，互联网数字名称与地址分配机构的改革并未照此方向发展。

（二）扩大政府作用与中文域名议程

在内部变革互联网数字名称与地址分配机构的努力虽然受挫了，但中国在域名领域拓展了主权国家政府在国际互联网治理中的影响力。域名的分配与使用是网络互联互通的基础和前提。多语种域名是由互联网数字名称与地址分配机构提出并主导的，旨在使"那些不使用ASCII（美国标准信息交换代码）字符集的人能够更容易地使用它（互联网）"。[③] 中国决定做中文域名不仅关系到高额的通信费用问题，更关系到国家主权和信息安全[④]。但中文域名的议程构建并不顺利：2000年9月25日互联网数字名称与地址分配机构董事会做出了关于"国际化域名"（IDN）的相关决议，将中文域名的研发授予美国公司Verisign，[⑤] 在决议通过的前一天，中国声明授权中国互联网络信息中心代表政府管理大陆地区的中文域名系统，以此表示反对，但仍未阻止决议的通过。我国通过多方努力获得了中文域名标准的制定权，捍卫了我国的权利。

---

① Chehade F. President's Report：ICANN–The Case for Reform［Z/OL］.（2002-04-24）［2021-10-08］. https://archive.ICANN.org/en/general/lynn-reform-proposal-24feb02.htm.

② 张翼南. 中国建议改革ICANN体制 提出建立独立国际性机构［Z/OL］.（2002-11-23）［2021-10-08］. http://tech.sina.com.cn/i/w/2002-11-23/1046151724.shtml.

③ ICANN. Special Meeting of the Board Minutes［Z/OL］.（2002-09-25）［2021-10-08］.https://www.ICANN.org/resources/board-material/minutes-2000-09-25-en.

④ HONG X. The Voice of China：A story of Chinese-character domain names［J］. *cardozo j.intl & comp.* 2004，12（2），559-592.

⑤ ICANN. Internationalized Domain Names［Z/OL］.（2001-03-13）［2021-10-08］.https://features. ICANN.org/2001-03-13-internationalized-domain-names.

（三）推动中文域名标准议程的多种手段

技术标准是以互联网数字名称与地址分配机构为核心的互联网治理制度的重要组成部分，主要是由技术人员在互联网工程任务组通过起草、评议"请求评论文件"（RFC），最终形成共识成为通行标准。2001 年 3 月，中国互联网络信息中心技术人员首次参加并在互联网工程任务组会议上阐述中文域名的价值，却没有外国专家愿意倾听。① 我国的科学家群体不断努力，在互联网工程任务组 51 届和 53 届会议上提交了《繁简中文转换》的两份中文域名请求评论文件草案，介绍了一对一、一对多和多对一等三种繁体 / 简体中文转换的方式，讨论了一对一、一对多和多对一繁简体中文转换的具体方法 ②。直到 2004 年 4 月，中国互联网络信息中心联合中国台湾以及日本和韩国的互联网信息中心制定的《中日韩多语种域名注册管理指南》被互联网工程任务组正式发布为 RFC3743。③ 中文域名的推行还与以下努力不可分。

一是技术研发。针对 Verisign 等外国公司进军中文域名领域，中国互联网络信息中心于 1999 年开展了相关技术研发工作，于 2000 年 1 月推出"中文域名注册试验系统"，并很快推出了强大的中文域名促成及解析系统。有了技术的支持，才可能有以上中文域名请求评论文件在互联网工程任务组的通过。

二是国内行动。在进行技术研发的同时，我国信息产业部在互联网数字名称与地址分配机构董事会将中文域名研发权授予 Verisign 的前一天，以"声明"的形式授权中国互联网络信息中心代表政府对大陆地区中文域名系统进行管理，又在 2000 年 11 月 7 日发布的《关于互联网中文域名管理的通告》中正式授权中国互联网络信息中心为中文域名注册管理机构。

三是开展国际合作。中国互联网络信息中心先是与港澳台的互联网信息中心合作，成立中文域名协调联合会（CDNC）研究中文域名技术问题，后又将合作范围扩展至日、韩、新加坡这些使用中文字符的国家，④ 在国际上扩大了中文域名的声音。

四是与互联网数字名称与地址分配机构沟通。2001 年 1 月，利用互联网数字名称与地址分配机构亚太区理事加藤幹之到访北京的机会，中国互联网络信息中心代表就中文域名的管理和域名争议等问题提出了建议。2001 年 9 月的互联网数字名称与地址

---

① 崔婷婷. ICANN 专家解密：中文改写域名国际规则决议始末［J］. 互联网周刊，2009（7）：2.

② 详见：https://www.ietf.org/proceedings/51/I-D/draft-ietf-idn-tsconv-00.txt. 和 https://www.ietf.org/proceedings/53/.

③ 详见：https://www.ietf.org/rfc/rfc3743.txt.

④ 嵇叶楠. 多语种域名助推互联网的繁荣和发展［J］. 世界电信，2010（12）：6.

分配机构及亚太地区顶级域名组织系列会议期间，中国互联网络信息中心代表与互联网数字名称与地址分配机构总裁和多语种域名工作组主席会面，再次表明对多语种域名的看法。最终，互联网数字名称与地址分配机构在此次会议发布的多语种域名报告中采纳了中国互联网络信息中心的许多观点，比如：多语种域名的管理应该充分征求国家和地区顶级域名管理组织（ccTLD）和语言使用地的意见。

五是推荐人选。国际组织中的工作人员并不能够完全主导议程，但能够有效地表达自己所在国的意见。我国在 2001 年 11 月推选中国互联网络信息中心工作委员会主任委员胡启恒院士为互联网数字名称与地址分配机构多语种域名委员会委员①，2003 年 1 月又推选钱华林成为互联网数字名称与地址分配机构国际化域名注册管理机构实施委员会委员②，这些举动都对中文域名的推行起到了促进作用。

六是会议发言。在互联网国际制度制定的过程中，通过公开发言表明立场是非常有效的手段。我国代表于 2001 年互联网数字名称与地址分配机构墨尔本会议提出应当充分尊重各语种使用者的利益和使用地区文化、政治、经济、法律政策等的原则，③ 2002 年 6 月互联网数字名称与地址分配机构布加勒斯特会议上通过的"关于多语种发展政策的建议报告"④ 采纳了这一原则。

我国在中文域名议程上的努力拓展了主权国家在互联网治理中的活动空间，也推动了信息社会世界峰会形成共识：将域名系统等与基础设施和重要资源管理有关的问题列入公共政策的领域。但总体上来说，互联网数字名称与地址分配机构制度下，主权国家的角色被边缘化，2016 年 10 月美国向赋权社群移交管理权后更是如此。

三、变革路径中建构话语权的策略

在美国掌控、互联网数字名称与地址分配机构为核心的互联网治理制度下，互联网私营部门、技术社群和公民团体等多利益攸关方"自下而上、共识驱动"地主导

---

① ICANN. Third Annual Meeting of the Board Minutes［Z/OL］.（2001-11-15）［2021-10-08］.https://www.ICANN.org/resources/board-material/minutes-2001-11-15-en.

② 方兴东，陈帅. 中国参与 ICANN 的演进历程、经验总结和对策建议［J］.新闻与写作,2017(6):8.

③ CNNIC. CNNIC 参加 ICANN 布加勒斯特会议报告［Z/OL］.（2018-07-02）［2021-10-08］.https://www.jinchutou.com/p-47463167.html.

④ ICANN. Internationalized Domain Names（IDN）Committee Final Report to the ICANN Board［Z/OL］.（2002-06-27）［2021-10-08］.https://archive.ICANN.org/en/committees/idn/final-report-27jun02.htm.

制定政策、形成标准，其他国家基本上无法发挥实质性影响力。2001年美国在遭受"9·11"恐怖袭击后不但强化了本土的安保措施，也加强了对互联网的控制。于是联合国逐渐成为变革这种不合理制度的场合。

（一）挑战美国主导权的制度平台

信息社会世界峰会是联合国框架下第一个关于信息社会的峰会，也是联合国框架下首次两阶段的峰会（每次峰会前又有若干次筹备会议，两次峰会间还成立了互联网治理工作组，即WGIG）。从1998年国际电信联盟（ITU）就峰会的组织拟订行动计划，到2001年联合国决议支持两阶段峰会的框架，前后历时四年，足以看出峰会的重要性，以及联合国对峰会的重视。世界多国希望将美国政府单边主导、其他国家政府被边缘化的互联网治理，重新拉回到以国家为中心的全球治理的传统模式，[①] 这也是国际社会建立世界信息传播新秩序又一次新的契机。[②]

（二）"由政府主导互联网治理"的议程设置

峰会的直接关注点由最初的数字鸿沟转变为互联网治理，在此过程中倡导政府主导一直是中国的核心议程。在第一阶段日内瓦峰会的筹备会议上，中国代表团团长沙祖康便强调在解决"数字机遇"带来的"数字鸿沟"问题时，各国政府应发挥主导作用。[③] 在筹备阶段，峰会主题转向互联网治理后，中国因市场足够大，无须像最不发达国家那样担心通信领域的融资问题，因而能够采取与美国相对立的立场，[④] 在《日内瓦原则宣言》、互联网治理工作组报告的修改过程中都主张发挥政府和政府间组织在互联网治理中的主导作用。

---

① 李彦，曾润喜.中国参与国际互联网治理制度建构的路径比较［J］.当代传播，2019（5）：97-102.

② 罗昕.世界信息传播新秩序建构的脉络变迁与中国进路［J］.内蒙古社会科学，2019，40（1）：160-166.

③ 沙祖康.中国代表团团长沙祖康大使在信息社会世界峰会第一次政府间筹备会议上的发言［Z/OL］.（2002-07-01）［2021-10-08］.https://www.fmprc.gov.cn/ce/cegv/chn/gjhyfy/hy2002/t84938.htm.

④ SOUTER D. Whose Summit? Whose Information Society?［Z/OL］.（2016-03-17）［2021-10-08］.https://citeseerx.ist.psu.edu/viewdoc/download?doi=10.1.1.481.7326&rep=rep1&type=pdf.

（三）落实议程与参与决策的手段

筹备阶段的主题"并不一定高度结构化和明确化"①，这就为"互联网治理"的加入提供了机会。在国际电信联盟和包括中国内在的许多国家的努力下，互联网治理问题首次在国际层面得到重视，"各国有权利和责任处理与国际互联网相关的公共政策问题"成为共识。② 我国倡导"政府主导"主要通过大会演讲、声明、评议和国际合作等方式。

一是大会演讲。作为正式发言，大会演讲主要针对的是联合国各成员国、国际组织的代表，因而显得严肃、中庸、专业，符合外交规范。③ 除了上文提到的沙祖康，日内瓦阶段会议上信息产业部部长王旭东"中国政府在本国信息社会建设取得的成就中所起作用"的发言，④ 突尼斯阶段会议上黄菊"互联网的管理，应遵循政府主导"的发言，⑤ 都代表中国正式而明确地表达了对政府角色的强调。

二是发表声明。声明是一种公开表达立场和态度的方式。2002年7月日内瓦阶段筹备委员会第一次会议上中国代表团对参会者资格认定的提案发表声明：主权国家政府可反对清单中的具体的非政府组织，将一些无关的非政府组织排除在外以便提高峰会效率。⑥ 沙祖康在突尼斯阶段会议的第二次筹备委员会全体会议上评论互联网治理工作组报告草案时重申：互联网的治理应该成为信息社会议程的核心问题，政府应在互联网相关公共政策问题的决策过程中发挥主导作用。⑦

三是修改建议。中国政府对会议规则和成果性文件都提出了实质性的意见。对《日内瓦宣言》草案中国代表团曾提出过修改建议，指出第7段和第10段中的表达自

---

① ［美］安德森.公共政策［M］.唐亮，译.北京：华夏出版社，1990：71.

② 《突尼斯议程》第35条.详见Tunis Agenda for the Information Society.https://www.itu.int/net/wsis/docs2/tunis/off/6rev1-zh.doc.

③ 周鑫宇.美国领导人在多边外交场合的政治话语策略分析——以奥巴马第70届联大演讲为例［J］.现代传播，2016，38（11）：59-63.

④ DONG W X. Strengthening Cooperation, Promoting Development［Z/OL］.（2003-12-10）［2021-10-08］.https://www.itu.int/net/wsis/geneva/coverage/statements/china/cn.doc.

⑤ 黄菊.在信息社会世界峰会上讲话［Z/OL］.（2005-11-17）［2021-10-08］.https://news.cri.cn/gb/8606/2005/11/17/107@785206.htm.

⑥ GENEVA. Report of the First Meeting of the Preparatory Committee［Z/OL］.（2002-07-05）［2021-10-08］.https://www.itu.int/dms_pub/itu-s/md/02/wsispc1/doc/S02-WSISPC1-DOC-0011!R1!MSW-E.doc.

⑦ KANG S Z. Head of the Chinese Delegation at Pre-com II of WSIS on Internet Governance［Z/OL］.（2002-07-05）［2021-10-08］.https://www.wgig.org/docs/China-PrepCom.doc.

由并不是绝对的，建议分别以《公民权利和政治权利国际公约》第 19 条和《世界人权宣言》第 29 条^①为根据加以限制。最终 29 条被写入《世界人权宣言》。之所以如此，并不是因为这本身是互联网的一个非常重要的议程，而是为了为以后有关互联网治理的争论奠定基础。

四是发表评议。对具体互联网治理的问题发表专门或专业评论，是政府代表发表声明和演讲的必要补充。互联网治理工作组第三次会议上，中国认为在互联网公共政策的制定和实施中存在政府被边缘化的危险，由私营部门和美国主导的治理不公平；^②中国互联协会网在谈到垃圾邮件的治理时谈到没有政府的参与、立法和政策支持，就无法彻底解决垃圾邮件问题。^③中国工程院院士胡启恒作为互联网治理工作组成员对报告中提出的四种互联网治理模式发表评议，称支持其中的全球互联网理事会的模式，在此模式下，美国的作用和立场将被联合国框架下的政府间机制所取代。^④

五是推选相关人员。推选本国公民参与相关组织或担任负责人，从而影响议程的设置、规则的制定。胡启恒便成功入选了联合国秘书长科菲·安南于 2004 年 11 月任命的互联网治理工作组 40 名成员名单，^⑤在工作组报告的制定中发挥了作用。

六是联合其他国家。中国还与 77 国集团一道提出了主权国家，尤其是发展中国家在电信基础设施、教育水平和人力资源开发等方面的关切，呼吁动员各种国际组织

---

① 《公民权利和政治权利国际公约》第 19 条中规定表达自由权利的行使带有特殊的义务和责任，因此得受某些限制，即：尊重他人的权利或名誉，保障国家安全或公共秩序，或公共卫生或道德。和《世界人权宣言》第 29 条规定：行使权利和自由时，只受法律所确定的限制，确定此种限制的唯一目的确在于保证对旁人的权利和自由给予应有的承认和尊重，并在一个民主的社会中适应道德、公共秩序和普遍福利的正当需要。

② WGIG. Open Consultations of the Third Meeting of the Working Group on Internet Governance［Z/OL］.（2005-04-18）［2021-10-08］.https://www.wgig.org/April-scriptmorning.html.

③ ISC. Anti-Spam in China and Governance Mechanism［Z/OL］.（2005-04-18）［2021-10-08］. https://www.wgig.org/docs/Statement-ISC-April.doc.

④ HENG H Q. Internationalized Oversight of Internet Resource Management［Z/OL］.（2005-11-20）［2021-10-08］. https://www.wgig.org/docs/book/Qiheng_Hu.html.

⑤ WSIS. Working Group on Internet Governance Conclude First Meeting in Geneva［Z/OL］.（2004-11-25）［2021-10-08］. https://www.wgig.org/docs/Press-release.25.11.2004.doc.

的力量来应对信息社会的挑战。①

中国在联合国框架下的制度平台上审时度势、顺势而为，政府、科学家群体和社会组织相互配合，成功设置了"倡导政府主导"的议程，通过发表演讲、声明、展开评议和国际合作等方式，推动"政府主导"写入成果性文件中，不过美国凭借强大的软硬实力"将其他行为体的战略排除在议程外，使它们的选择行不通"。②然而信息社会世界峰会及互联网治理论坛仍不失为一个形成共识的制度平台。

四、共建路径中建构话语权的策略

我国在共建路径下参与国际互联网治理制度建构主要表现为两方面：和美国建立双边对话机制，以及与除美国以外的其他国家及国际组织建立双边或多边机制。在后一种情况中，中国与俄罗斯、巴西、南非等新兴国家，英国、法国、韩国等发达国家通过共建圆桌会、发表联合声明、订立国际条约来商讨互联网议题。截至首届世界互联网大会召开时，中国已经和59个国家127个组织建立了良好合作关系。③限于篇幅，本文仅对更具代表性的中美间的网络机制进行研究。

（一）不稳定的制度平台

中美双方先后建立了"网络安全工作组""打击网络犯罪及相关事项高级别联合对话"（以下简称为"打击网络犯罪对话机制"）和"执法及网络安全对话"等机制。针对2010年后日趋紧张的网络关系，2013年6月两国商定成立"网络安全工作组"。但因2014年5月美国指控我国军人网络窃密，我国暂停了小组活动，直到2015年9月两国间建立"打击网络犯罪对话机制"。2017年4月，两国元首进一步将中美间网络对话升级为"执法及网络安全对话"。特朗普政府时期，对话机制中断。此外，一些私营部门和公民社会组织也在开展活动，如"中美互联网论坛"等。

---

① WGIG. Statement for the Group of 77 and China for the V' PrepCom of the World Summit on Information Society ［Z/OL］.（2005-04-18）［2021-10-08］. https://www.itu.int/net/wsis/docs/pc1/statements_general/brunei.doc.

② ［美］约瑟夫·奈.权力大未来［M］.王吉美，译.北京：中信出版社，2011：179.

③ 黄澄清.期待互联网管理形成机制［N］.新京报电子报，2014-11-22（11）.

（二）关注网络安全的议程设置

从历次对话机制的名称便可看出，中美间的网络对话以网络安全尤其是网络犯罪为主要议题，并保持了较高的延续性和集中性："网络安全工作组"就网络安全以及工作组的建设交换了意见，但后因起诉事件被中国暂停；"打击网络犯罪对话机制"举行了三次对话，在合作打击的网络犯罪的种类、支撑机制的建立等方面保持延续并落实和拓展；[①] "执法及网络安全对话"与"打击网络犯罪对话机制"也在议程设置层面保持了较高的延续性，主要涉及合作打击各类网络犯罪和建立热线、信息资源共享等保障机制。

（三）落实对话机制的手段

一是从共同关注的网络安全展开。中美两国在互联网多个议题上依赖程度高，既有冲突也有合作，选择网络安全作为切入点既符合双方共同关切也更具操作性。2013年网络安全工作小组设立时美国国务卿克里就曾表示："网络安全对每一个人都有影响。保护人民，保护其权利和基础建设，对每一个国家都有利益。"[②] 但美国所称的"网络安全"偏重于指基础设施安全和技术安全，中国则认为网络信息安全也应包含在内，不同的认知造成了合作中的分歧。

二是两国元首定调。三个对话机制均是由两国时任元首会面时决定建立的，分别是2013年6月和2015年9月的习奥会，以及2017年的习特会的会谈成果。对话机制设立的级别之高凸显了网络安全在中美关系中的重要性，但也应当防止过度放大网络安全从而影响两国关系，正如2013年习奥会前，面对美国媒体突然热炒"中国网络黑客"，习近平总书记所说："在我与奥巴马总统会晤之前几天，我关注到媒体上对网络安全问题的关注度陡然提高……似乎给人一种感觉，就是网络安全的威胁主要来自中国，或者说中美之间最突出的问题就是这个问题。"[③]

三是提升机制级别。网络安全工作组是在中美战略安全对话的框架下展开的，而中美战略安全对话又处于中美战略与经济对话下的中美战略对话当中，因此级别

---

① 刘宁，郎平．不同议题下的中美网络安全关系：合作，竞争与冲突［J］．战略决策研究，2017（2）：3-19.

② 商西．中美网络安全工作组首会召开［Z/OL］．（2013-07-09）［2021-10-08］．https://www.isccc.gov.cn/xwdt/xwkx/07/742938.shtml.

③ 孙雪梅．中美将设网络安全工作小组［Z/OL］．（2013-06-09）［2021-10-08］．https://news.sina.com.cn/c/2013-06-09/033927356887.shtml.

较低。"打击网络犯罪对话机制"下举行的三次会议，基本都由中国国务院国务委员、公安部部长郭声琨与美国司法部部长林奇、国土安全部部长约翰逊共同主持，属于部长级对话，且以打击网络犯罪为专门议题。执法及网络安全对话延续了部长级别。

四是制度化水平不断提高。网络安全工作组的制度化进程因美国所称的"针对国家行为者的黑客行为的首次起诉"而中断。[①]"打击网络犯罪对话机制"连续举行三次，以其中的热线机制为例，从首次对话确定要建立，到第二次对话通过"运作方案"，就热线的范围、目标和程序达成一致、正式开通，再到第三次对话时决定继续使用并定期回顾使用情况，制度化水平不断提高。建立执法及网络安全对话机制后，双方同意保留热线机制及时沟通紧急网络犯罪和与重大网络安全事件有关的网络保护事项。

五是议程逐渐拓展。议程由易到难逐渐丰富。"打击网络犯罪对话机制"第二次会议时增加了网络空间国际规则的内容，第三次会议又落实了打击利用技术和通讯组织、策划和实施暴力恐怖活动的内容。

六是引入智力支持。多次就网络保护、网络国际规则、利用信息手段实施暴力恐怖等专门问题举行专家研讨会，为正式会议谈判达成奠定基础。如 2016 年 5 月的中美网络空间国际规则高级别专家组会议讨论了包括国家行为规范以及与网络空间有关的国际法和信任措施在内的网络空间国际规则问题，被"打击网络犯罪对话机制"第二次会谈列入成果清单。

网络空间的交往拓展了中美关系的维度，也增加了中美关系的复杂性，网络安全作已经成为中美关系中的优先议程。各种对话机制在一定程度上起到了缓和矛盾、管控分歧的作用，但未能从根本上解决两国间日益复杂的网络安全问题。[②]然而作为网络强国的美国和网络大国的中国彼此依赖，通过建立对话协商机制解决网络冲突、增进互信是最佳出路。

---

① U.S. Department of Justice.U.S.Charges Five Chinese Military Hackers for Cyber Espionage Against U.S. Corporations and a Labor Organization for Commercial Advantage. ［Z/OL］. (2014-05-19)［2021-10-08］. https://www.justice.gov/opa/pr/us-charges-five-chinese-military-hackers-cyber-espionage-against-us-corporations-and-labor.

② 鲁传颖. 中美关系中的网络安全困境及其影响［J］. 现代国际关系，2019（12）：16-22.

五、独立创建路径中建构话语权的策略

我国在上述三种制度平台上的自主性或多或少都受到限制，而斯诺登事件更暴露出美国滥用技术和制度优势对全球互联网造成的危害。自 2014 年起我国连续举办世界互联网大会，阐述我国对国际互联网治理的主张。采取这种路径，我国作为主办方，在确定主题、设置议程等方面具有天然优势，也可通过为国际互联网治理提供更多"公共物品"得到国际社会的认可。这标志着我国在国际互联网治理领域话语权的提升。互联网数字名称与地址分配机构总裁法迪·切哈德将乌镇峰会誉为互联网历史上的"里程碑"[①]。

（一）中国政府主导的制度平台

世界互联网大会是我国政府主导创建的一个全球性的互联网大会，由国家互联网信息办公室和浙江省人民政府联合主办。举办的目的是要搭建一个"中国与世界互联互通的平台、国际互联网共享共治的平台"，把我国的主张比较全面地展现在世人面前。这是我国迄今为止在互联网领域举办的最大规模、最高层次的会议。有学者将世界互联网大会与美国互联网数字名称与地址分配机构大会、联合国互联网治理论坛并列为全球互联网治理的三大会议。[②] 世界互联网大会与另外两者在性质、组织、讨论议程等方面都有不同，但从参与国际互联网治理的角度来看，其最大的特点在于搭建了一个自主建章立制的制度平台。

（二）互联网治理"中国方案"的议程设置

世界互联网大会在国际互联网治理方面提出了"中国方案"的议程，以此贯穿整个大会组织和各项活动。设置这一议程的目标在于建构"网络空间命运共同体"，这一议程主要包括了"四项原则"和"五点主张"[③]。其中，"尊重网络主权"是首要原则

---

① 李丹丹.互联网大会选址乌镇"不是一个偶然"［N］.新京报，2016-11-8（12）.

② 方兴东，徐济涵.互联网的十大发展趋势——从第三届世界互联网大会来看［J］.新闻与写作，2017（1）：26-31.

③ 由习近平主席在 2015 年第二届世界互联网大会开幕式上提出。"四项原则"指推进全球互联网治理体系变革应该坚持尊重网络主权、维护和平安全、促进开放合作、构建良好秩序的原则；"五点主张"是指构建网络空间命运共同体应加快全球网络基础设施建设促进互联互通，打造网上文化交流共享平台促进交流互鉴，推动网络经济创新发展促进共同繁荣，保障网络安全促进有序发展，构建互联网治理体系促进公平正义。

也是方案的核心。网络主权是国家主权在网络空间的自然延伸[①]，是世界各国对内进行互联网治理、对外开展网络关系的基石。中国主张尊重网络主权是一个负责任大国维护联合国宪章、维护国际体系和平与稳定的体现。"网络空间命运共同体"是我国为当前单边主导的国际互联网治理贡献的替代性理念，弥补了我国作为网络大国在软实力方面的不足。中国倡导各国在这种信念引领下，"建立多边、民主、透明的国际互联网治理体系"。

（三）设置议程参与决策的手段

国际互联网治理"中国方案"的议程，在会议各论坛、圆桌会议、博览会、成果展示等各个环节，经由参会的各国领导、重要国际组织的负责人、互联网企业领袖、技术群体和民间团体发言、阐释和讨论，最终体现在成果性文件中。

一是习近平主席的大会发言及贺信提出"中国方案"。政治领导是议程设立过程的重要因素。[②]习近平主席在历次大会开幕式上通过发表演讲、视频演讲和贺信的方式提出、完善着全球互联网治理的中国方案，引领了分论坛和参会者的认知和讨论，再通过各路参会者和媒体广泛散布、引起国际关注。

二是分论坛的设置贯彻"中国方案"。"中国方案"的议程贯穿世界互联网大会各项活动中，集中体现在分论坛设置中，如上海社科院组织的"网络空间国际规则"分论坛，中国网络空间研究院和美国布鲁金斯学会联合主办的、以"网络空间新型大国关系"为主题的国际高端智库论坛。这些论坛往往在历次大会中连续举办，邀请了多国政要、重要国际组织的代表以及专家学者，为网络空间建章立制构筑网络空间命运共同体贡献了智识。

三是"中国方案"写入成果性文件。历年的成果性文件不断重申和进一步阐释着"中国方案"。第一届大会的九点共识包含了"尊重各国网络主权"；第二届大会提出"中国方案"后，《乌镇倡议》深化发展了"五点主张"；第三届大会发布的《乌镇报告》以及第四、五、六届大会《乌镇展望》的框架也都脱胎于五点主张，从基础设施、网上文化、网络经济、网络安全、互联网治理角度展开；第六届大会发布的《携手构建网络空间命运共同体》概念文件在进一步阐释"四项原则""五点主张"的基础上提出了治理架构，成果性文件《网络主权：理论与实践》详细阐释了方案中的"网络主权"。

---

① 中国现代国际关系研究院，上海社会科学院，武汉大学.网络主权：理论与实践［N］.新京报，2019-10-22（4）.

② ［美］安德森.公共政策制定［M］.谢明，译.北京：中国人民大学出版社，2009：107.

　　四是会议讨论聚焦"中国方案"。历届大会的参与人员包含了多国政要、国际组织负责人、知名行业领袖、科学家学者等，在讨论中增进了对中国互联网治理主张的认知。第二届大会时成立的"高级咨询委员会"31 名委员中 22 人来自国外，他们讨论通过的《乌镇倡议》中的五点倡议便分别应和了"五点主张"。参会的国际组织人员或外国政要等承认实现互联网共治没有中国的参与是做不到的；认为大会为不同观点"交锋"提供了平台，迈出了探寻解决办法的一步；认为习近平主席提出的互联网治理的"四项原则""五点主张"对推动互联网空间治理影响显而易见；是互联网治理的一个基石；认为中国在互联网治理的领域起到显著的作用，尽管艰难，但以乌镇峰会为标志，中国在互联网的全球治理方面的话语权开始提升。[1]

　　五是团结有共同诉求的发展中国家。中国在乌镇举行的世界互联网大会成为这些国家公开联合起来反对当前由美国推动和主导的全球和私营部门主导的政权的峰会。中国将网络主权描述为一个广泛接受的能够更好保护发展中国家数字利益的前提。

　　中国创办世界互联网大会并非要取代美国在国际互联网治理当中的作用，2014 年首届大会举办前，时任国家网信办主任出席互联网数字名称与地址分配机构的伦敦大会声明中国想要的是"一个世界，一个互联网"，举办世界互联网大会的目的在于推动国际互联网治理制度朝着公正合理的方向发展，构建网络空间命运共同体。

六、结　语

　　中国在参与国际互联网治理的四条路径中，针对四种制度平台的不同特点，采取了不同的策略，详见表 1。

---

① 　这些观点分别由 ICANN 总裁迪·切哈德、爱尔兰前总理伯蒂·埃亨、欧洲信息和通信系统标准化协会（ECMA）秘书长伊什特万、世界电信标准化全会项目处处长杨晓雅、联合国副秘书长刘振民提出。分别详见《新京报》世界互联网大会会刊：https://epaper.bjnews.com.cn/html/2014-11/21/content_548251.htm?div=-1，https://epaper.bjnews.com.cn/html/2014-11/21/content_548243.htm?div=-1，https://epaper.bjnews.com.cn/html/2016-11/16/content_660008.htm?div=-1，https://epaper.bjnews.com.cn/html/2016-11/19/content_660735.htm?div=-1，https://epaper.bjnews.com.cn/html/2017-12/03/content_703857.htm?div=-1。

表1 中国在四条路径中提升话语权的策略

四条路径	制度平台	理念引领下的议程设置	能力或手段
加入路径	美国主导的、互联网数字名称与地址分配机构为核心的治理制度	扩大政府影响力与中文域名	技术研发、国内行动、开展国际合作、与互联网数字名称与地址分配机构沟通、推荐人选、会议发言
变革路径	联合国框架下信息社会世界峰会、互联网治理论坛为核心的治理制度	主张政府主导互联网治理	大会演讲、发表声明、修改建议、发表评议、推选相关人员、联合其他国家
共建路径	中国与别国间的双边或多边制度	以主权国家身份进行双、多边谈判与网络安全	网络安全议题入手、两国元首定调、提升机制级别、制度化水平不断提高、议题逐渐拓展、引入智力支持
单独创建路径	世界互联网大会	网络空间命运共同体与"中国方案"	发言及贺信、分论坛的设置、成果性文件、会议讨论、进行合作

（一）议程间呈现出演进发展的传承关系

相较大众传播的议程设置较多关注于媒介如何影响受众而不关注政策制定，我国关于互联网治理制度的国际议程设置与国际话语权、国家利益关系密切，主要针对其他国家、国际组织和非政府组织等，重在推动制度建设。我国在参与国际互联网治理制度建构的过程中，议程步步发展，逐渐明确：从倡导扩大政府角色在互联网治理中的作用、倡导政府在互联网治理中发挥主导作用，到以主权国家身份与其他国家建立双边或多边机制，直到明确提出了新的国际互联网治理的理念和方案。

（二）树立话语权的具体手段受限于制度平台

中国作为发展中国家，政策制定由国家主导，而互联网数字名称与地址分配机构大会、信息社会世界峰会和互联网治理论坛的主导力量和背后的组成决定其无法满足中国的诉求，中国参与的双多边机制也不是全面系统地提出和论证、采取措施落实我国主张的合适场所，因而中国创办了乌镇峰会。峰会倡导的是政府主导的多边模式，我国借助峰会建立全球性的联系网络，以多边主义的合作姿态，应对全球网络空间日益滋长的单边主义。① 在此制度平台上，我国才得以全面清晰系统地提出关于互联网治理的看法和主张并采取多种方式推行。

---

① 余丽，赵秀赞.中国贡献：国际机制理论视域下的世界互联网大会［J］.河南社会科学，2019，27（5）：1-9.

（三）国际议程设置是一国软实力和国际话语权的重要体现

在当今各国相互依赖的国际社会中，直接凭借权力维护和攫取国家利益的做法会受到多方面的阻力。我国通过在不同制度平台设置议程的方式，来推动全球互联网治理体系朝着公正合理的方向发展，这是值得肯定的，也符合我国的国家利益。但也面临着质疑和误解。尤其是对世界互联大会，西方主流国家的报道中多偏向负面，关注于"中国意在扩大受审查的网络"[①]、面部识别追踪公众的新方法[②]、负责互联网审查政策的官员[③]等等。国外学者认为，中国对互联网主权的态度体现了一种威权信息主义[④]；中国政府试图将网络主权定义为一种法律规范并加以传播，这可能会破坏国际社会对透明度、问责制和人权的承诺[⑤]；还有研究关注中国正在兴起的反对全球开放互联网运动，认为峰会是中国对美国全球领导地位的挑战[⑥]。

（四）进一步完善我国的治网主张，提升乌镇峰会的吸引力

虽然上述误解和质疑带有意识形态的偏见，但我国治网理念和方案在实践和话语中存在的不足还需进一步弥补和完善。构建世界互联网大会与互联网数字名称与地址分配机构大会、信息社会世界峰会和互联网治理论坛，以及各种双多边制度间互补型关系，服务于现实空间国际社会对和平发展合作的诉求。优化世界互联网大会的制度平台，通过设立常设机构，会议年度内多次举办多种形式的会议，以此提高跨国行动能力，落实会议共识。

---

①　AREDDY, JAMES T. China Aims to Expand Censored Web［N］.*Wall Street Journal*（Online），2014-11-20（1）.

②　MOZUR, PAUL, CAROLYN Z. On Display in China, New Ways to Track Public［J］. *New York Times*. 2017（168）：B1-3.

③　MOZUR，PAUL，PERLEZ.China's Tough-Minded Web Keeper［J］. *New York Times*，2014（164）B1-4.

④　JIANG M. Authoritarian informationalism：China's Approach to Internet sovereignty［J］. *SAIS Review of International Affairs*，2010，30（2）：71-89.

⑤　MCKUNE, SARAH, AHMED. The Contestation and Shaping of Cyber Norms Through China's Internet Sovereignty Agenda［J］. *INTERNATIONAL JOURNAL OF COMMUNICATION*.2018，12：3835-3855.

⑥　DOMBROWSKI，PETER. China Wants to Draw Borders in Cyberspace-But So Does Every Other Sovereign Nation［J］*New Perspectives Quarterly*，2016（33）：38-42.

浅析地方媒体军事外宣如何 "稳中求胜"

林艳芳[①]

站在新时代，越来越多的军事外宣报道任务向地方媒体提出了新的更高要求，地方媒体必须以"身在中国，心存世界"的国际视野讲好"中国故事"军事篇。

一、地方媒体不可缺位军事外宣话语权建设

随着改革开放不断深化、"一带一路"倡议深入推进，迅速崛起的中国在世界的影响力逐步提升。外宣新闻报道成了向世界说明中国、塑造中国形象的重要窗口。

随着"强军梦"的大力推进，我国军队在习近平强军思想指引下向着世界一流军队阔步前行，更加开放和自信，在世界各地肩负起更多的国际担当，获得更高度的关注。军事新闻成了中国对外形象宣传的一张重要名片。

随着世界网络的互联互通，国内涉外涉军类新闻报道的传播力被迅速国际化，而不仅限于本地或本国内传播。军事外宣报道任务已经主动地来到地方媒体人的身边。例如，2019 年 5 月，"蓝色突击 -2019"中泰联合训练在军港城市广东湛江开展，央媒军媒以及深圳卫视、《南方日报》《羊城晚报》等主流媒体的特派记者齐聚湛江，湛江日报、湛江晚报、湛江广播电视台等地方媒体与各级媒体同台"竞技"；又如，2019 年 10 月，第七届世界军人运动会在武汉举办，地方媒体也责无旁贷地参与了此次军事外宣报道；再如，在新冠病毒战"疫"中，解放军医疗队驰援武汉，除央媒及军媒的官方报道，各地方媒体从侧面对军队医务人员进行的报道，也不可回避地成了军事外宣的一部分。

---

① 林艳芳，湛江日报社记者。

综上所述，地方媒体军事外宣报道已成为军事外宣话语权建设中不可或缺的一部分，所以对地方媒体军事外宣工作进行分析研究具有重要的时代意义和现实意义。

二、地方媒体军事外宣的特点与原则

（一）守好政治生命线

军事外宣是党和国家外宣工作的重要组成部分，是一项全局性、战略性的工作，具有政治性、导向性、严谨性和独特性等特征。地方媒体作为党和国家的"耳目喉舌"，政治性是其最本质的特征。地方媒体从事军事外宣报道首先要守好政治生命线，坚守正确的政治方向、政治立场和政治纪律，保持鲜明的政治观点、政治鉴别力和政治敏锐性。

坚持政治性和新闻性的高度统一在地方军事外宣中显得格外重要。军事新闻因为与战争国防的联系最为密切，本质上就是体现了它强烈的政治色彩与政治倾向，这也成为军事新闻与其他新闻最根本的区别。可以说军事新闻是所有新闻类型中，最讲政治、最为严肃的一种新闻。①

独特性是军事外宣又一显著特征。军事外宣报道，尤其是中外联合军演、国际护航和救灾行动等重大事件，往往具有较强的现场感、独特性、唯一性。例如，"蓝色突击-2019"中泰海军联合训练期间，两军开展从港岸到海上的多兵种实战，规模和形式都是史无前例的。军事外宣报道的这一独特性恰是其重要的新闻价值所在。

（二）站稳"中国立场"

近年来，随着中国军队参加联合国维和行动、国际护航和救灾行动、中外联演联训的增多，军事影响力显著提升，"中国威胁论"，特别是"中国军事威胁论"的论调在西方学术界和媒体行业中随之升温。这对于维护我国军队国际形象、构建局地安全环境造成了负面影响。

而在移动互联网时代，国际、国内两个舆论场早已相互交织勾连。西方媒体在我国各大社交媒体开辟中文频道抢占舆论场，圈下的粉丝日益增多。某种程度上讲，西方媒体已经把和中国进行舆论斗争的战场从以英文为主的国际舆论场，搬到了原本属

---

① 程俊杰. 新媒体环境下涉军新闻管理研究［J］. 新教育时代电子杂志（教师版），2015（17）：51.

于中国的中文舆论场，搬到了我们的"家"里。①

鉴于此，地方媒体要把每一次军事报道的视野置于国际、国内两个大局之上，军事外宣要设法提升"国内舆论场"和"国际舆论场"的一致性，坚持正确舆论导向，站稳中国立场，积极传递正能量，树立我国军队良好的国际形象。

三、地方媒体军事外宣的挑战与"雷区"

（一）打破本土，受众国际化

军事报道，时下舆论江湖，不只我们的涉军舆论环境变了，变了的还有涉军舆论引导的受众。首先是受众构成成分变了，尤其在国内舆论场扩大为覆盖全球的中文舆论场之后，我国涉军舆论引导的对象不仅涵盖原来地理概念上的国内受众，还将台港澳同胞、海外华人华侨等原先"外宣"概念里的对外传播目标以及世界上所有懂中文的外国人囊括其中，当然更少不了"侵入"中文舆论场的外媒。②

同理可证，地方媒体军事外宣引导时，理应针对受众国际化的这个最大共同点，引入国际视野，立足中国国情，结合本土实际，又考虑国际影响的舆论引导，争取在广泛的受众范围内实现最有效的正向传播。

（二）跨越"雷区"，不可跳过"审稿制度"

地方媒体的军事宣传要坚持党的基本路线，坚持正面宣传，坚持维护人民军队的声誉；要熟知军事工作的基本方针、政策和有关规定，对拿不准的要请示汇报，坚持审稿制度，宁缺毋滥；对视听媒体的直播，要提前精心组织，对参与直播人员仍然坚持严格政治条件的审查，防止出现失控，始终保持正确的舆论导向，使宣传形式与实际效果统一。③

纵观过往，有的地方媒体在这些方面有过十分沉痛的教训，特别是有的编采人员缺乏政治敏锐性和军事宣传常识，把行业竞争和常规新闻的思维带入军事外宣中，因猎奇和盲目抢先误入"雷区"。有地方媒体对军事外宣的管理意识不强、把关不严，审稿制度松懈以致踩入泄密禁区或者造成其他不良影响。政治导向"雷区"闯不得，

---

① 董兆辉，刘欣欣 . 论涉军舆论引导的国际视野［J］. 军事记者，2015（1）：41-42.

② 董兆辉，刘欣欣 . 论涉军舆论引导的国际视野［J］. 军事记者，2015（1）：41-42.

③ 陈衢 . 地方媒体的军事宣传［J］. 新闻前哨，2018（1）：41-42.

抢发新闻"红线"也越不得，在军事外宣报道中，很多时候"稳"比"快"更重要。

重大军事外宣活动举行前，军队通常会举办媒体发布会或通气会，对军事报道注意事项和具体要求作详细说明。地方媒体采编人员到场至关重要，既可了解"规定动作"和"自选动作"范畴，还可对不熟悉的问题进行提前了解。一般来说，报道要严格执行稿件审核规定，遵守新闻宣传和保密纪律，未经批准不得发布活动相关信息，不得透露日程安排等重要信息，不得在论坛和个人微博、微信上发表超过公开报道的相关信息和宣传口径不符的言论等，这是从事军事外宣采编人员应知应会的基本共识。

审稿制度是军事外宣不可逾越的红线。由于军事外宣的重要性和严谨性，军事新闻的审稿制度不同于一般新闻的口头审核流程，必须以白纸黑字在《审稿单》上写明稿件标题、作者和刊发媒体等详细内容，并附上稿件。稿件按内容的重要程度分级报送审核签字。视频稿还需将初编待播片刻盘送审。这对地方媒体采编人员的快速反应又提出了更高要求。

四、地方媒体军事外宣"稳中求胜"的对策建议

我国地方媒体，在军事宣传方面有许多优良传统，曾发表过大批影响深远的优秀作品，培养了许多优秀的作者，为军事工作和军队建设做出过贡献。在新时期，地方媒体如何继续发扬自身优势做好军事外宣报道？用好地方媒体擅长的深度力、共情力、图解力是其制胜法宝。同时，培养储备高素质军事外宣人才队伍不容忽视。

（一）用好深度力

目前，地方媒体很多时候是采用新华社或军队提供的通稿。这种采访的缺位、信息源的单一，很容易造成军事报道内容的雷同和重复，在军事报道同质化泛滥的现状下，又面临着行业日益竞争的白热化，地方媒体如何摆脱军事报道千篇一律的困境，是当前困扰众多地方媒体的一道难题。

新时代的军事外宣管理越来越严格，同时也越来越开放和人性化。这体现在除了"规定动作"外，地方媒体的"自选动作"也可通过审稿后得以出街，审核的是政治性、导向性、保密性和原则性问题，宣传形式则允许根据自身媒体特点灵活运用。这一变化无疑给地方媒体做好军事外宣报道投下了一道曙光。

在全网通稿秒上的环境下，地方媒体不必抢拼第一报道时间，而应重视抓好第二

报道时间，即要重视抓好第一报道新闻的解疑释惑工作。官方新闻通稿往往只是简单地陈述事件，来不及更多地展现新闻背景和深度，容易出现拼时效、轻内容的情况。恰恰相反，地方媒体比央媒有着更充裕的时间和精力去策划和经营报道，亦更有可能去打造自己的特色品牌和独有栏目。因此，地方媒体要把更多的精力放在深度报道上，对第一时间报道的军事外宣新闻进行解读或"翻译"，做提高军事外宣新闻可懂性的"后续深加工服务"工作。

新闻报道第一时间抢的是眼球，而深度报道拼的是实力。在"蓝色突击-2019"中泰海军联合训练的报道任务中，《湛江晚报》因以日刊发，时效性上大失优势，然而该报在抢抓第二报道时间中，以霸气的跨版、大气的标题、接地气的文字，全景式再现两军联合训练的震撼现场和故事。实践证明，这样以"深度精品"追赶"时效快餐"的做法，赢得了更多的读者，并屡试不爽。在2020年抗击新冠病毒疫情的报道中，地方媒体将军队医务人员的故事深度挖掘呈现，对央媒第一时间报道进行了延伸解读，宣传效果同样深得民心。

（二）用好共情力

军事外宣的重要任务是展示我国军队维护世界和平、构建人类命运共同体的良好形象，展示"威武之师""文明之师""和平之师"的良好形象，展示透明可信、服务人民的良好形象。地方媒体讲好军事外宣故事，应不偏不倚地围绕这一宗旨开展。

全景的故事固然气势磅礴，细节的故事同样撼人心魂。英雄的故事固然可歌可泣，凡人的故事同样光芒四射。在军事外宣中，讲述英雄人物的故事是重要题材。但必须认识到，军队毕竟是一个由许许多多普通官兵组成的群体。地方媒体在讲好军事外宣故事中，更应将聚光灯照向普通官兵，他们的故事同样能够折射人民军队的精神，展示人民军队的风采。而且从接受度上看，由于凡人小事更接近外宣受众的日常生活和心理，往往饱含丰富的情感资源，能够引起强烈的共情力，以"润物细无声"的方式增强军事外宣受众对我军的政治认同和情感认同。

好的新闻直抵人心，这无疑是共情力在起作用。塑造军事外宣报道共情力，在内容选择、语言文风、标题取舍、图片使用等方面下足功夫，地方媒体的军事外宣影响力和传播力亦可脱颖而出。在报道中泰海军联合训练港岸训练中，《湛江晚报》大胆使用感性标题《超燃！中泰海军联合训练胜大片》①，同时在头版配发理性大标题《战

---

① 林艳芳.超燃！中泰海军联合训练胜大片［N］.湛江晚报，2019-5-7（9）.

风斗雨肩并肩》，引发读者同频共情，可读性和传播力胜过同期报道，报道被纷纷转载。

（三）用好图解力

读图时代，新闻摄影越发成为人们迅速了解事件的重要媒介，新闻图片的视觉表现力和冲击力往往比文字更能直击读者的心灵。在军事外宣中，图片新闻的传播力常常能突破文化语言差异的界限，达到"一图胜千言"的良好效果。地方媒体要抓住读图时代的外宣受众心理，善用图片语言表达故事和态度，抢占军事外宣图片新闻的舆论阵地。

军事新闻图片使用的重要一环是慎重选择和把关，特需注意图片内容是否涉密。采编人员是第一把关人，如对军事知识了解不够，很可能会因为编发一张有问题的新闻图片给军队建设带来不良影响。所以，地方媒体军事采编人员强化自身军事素质的重要性不言而喻。采编人员只有紧随时代发展要求，及时了解掌握部队的新变化，学习新的军事知识，才能把好军事新闻图片宣传的各个关口，让军事新闻图片宣传更好地为军事外宣服务。

《湛江晚报》头版主图中泰海军双方队员相互微笑握手致敬（孙宏韬　摄）

新闻图片中（如图），两名中泰海军队员在大雨中联合训练，相互微笑握手致敬。无须多言，这张新闻图片所呈现的故事触动了无数人的心灵，泰方官兵携带多份《湛江晚报》回国，有读者将新闻图片转载到国际社交媒体上，取得了意想不到的外宣效果。

（四）用好人力

一般来说，地方媒体对军事宣传的采访工作，通常选择由军方宣传人员参与，或者选派熟识军事宣传业务的编辑、记者担任。但在实际操作中，很多地方媒体因人手不足等种种原因，没有专门的军事报道采编人员，有军事报道任务时，只能随机派出一般采编人员去兼职。由于军事外宣报道的"雷区"较多，缺乏专业知识的采编人员容易"触雷"。

提高军事外宣舆论引导力，归根结底是靠人才，没有专业的军事外宣人才支撑，就难以担当军事外宣地方媒体的时代重任。地方媒体首先需要重视军事外宣人才的培养。基于现实，地方媒体不可能像央媒或军媒打造一支专业的军事外宣队伍，然而，着力培养和储备一些政治观念强、业务精的军事外宣采编人才责任不可推卸。

与此同时，地方媒体可借助外力，用好专家和军方宣传人员，做到精准使用，避免滥用而造成的错误解读。而地方媒体培养出的"军事通"恰可从中发挥桥梁作用，团结壮大军事外宣队伍。此外，鼓励地方媒体迈开"借船出海"的步子，积极探索与军媒深化合作，实现共赢的路子，使我国军事外宣合力更大，步伐更稳。

参考文献：

［1］刘开骅.西方主流媒体"他塑"的中国军队形象——以美联社等四家媒体对中国海军护航报道为分析样本［J］.国际新闻界，2010，32（8）：50-56.

［2］濮端.话语创新：把强军故事讲得更精彩［J］.国防参考，2016（2）.

［3］雷鸣.用国际视角讲好"中国故事"军事篇——浅谈中国军队涉外新闻的报道策略［J］.中国记者，2015（7）：35-37.

［4］陈坚伟.涉军网络舆情研究综述［J］.新闻研究导刊，2014（13）：49+61.

［5］钱立勇.美国舆论中的新中国军队形象流变与成因探析［J］.新闻与传播研究，2013（8）：38-52.

［6］郭红斌，易绍杰.如何利用新媒体加强军事外宣［J］.对外传播，2011（8）：16-17.

［7］张海桐.军队代表建议从严审查涉外涉军题材影视作品［N］.解放军报，2014-03-05（15）.

试论中国"80 后"纯文学作品在韩国传播的有效途径

——以王威廉《听盐生长的声音》为例

刘玮婷[①]

一、引　言

中韩文化具有亲缘性和同根性，明清小说在朝鲜时期大量传入朝鲜半岛，形成了韩国历史上第一次文学作品书面翻译高潮[②]。但进入 20 世纪之后，由于政治、文化、意识形态等方面的原因，两国文学上的交流几乎空白，直到 1992 年中韩建交，才逐渐复苏。21 世纪以来，随着文化在综合国力竞争中的地位和作用越来越重要，中国文化"走出去"成为国家对外文化的重要战略之一，中国出版物在韩国有了数量上的飞跃，迎来了中国文学作品在韩国译介的第二次高潮[③]。据 2020 年 1 月 14 日发布的《2018 年全国输出版权汇总表》，2018 年全国图书输出版权总数（项）共 10873 种（含港澳台地区），其中向韩国输出图书 512 种，占输出总额的 4.71%，仅次于美国和香港地区，位列第三[④]，可见韩国已成为中国开展图书"走出去"工作的重点目标国家。

在中国文学走向世界的过程中，中国当代文坛的中坚作家如莫言、余华、刘震云、阎连科、贾平凹、毕飞宇、苏童、麦家等都做出了杰出的贡献，他们的作品已然

---

① 刘玮婷，女，文学硕士，广东花城出版社有限公司编辑。

② 孙鹤云 . 中国当代小说在韩国的译介与批评［J］. 韩国研究论丛，2018（2）：234-235.

③ 孙鹤云 . 中国当代小说在韩国的译介与批评［J］. 韩国研究论丛，2018（2）：235.

④ 国家版权局 . 2018 年全国输出版权汇总表［Z/OL］.（2020-01-14）［2021-10-08］. https://www.ncac.gov.cn/chinacopyright/contents/12566/353204.shtml.

成为经典，作为中国当代文学的范式在海外被推广、译介和接受。韩国出版界也几乎引进了所有这些重点作家的代表作。但这些"50后""60后"作家[①]身上带着浓厚的时代烙印，他们描写的主题往往让韩国读者感到陌生，"如《首尔新闻》刊登了题为《中国小说为什么卖不出去——文字缸出版社代表姜成民（音译）采访》的文章，文中称'韩国读者对于中国现当代史知之甚少，所以不愿意接触以异质性的中国现当代史为背景的小说……传统时代、革命时代、农村时代的作品较多，这与我们的日常生活存在一定距离，有一种相去甚远的感觉'"[②]。因此，近年来寻找年轻的中国作家和更为贴近韩国年轻读者口味的作品，已成为有志于引进中国当代文学的韩国出版人工作的重心所在。而此时，中国的"80后"纯文学作家[③]的作品，开始进入他们的视线。

"80后文学"是一个代际性概念，是对20世纪80年代以后出生的一代活跃在文坛上的作家们的概括性总称，其早期以韩寒、郭敬明等青春写手为代表，给人以商业化、大众化的印象。但随着十几年的发展，另一批"80后"纯文学作家陆续在文坛活跃起来，他们极力探索着文学可以抵达的人类精神深度的边界，对叙事和美学有着纯粹的追求，并有意无意地对抗着商业写作，努力回归传统文学。

王威廉是"80后"纯文学作家中颇具代表性的一位，他先后就读于中山大学人类学系、中文系，获得中国现当代文学博士，对于不同学科的涉猎让他爱挑战不同的风格，叙事既具先锋性又兼顾了"讲一个好故事"的创作内核，是目前中国文坛公认的优秀青年作家。何明星教授在《传播学视野下的中国当代文学70年世界影响》[④]一文中提出以传播学效果研究的理论框架评估中国文学的世界影响，可分为三个层面，第一是传播范围的大小，主要以世界馆藏数据为依据。根据全球图书馆联合目录（WorldCat）的统计显示，王威廉共有50部作品，122种出版物（含韩语2部，其余为中文），被全球303家图书馆收藏[⑤]，在"80后"纯文学作家中是表现较为突出的一位。

---

① "50后""60后"作家并非中国当代文学史上的划分，在此仅为了与后文中的"80后"作家相对应。

② 孙鹤云.中国当代小说在韩国的译介与批评［J］.韩国研究论丛，2018（2）：238-239.

③ 关于"80后"纯文学作家群的定义和代表作家，可参见：陈思颖.跨越青春写作——"80后"纯文学作家小说创作研究［D］.云南：云南大学硕士论文，2017.

④ 何明星.传播学视野下的中国当代文学70年世界影响［N］.文艺报，2019-08-09（2）.

⑤ 详见：WorldCat作者王威廉条目，https://www.worldcat.org/wcidentities/lccn-no2016040799.

王威廉的作品于 2016 年被引进韩国，一本是收录了中国 15 位具有代表性的"80后"作家作品的合集《听盐生长的声音——八零后短篇小说集双语版》，另一本是他的中短篇小说合集《听盐生长的声音》，于 2018 年正式在韩国出版，韩语书名为《书鱼》。本文就以王威廉《听盐生长的声音》为分析对象，试论中国"80后"纯文学作品在韩国传播的有效途径。

二、《听盐生长的声音》在韩国的接受情况

对一部作品海外影响力的评价，《传播学视野下的中国当代文学 70 年世界影响》一文提出的另外两个层面的评估标准：一是专业研究、评价的有无，主要指专业的书评、专业的研究数量；二是读者反馈的多寡[1]。让我们对应这两条标准，看一看《听盐生长的声音》在韩国的接受情况。

《书鱼》在韩国出版后，在每日发行量超过 100 万份的《韩国日报》上刊登了书评："他是一位相信故事，相信自己的作家……书中收录了 4 篇短篇小说和 1 篇中篇小说。这 5 篇都是互不相同的作品。他似乎下定决心不写一种类型的小说……王威廉的小说和那些阐述自己对爱或孤独的解释的小说不同，他在构建一个世界之后，就隐藏了层层隐喻和象征。"[2] 在另一份《国民日报》上也刊登了一篇名为《新奇的想象和幽默》的专业书评，写道："这是一部既神秘又不失犀利的作品集，也是在中国改革开放时期成长的 80 后之代表作家王威廉（36 岁）所写的小说集。王威廉对世界的关心和对文学的透彻意识造就了如此多姿多彩的作品。从自然科学到人类文化，作者一直关注很广泛的领域，希望通过文学达到'精神的内核存在之地。'"[3] 在 2018 年 10 月王威廉应邀与中国一线作家铁凝、张炜、苏童、邱华栋等参加了在首尔举办的"第四届韩中日东亚文学论坛"，在 2019 年 12 月韩国外国语大学朴宰雨教授为《书鱼》举办了研讨会。

① 何明星.传播学视野下的中国当代文学 70 年世界影响［N］.文艺报，2019-08-09（2）.

② 최문선.세상엔 이미 많은 소설 존재… 비슷한 것 보태고 싶지 않아［Z/OL］.（2018-10-26）［2021-10-08］.http://m.hankookilbo.com/News/Read/201810251873346237.

③ 강주화.기발한 상상과 유머… 울 수도 웃을 수도［Z/OL］.（2018-10-20）［2021-10-08］.http://news.kmib.co.kr/article/view.asp?arcid=0924020620&code=13110000&sid1=soc?.

在韩国最大的专业网上书店 Yes24 上，《书鱼》获得了 9.5 的评分，9 条长评[①]，有 38 周进入中文小说前 100 名榜单。现节选摘录几条读者评论：

阿斯兰，2018.12.11：这是我第一次阅读王威廉的作品，他将视觉、触觉、嗅觉运用到描写之中的方式令人惊讶。在《父亲的报复》中我读到了现在甚少能在韩国作品中了解到的父子关系，我可以从一个年轻人眼中了解他是如何看待父辈的，这让我觉得很暖心。我没有读过什么中国当代文学作品，在读完这本书之后，我认识到没理由拒绝阅读有趣、写得好、有深度的作品，而且这种以中短篇小说结集的形式对我的阅读诉求来说刚好。

阿苏，2018.11.20：这本小说的五个故事，以独特的方式串联了起来。《父亲的复仇》充满了现实感，让我觉得中国的生活与我们的生活并没有太大的不同。我最爱的一篇是《书鱼》，它让我想起卡夫卡的《变形记》，但是最后以一种充满东方美学的方式迎来了结局。

热血名字，2018.11.15：我在阅读《北京一夜》时会想起村上春树等一些亚洲最优秀的男性作家，中国、韩国和日本都处在转型阶段，我认为"爱"和"婚姻"是这些变化中最显著的方面，这篇小说让我有观赏华语电影《重庆森林》的感觉。

蒙里丁，2018.11.03：这是一本关于生活和痛苦的小说，又有一种独特的幽默感，文字在日常生活与想象力之间驰骋，吸引着我不断阅读它。读完这本小说，我对中国小说的看法大不相同了。[②]

通过以上摘录的评论来看，韩国读者给予了该书较高的评价，他们从语言的叙述、故事的寓意、产生的联想等方面分析这本小说，最为重要的是他们感到里面描写的中国人的生活与他们自己的生活很贴近，没有距离感，能产生感情的共鸣，他们通过这部作品开始认识到中国文学的魅力，也表示愿意开始阅读更多的中国文学作品——这正是我们期待的中国文化"走进去"要达到的目标。

---

① 我们可以在 Yes24 网站上做一个横向比较：莫言在售韩语作品 31 部，最多评论的是《蛙》有 26 条；余华在售韩语作品 26 部，最多评论的是《许三观卖血记》有 280 条，但这本书有它的特殊性，它被韩国导演河正宇改编为电影《许三观》，于 2015 年在韩国正式上映，其他如《兄弟》有 23 条评论。

② 以上 4 条读者评论详见 Yes24 的《书鱼》图书详情页，https://m.yes24.com/Goods/Detail/65302354.

三、《听盐生长的声音》在韩国传播的经验

通过上文的专业书评和读者评价，我们可以看出《听盐生长的声音》在韩国的传播略有小成，究其原因，大致归纳为以下 3 点。

（一）拥有能与作品产生共情力的专业译者

"翻译是当代文学走向海外的第一个环节，美国翻译家顾爱玲认为：'中国文学在海外的传播，首先需要好的译者。'"①《听盐生长的声音》的韩语译者是韩国出版文化产业振兴院咨询委员、资深的中国文学翻译金宅圭教授，他在韩国外国语大学取得中文学博士，已从事文学作品的中译韩工作接近 20 年，译著有 30 多部，翻译过包括莫言、苏童、麦家、虹影、曹文轩、路内等一大批中国文学名家的作品。

金教授对于这部作品的贡献在于他不仅是一名专业译者，更充当了版权经纪人的角色。在《从王威廉〈听盐生长的声音〉谈中文书在韩国发行的过程》②一文中，金教授详细记录了他从邂逅本书，到推荐给书坛子出版社，再到交涉版权，最后翻译的整个过程。在 2016 年北京国际图书博览会上，金教授陪同书坛子出版社姜成民社长（即上文提到的文字缸出版社代表姜成民）四处物色适合收入"猫步说林"书系③的中国当代文坛新生代作家的纯文学小说作品。花城出版社荣获第六届中华优秀出版物奖图书奖的"锐·小说"系列图书，因其先锋、亮眼的封面设计和独到的作者选择而抓住了他们的眼球。金教授在阅读了王威廉的《听盐生长的声音》后，被其独特的写作风格深深吸引，这种犹如发现宝物般的惊喜，让他在本书的翻译过程中倾注了大量的热情，"成功的翻译要热爱这部作品，要与作者在一起了解各自语言，保持作者的风格"，④可以说，金教授信达雅的译本是《书鱼》走入韩国图书主流市场的基石所在。

---

① 张鹏禹. 当代文学：走出去，还要走进去［N］. 人民日报（海外版），2019-1-16（7）.

② 金宅圭. 从王威廉《听盐生长的声音》谈中文书在韩国发行的过程［Z/OL］.（2018-02-21）［2021-10-08］. https://www.cctss.org/article/headlines/5671.

③ "猫步说林"书系是一套由书坛子出版社策划的中国当代小说系列，已经出版的有麦家的《暗算》、路内的《慈悲》，还有冯唐、阿乙等作家作品。

④ 林宋瑜. 在纸页间穿行［M］. 广州：花城出版社，2016：366.

（二）选择熟悉本地市场的专业出版社

近年来，韩国的出版产业虽仍处于蓬勃发展的阶段，但也面临诸多挑战。《年度国际出版趋势报告·日本／韩国分报告（2018年）》指出："低出生率所造成的人口增长停滞，读书人口的缩减，出版社规模减小的趋势，以及伴随互联网信息时代的到来，电子书的流行等，都挑战着传统出版业的生存与发展。"① 韩国的出版业是以市场为导向的，左右韩国出版社决定是否引进中国文学图书的关键在于这本书是否能为他们带来利润，或者至少是否能够保本。②

出版《书鱼》的韩国书坛子出版社成立于2009年，是文学村出版集团旗下的关联公司，主要出版历史、哲学、文学、艺术、自然科学、经济类图书，2013年、2014年连续两年获得韩国"出版人评选的年度出版社"称号，在引进中国图书方面更是颇有建树③。姜圣民社长是经验丰富的出版人，他通过参加北京国际书展，直接对接中国的出版社，挖掘中国优质的图书资源，省去了中间版权代理公司的费用，有效降低了版权交易成本。又由于他是文学专业出身，对文学作品有敏锐的直觉，在金教授在向他细述了《听盐生长的声音》其中两个故事后，他立即拍板决定引进该书，跳过了一般引进图书必经的"邀请译者写审读报告——出版社召开选题会讨论"等中间环节，提高了效率。

专业的出版社还拥有完善的市场营销机制，这也反映在对书名的调整和封面的装帧设计上。选择《书鱼》而不是更为抽象的《听盐生长的声音》作为书名，一是因为这是一个犹如卡夫卡《变形记》一样有趣的故事，容易让读者产生亲近感和好奇心；二是它能有效地配合封面设计：以亮黄色铺底，中间压上一字排开的白色书脊剪影，突出了"书"的元素，在印着黑色的"书鱼"两个汉字旁，一只黑色的小猫把爪子按

---

① 王云姣，林月. 年度国际出版趋势报告·日本／韩国分报告［N］.中国出版传媒商报，2019-8-20（31）.

② 正如从事中国文学翻译已有三十余年的韩国翻译家金泰成在《中国文学在韩国翻译出版的几点思考》（原载于《文艺报》,2016-10-17，第7版）指出的："在韩国出版界的中国当代文学市场还没成熟，我认为主要原因之一是翻译品质不够好，还没形成从策划、翻译、阅读到扩展市场的一连串的良性循环机制。控制出版系统的不是艺术性而是市场性。说起来有一点庸俗，通过高品质的翻译让出版社挣钱是获得翻译权力的捷径。"他虽然谈的是翻译，但却一针见血地指出中国文学图书在韩国遇到困境的原因。

③ 书坛子出版社与中华书局和读书·生活·新知三联书店有长期合作，引进出版过《贞观政要》《韩非子》《论语》等"东方古典套书"和从全新的角度贯通中国历史的"易中天中华史套书"等，以及包括钱理群《我的精神自传》、李泽厚《该中国哲学登场了》《美的历程》等一系列著名人文著作。

在了"鱼"字上,十分可爱、抢眼。这样的设计让《书鱼》俘获了一批韩国年轻读者,他们自发在推特和照片墙上发图"打卡",一时间成了一种潮流,也促进了《书鱼》在互联网上的传播。这种持续发酵的热度给了书坛子出版社一剂强心针,在2019年顺势签下了另一本王威廉的作品集《生活课》,这种以高质量作品带动销售,以销售带动版权引进的良性循环正在逐步形成。

(三)提供契合引进国读者口味的内容

正如金教授所说:"每个人都有自己的命运,每本书也有自己的命运。王威廉的代表作中短篇小说集《听盐生长的声音》也是在偶然和必然的交替中的某一时刻在韩国被赋予了新的生命。"偶然性在于它因金教授和姜社长慧眼识珠而得以与韩国读者见面,必然性在于它提供了一种耳目一新的阅读中国当代文学的体验,以中短篇小说结集的方式也不容易让初次接触一个陌生的中国作家的韩国读者产生阅读上的心理负担。王威廉的小说有深度的哲思、冷静的叙事和内敛的幽默,他能营造出一种恰如其分的暧昧氛围和犹如文艺电影般的画面感。他作为"80后"纯文学作家的一员,让我们看到了一种中国当代文学"走出去"的新可能。

上文提及,由于缺乏对中国现当代史的了解,中国当代文学经典作家的作品不容易被韩国大众读者所接受,他们期待着中国新生代作家的声音,而"80后"作家正填补了这一空白。"80后"作家中最早成名的一批青春写手,如韩寒、郭敬明等的作品都早就被引进了韩国,并取得了不错的销售成绩。但他们早期的写作有类型化倾向,只能反映出中国当代年轻人某一部分的生活和心灵状态。

"80后"纯文学作家相比青春写手拓展了写作的范围,从个人体验扩大到对外部世界的关照,描写大时代下个体多元化的生存状态。他们大多接受过高等教育,又因为成长在中国高速迈向城市化、现代化、信息化的过程中,互联网的发展也让"世界是平的"从概念变为现实,这都让这批"80后"纯文学作家与世界建立起前所未有的密切联系。正所谓一个时代有一个时代的课题,在信息时代产生的压抑和困境,怀疑和挣扎,对自身定位的迷茫和探索,都成为全世界这一代年轻人所共同面对、并可以写进文学作品的主题,与前辈作家们相比,"80后"纯文学作家更容易让海外的年轻读者理解他们的叙事,从中找到可以对标的感觉。

可以说,中国的"80后"纯文学作家正在蜕变、成长,他们在中国文坛上已占有一席之地,又因有着更宽广的国际视野、更开放的心态、更积极参与国际文学交流活动的热情,让他们的未来值得期待。

四、结 语

从国家版权局近几年的全国输出版权统计表中我们可以看到，中国图书在韩国的译介数量正逐年递增，但其面临的最大问题是质量跟不上数量，真正能在韩国读者中产生影响力的作品并不多，由于韩国图书市场容量不大，自身的市场规模也在萎缩，中国文学作品销售额并不乐观，大多数只有3000本左右的销量。如果以读者接受广度为评判标准的话，目前表现较好的是中国当代网络文学，特别是有改编成影视剧并且在韩国播放的网络小说原著，但这类作品往往虚构了一个"架空"的历史，并不能客观地反映出当代中国人民的现实生活与精神状态。在这样的背景下，"80后"纯文学作家王威廉的《听盐生长的声音》在韩国的传播对于中国当代文学"走出去"工作提供了一定的借鉴作用。专业的译者、专业的出版社和更为贴近韩国年轻读者阅读口味的篇目是其可以复制在别的图书上的经验之谈。

比起其他图书门类，文学拥有最广阔的读者受众。好的文学作品能最深刻地理解人性，达到人类共通的情感内核，它是窗、是桥，是构建不同文化间互相对话和理解的最佳途径。中国文学肩负着"讲好中国故事"的使命，如何选择能让外国读者产生共鸣、让外方出版社盈利的中国当代文学作品，是其版权输出能建立起良性循环的关键。中国出版社应该给更多新生代作家在世界图书市场亮相的机会，在此基础上更为细致地展开图书推介工作，对标合适的外方出版社。正如欧美出版界教父级人物，深深热爱中国，把多位中国作家推进西方主流英语图书市场甚至世界各地的代理人托笔·伊迪先生所说："出版是人与人之间的交流，很好的关系源于很好的交流沟通，而交流的点，是关于这个选题、这位作家、这部作品的价值，你首先必须懂得，然后你要善于传达，最后你要与出版人共同规划。在这个基础上，版权代理要仔细选择合适的出版商，一本书一本书地谈，一个作者一个作者地谈"[①]，没有捷径可走。

---

① 林宋瑜.在纸质间穿行［M］.广州：花城出版社，2016：365.

抖音中金爱罗中韩夫妇短视频的国际传播策略探析

刘　昕①

一、引　言

短视频有别于网站、微信，它突破以往单纯的图文形式，将图文、音乐、视觉、叙述等几种形式有机融合形成具有表现力的直观体验。抖音作为短视频类的社交平台，扮演着生活记录者的角色，视频输出者可以通过简单的操作让受众近距离参与记录过程。在抖音平台，金爱罗夫妇是一对刚结婚的中韩夫妇视频发布者，两人在就读于伦敦大学时认识，女方为中国人，男方为韩国人，于2019年11月8日领证结婚。金爱罗夫妇自2020年1月11日发出首个短视频后，截至2020年3月21日上午10时23分，共发出63个短视频作品，粉丝数为103.2万，获赞数为1445.2万次，其每条视频平均获赞量达14万次。短短70天内，金爱罗夫妇的短视频作品就收获了大量受众关注，最高一条的点赞数达133.4万次，评论数达1.1万次，且粉丝数一直在稳步增长。文本关注的核心问题是跨国夫妇短视频取得较好传播效果的原因，其传播过程中与国际传播的内在关联、优势及存在的问题。为探究原因及解决问题，文章主要采用内容分析、个案分析等方法，通过对内容主题、视频点赞数、高频词汇、评论数等数据的梳理分析和归纳总结，制作相对应的图表，通过数据分析等找出该类视频的内容特点、传播的正向功能及影响。

---

① 刘昕，河源日报社记者。

二、跨国夫妇发布视频的内容特点

（一）在社交媒体平台上的直接表达

金爱罗夫妇的短视频内容均以小故事的形式发布，短视频内配有字幕且简单描述视频背景，时长均不超过 2 分钟，大部分时长控制在 40 秒内，符合现在受众碎片化的浏览习惯。在其发布的 63 个短视频里，通过梳理将其视频内容主题分类为长辈同框、二人世界、爱情故事、岳父母家生活、与婆婆连线等 5 类（见图 1），其中长辈同框有视频 4 个、二人世界视频 16 个，爱情故事视频 13 个，在岳父母家视频 27 个，与婆婆连线视频 3 个。视频中包括"中韩妈妈首次见面""当老婆生日的时候""韩式土味情话""疫情期间在家办公的状态""日常向岳父吐槽"等为标题的视频，坚持素材来源于生活、贴近生活，视频点赞量从最开始平均 4 万次到现如今平均 20 万次（见图 2），说明素材生活化拉近了受众与视频发布者的距离，满足现如今受众参与心理、好奇心理、娱乐心理。

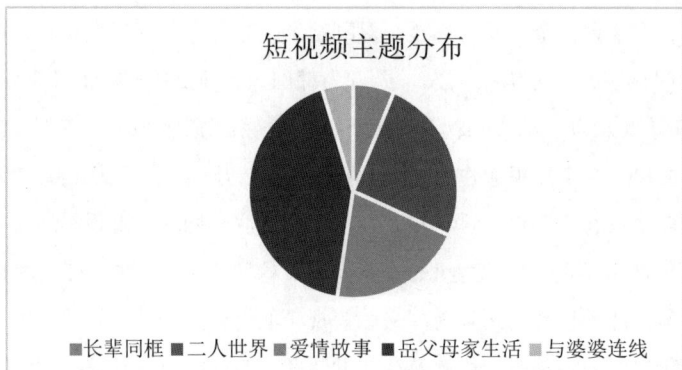

图 1　金爱罗跨国夫妇短视频主题分布（自制）

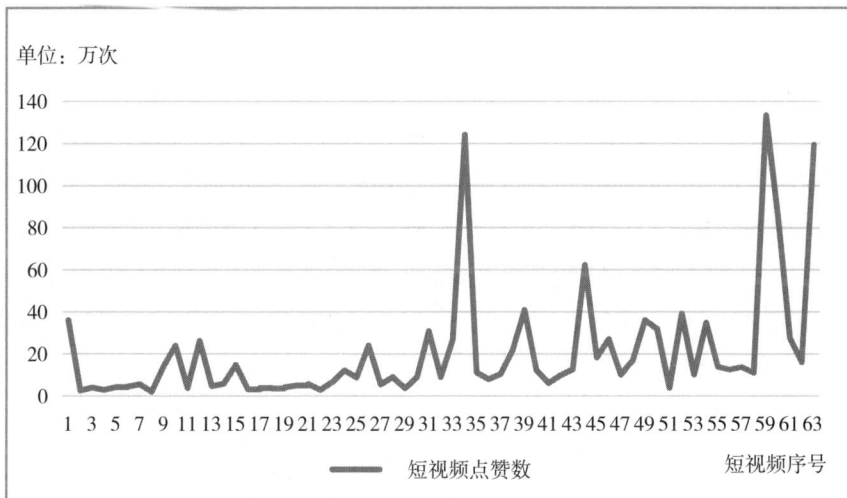

图2　金爱罗跨国夫妇发布的所有短视频点赞数发展规律（自制）

（二）基于文化差异的各类冲突呈现

有专家学者称："在不同文化背景下，由于文化不同，交际者的历史传统、生活习性、风俗习惯、交际规则、思维方式乃至价值观念等都有所不同，增加了误解与冲突的可能性。"[①] 在跨国婚姻中，一定程度上也会产生误解与冲突。这样的误解与冲突成为跨国夫妇短视频内容素材的主要来源之一，冲突与误解引发一连串搞笑的行为与举动，满足受众的娱乐需求。在金爱罗夫妇短视频中，"长辈同框"类的视频将双方语言不通的语言差异放大，"岳父母家生活"将中韩两国传统文化、生活习惯差异放大，"二人世界"将两国年轻人思维方式放大。例如：于2020年1月11日发布的首个视频，其标题为"韩国婆婆和中国丈母娘语言不通靠翻译器表现出极大的耐心和时不时爆发尴尬的笑"，该视频点赞数为36.1万人次，评论中不乏出现"两国代表举行了亲切友好的交谈，并对国际局势交换了意见""刷到一个韩国不要彩礼还送了10万嫁妆是真的吗？"等评论；于2020年2月24日发布的视频标题为"韩国烧酒VS中国白酒"的视频，发布内容为韩国女婿在中国老丈人面前喝瑟酒量，与老丈人比赛酒量的场景，该视频点赞数为27.1万人次，出现"终于有人给我解释韩国烧酒了"等评论，引发网友关于韩国烧酒与中国白酒的激烈讨论。

---

① 贾丽娟.中日跨文化交流案例分析——以文化冲击为中心［J］.现代交际，2020（4）：84-85.

（三）文化认同与特殊身份的高频出现

文化认同作为个体对所属文化群体的归属感，发生在不同文化的接触和碰撞中。文化认同程度的强弱直接反映了交际者的跨文化能力，从而影响跨文化交际的有效性。[①] 在跨国夫妇发布视频中，强调个人身份等文化认同类的词汇一直属于高频词汇。笔者通过梳理发现，带有身份认同标签的视频共 40 个，其中还有不少视频标题的标签同时包含"韩国女婿""老丈人"等多个关键词。经统计，短视频标题中含韩国老公、韩国欧巴、女婿、岳父、丈母娘、老丈人、韩国婆婆、韩国女婿、韩国、中韩等各类关键词的频率分别为 3、6、10、2、5、6、1、7、2、3 次（见图 3），含"韩"字的次数共 21 次。专家学者认为，内群体的同一性和它与外群体的差异性，人们区别出了"我们"与"他们"，建构自己完整的身份和文化认同。[②] 由此可看出，金爱罗夫妇发布主体是从中国文化群体（妻子的内群体）的角度出发，把丈夫归入韩国这一外群体的范围内，反映较强的中国文化认同感，这一强烈文化认同感的角度拉近了与受众之间的距离，让视频内容既满足受众对别国文化的猎奇需求，又满足受众对自我身份的认同，使得视频能够广泛传播。

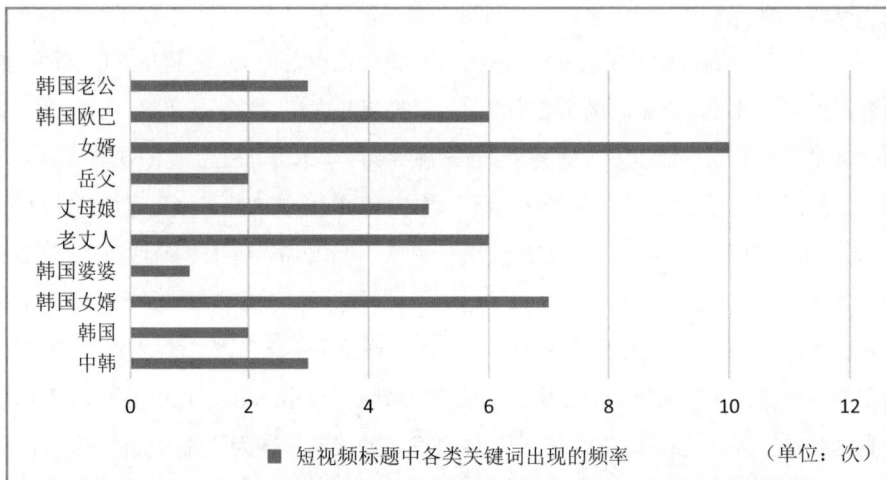

图 3　金爱罗跨国夫妇短视频标题中身份认同类关键词出现的频率（自制）

---

① 毛艳枫."跨国夫妻"的文化认同研究——基于叙事访谈的个案分析［J］.集美大学学报：哲学社会科学版，2015（1）：107-113.

② 戴晓东.跨文化交际理论［M］.上海：上海外语教育出版社，2011：55.

（四）从他者角度出发与受众产生强烈共鸣

社交媒体时代，代表不同利益取向的群体或个人都可以借助一定的渠道、方式来向社会公开表达自己的欲求，这也是当前社会分化背景下不同社会阶层的群体和个人为实现、维护自己利益的必然期待。[①] 当传播内容打破常规，满足了大部分受众求同心理时，就会对受众具有非常强烈的吸引力，传播效果也随之变好。

金爱罗夫妇的视频发布期间，正值我国抗击新型冠状病毒疫情的艰难时刻，随着疫情防控工作的阶段性胜利，部分视频的点赞数与转发数呈现井喷式上涨。其中，于2020年3月18日发布的标题为"韩国婆婆前后态度变化，让我感受到祖国强大，作为一个中国人，非常自豪和骄傲"的视频为当前点赞数最高的视频，其获赞134.9万次，评论数1.1万次，这期间中国防疫工作的快速、有效与国外疫情防控工作形成鲜明对比，引起了我国受众的强烈共鸣，通过他者角度暂时转移社会心理危机，更大地刺激了公众对于公共议题的关注，引发源源不断的讨论，促进社会共识形成，凝聚社会人心。

三、跨国夫妇短视频传播的正向功能及影响

（一）满足受众猎奇心理需求，搭建文化交流平台

专家学者表示，猎奇心理与逆反心理相关联，它们之间存在着密切的联系，属于存在一定自我强迫性的、人类的心理活动，这是人类共有的一种心理。可以说，猎奇心理是与好奇心的相关联的。[②] 目前，跨国婚姻尚属于非普遍现象，跨国夫妇仍属于特殊角色群体，其发布的视频能够满足受众的猎奇心理需求。与此同时，在该夫妇的视频场景中，包含我国春节发红包、拜会丈母娘、擀面皮包饺子、吃冷面用剪刀、韩式跪拜大礼、探讨酒文化、语言误会等各类场景，每一场景留言区内都收获了大量评论，评论方向由好奇他国文化，到对我国文化的认同之间来回转换，这既是我国文化对外的输出，也是国外文化对内的输入，在传播过程中很好地搭建起了国与国之间的文化交流平台。

[①] 卿志军.社交媒体时代主流传媒对我国社会的认同性整合［J］.今传媒，2017（4）：4-6.

[②] 王雪.浅析新闻媒体对新闻受众猎奇心理的把握——从"潘多拉效应"入手［J］.才智,2014（5）：252，255.

（二）以娱乐形式传递"文化宽容"价值观

跨国夫妇视频内容中不乏身份关系、文化差异等冲突，类似的冲突在引发热议和广泛传播的同时，也要求视频创作者、参与讨论的受众在交流和对话中不仅要以包容的态度对待他国文化，而更需要深入地了解对方的文化，从而达到相互认知、相互理解、相互包容的结果。因此，"文化宽容"就此产生。文化宽容是在人们处理文化交往中出现的文化冲突时所表现出的一种文化心态。伴随着经济全球化的不断增强，不同国家人们之间的文化交往愈加频繁，文化宽容在文化创新中的重要性得到了凸显。[①]

（三）增强社交互动参与感，让受众获得平等交流自主选择权

在社交媒体平台，用户通过在平台中的自我呈现与互动，形成了对他人、对自我、对角色转换的认知，以点赞、评论、分享的互动机制也让受众第一时间参与到认知中，让受众从中获得更多平等交流的自主选择权，经笔者梳理，金爱罗夫妇视频的评论留言呈以下趋势（见图4），说明视频在传播过程中，受众与发布主体的互动一直在增强。

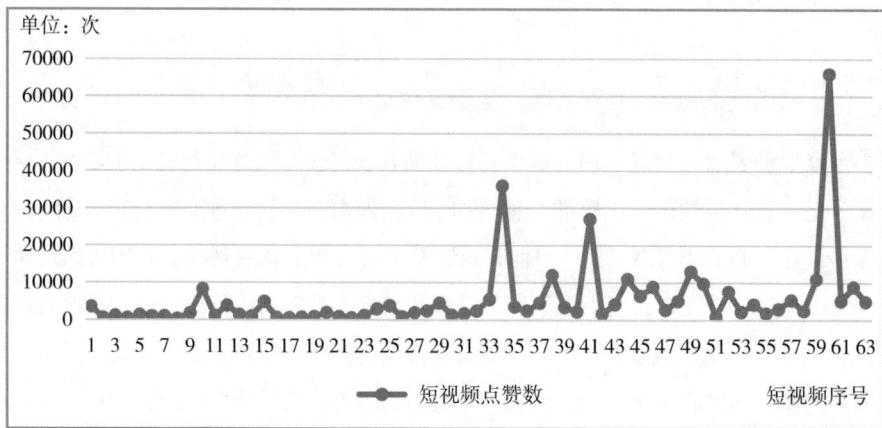

图4　金爱罗跨国夫妇短视频评论数（自制）

---

① 张妹.文化宽容的可能性及其限度［J］.山东社会科学，2010（3）：165-168.

四、目前存在的问题及思考

（一）过于泛娱乐化，缺少严肃性

抖音平台是社交媒体平台，其视频内容以娱乐型为主，跨国夫妇发布的视频也不例外。在梳理金爱罗夫妇视频内容中发现，恶搞类的视频不在少数，于2020年3月1日、3月3日发布的联合女婿"恶搞"长辈的视频点赞数达30余万次，于2020年3月21日发布的联合老丈人逗女婿的视频点赞数在两天之内达到了120.9万次，足以体现在社交媒体平台里，该类发布群体的视频与其他大部分类别的视频一样，仍以娱乐为主，其中还不乏"恶搞"内容。传播内容的泛娱乐化也意味着视频缺少严肃性。

（二）内容同质化严重，消磨新鲜感和兴趣

由于短视频的迅速发展，用户和企业看到其中利益，使其沦为抄袭的重灾区，截取、复制他人的原创视频大行其道的现象层出不穷。截至2020年3月21日在抖音平台，搜索"跨国"关键词会发现，带有＃跨国婚恋＃标签的播放量为2.0亿次，视频1205个，带有＃跨国恋＃标签的视频播放量为4.1亿次播放量，视频3222个。数量庞大的同类视频中，出现了内容缺乏新意的情况，相同的内容、相同的梗被简单地反复利用，消磨了用户的新鲜感和兴趣。在金爱罗夫妇的视频中，"女婿"关键词是频率最高的词汇，围绕韩国女婿本人的视频也占比较大，长此以往，受众的好奇心也将会不断被消磨。

（三）建议建立后台把关机制，激励刺激优质内容生产

目前，跨国夫妇发布的视频内容以生活类为主，内容同质化严重，为确保同类视频在生产过程中的多样性，保持长效的传播效率，建议社交媒体平台在后台设置"关键词"把关机制，通过对身份认同、传统文化节点等关键词的检索和把关，将该群体发布的内容进行更细化的分类，并在此基础上对内容进行筛选，对粗俗、庸俗的内容进行屏蔽，设置月度、季度、年度点击排行榜，根据排行榜采取不同程度的激励机制，或者对优质内容的发布者开通平台内的"绿色通道"，激励更多优质内容的生产，让更多主旋律、正能量的内容产出，形成良好的社会传播效益。

（四）打造跨国夫妇文化传播 IP，传递输出中国传统文化

跨国夫妇群体是集文化碰撞与融合的代表之一，社交媒体可与文化部门紧密合作，打造跨国夫妇文化传播 IP，尝试借力跨国夫妇群体，加深国人对中国传统文化的理解和认可，增强文化自信；加强国外友人对中国文化的认知和了解，传递中国文化最强音。建议社交媒体结合中秋节、春节、端午节等具有中国特色的传统节日，在社交媒体平台策划"外国老公的中秋节""印度老婆为饺子代言"等类似系列传统文化节日的主题标签活动，发动跨国夫妇群体参与，既保证了互动率又能在潜移默化中传播传统文化。

南方英文网的融合发展路径探索与实践

欧阳妍[①]

　　媒体融合不仅是中国传媒业的大课题，也是全球传媒发展的大趋势。媒体融合走向纵深发展，为讲好中国故事丰富了内容样式，拓宽了传播渠道，为改变国际传播格局提供了有利的条件。"我们要把握国际传播领域移动化、社交化、可视化的趋势，在构建对外传播话语体系上下功夫，在乐于接受和易于理解上下功夫，让更多国外受众听得懂、听得进、听得明白，不断提升对外传播效果。"[②]习近平总书记在十九届中央政治局第十二次集体学习时的讲话为媒体深度融合背景下国际传播的发展提供了思路。

　　做好国际传播需要中央媒体和地方媒体互为补充，传统媒体与新兴媒体协同并进，中央和地方的英文媒体都是我国对外传播范畴内的重要组成部分。相较地方性英文媒体，全国性英文媒体一直受到党和政府的高度重视和人们的普遍关注，他们承担了我国主要的对外传播工作，同时也是学者们重点研究的对象，但是，由于各自定位不同，全国性媒体也缺少了地方性英文媒体所特有的一些本土性优势。[③]

　　各地英文新闻网站是各地实现国际传播的重要媒介。目前，我国地方英文新闻网站整体发展态势良好，尤其是在经济、政治、文化等多个领域与国际接触比较密切的沿海一带，但是局部问题还很突出，还有很大的发展和改进的空间。[④]然而业界对于英文媒体的研究还相对较少，对此，探讨融媒体时代地方英文网站的发展策略具有显著的现实意义。如何抓住媒体深度融合机遇，壮大地方英文媒体，既是媒体自身发展的需要，也是现代国际传媒格局下提升我国舆论话语权的选择。

---

①　欧阳妍，南方英文网副主任。

②　习近平.加快推动媒体融合发展构建全媒体传播格局［J］.求是，2019（6）：4-8.

③　吴智颖.我国不同英文媒体在对外传播上的现状与展望［J］.新闻传播，2019（1）：77-78.

④　李军征.地方英语新闻网站建设现状及对策［J］.新闻战线，2017（10X）：147-148.

一、南方英文网概况

广东省有对外开放的传统优势，中国特色社会主义新时代开启了广东进一步走向世界、发展更高层次开放型经济的新征程。随着广东对外开放的大门越开越大，国际形象塑造和海外落地传播的重要性不言而喻。南方英文网是在广东省委宣传部指导下，由南方报业传媒集团、南方新闻网建设的广东省唯一省级英文新闻网站。成立于2003年，经过十余年的发展，南方英文网已成为广东对外展示改革开放最新成果的重要渠道。文章以南方英文网的实践为例，探索地方英文媒体如何充分挖掘自身优势，构建核心竞争力，在媒体融合发展的时代大潮中谋得生机，以期为地方英文媒体的健康发展提供有益参考。

2014年起，南方英文网就明确提出移动优先战略，把最核心的生产力投入到移动互联网，进行了"扩容提质"的全新改版，推出南方英文网手机版，鼓励采编人员向全媒体转型，重点打造新媒体拳头产品和栏目。目前，南方英文网主要发布平台有英文网PC版、手机版、《广东通讯》电子周刊、微信公众号以及脸书、油管、照片墙等海外社交账号。

近年来，南方英文网依托南方报业传媒集团融合发展过程中内容一体化生产、技术一体化支撑、经营一体化统筹的红利，共享集团资源，发挥自身平台公信力、队伍专业性及丰富的海内外传播渠道优势，以成为广东声音的海外扬声筒和机构、企业"走出去"最可靠的媒体伙伴为目标，重点提升新闻事件及重大议题的策划报道能力、全媒体传播能力、海外落地能力以及服务能力，成为南方报业集团"深度融合、全面转型"中加强对外传播能力的主要力量。

二、南方英文网融合发展策略

（一）深耕新闻品质，讲好中国故事

南方英文网通过南方报业集团"1+X"采编联动机制，积极对接集团报、网、端，围绕讲好中国故事特别是广东故事，深耕新闻品质，培育融媒体精品，让对外宣传更具可视化、生动性、互动性和感染力。

1.正面报道故事化

英文网围绕中央、省委、省政府重大决策部署，主动设置议题，特别是在重大国际事件和关键时间节点发出主流舆论广东声音。从鲜活的人物故事出发，以更有温度和西方社会更容易接受的表达方式来讲好中国发展的故事、中国共产党的故事和中国特色社会主义的故事。

在中华人民共和国成立 70 周年之际，南方英文网以全球各地外国人在广东工作、学习、生活的真实故事为内容，推出"China Do Re Mi（中文名：中国音阶）"融媒体策划。在创意构思上，七声是最常用音阶，每弹完一个七声音阶将提高一个八度，十分符合中华人民共和国成立 70 年间进一步深化改革和扩大开放，更上一层楼的寓意，而音乐也是世界通用的"语言"，符合融通中外的外宣理念。

在采访人物选取上，以初心、创新、匠心为主线，以每 10 岁为年龄段采访了 10 至 70 岁的 7 位外国人，以年龄从小到大的顺序排列成上行的"中国音阶"。例如，以在深圳北理莫斯科大学首届俄罗斯留学生尼基塔的故事，反映了广东深度参与"一带一路"建设所取得的成果；以在中新广州知识城创立生物医药高科技公司的美籍华人萧亨利，反映了粤港澳大湾区对创新创业的巨大促进作用和对世界人才的巨大吸引力；以年过六旬依然在珠江钢琴生产一线坚守，并为国产中高档钢琴取得重大突破的瑞士匠人史蒂芬·莫勒的故事反映"工匠精神"和中国进一步发展的活力。

在视频摄制上，英文网"巧借外嘴"传播新思想。例如，来自法国的著名蒙氏早期教育专家莱蒂西亚在视频中透露十分赞同习近平总书记"系好人生第一粒扣子"的理念并自觉运用到日常教学中；来自俄罗斯的尼基塔引用习近平总书记在写给莫斯科大学中国留学生回信中的"青年一代有理想、有本领、有担当，国家就有前途，民族就有希望"来阐述自己来到深圳的初心与梦想。

2. 呈现形式多元化

通过技术"赋能"内容，依托集团技术一体化支撑，利用可视化这一现代传播的重要特质，丰富对外宣传的表达方式，使短视频、H5（HTML5）、直播、虚拟现实等新技术成为家常便饭。

在改革开放 40 周年主题策划中，南方英文网联合报、网、端记者，深入一线采访了 40 位奋战在广东各行各业的外籍人士，聚焦准入、流通、创新、安居等四个关键词，生动呈现外国人在广东投资、工作、生活、学习的方方面面。系列报道融微纪录片、H5、漫画长图、公益短片、双语深度观察、双语人物专访、融媒体专题等多种传播形式。其中，《洋"老广"的 24 小时》微纪录片，将一天分为 5 个时间节点，跟拍机长、球员、医生、商人和厨师等 5 位来自不同群体的在粤外国人一天的工作与生活，以在粤外国人的视角，将改革开放 40 年来广东取得的显著成就用"接地气"形式具象化展示;《新客家"洋人"群英会》H5，用图片快闪的效果，展示以 A-Z 开头的 26 个职业的在粤外国人的工作或生活场景，以小见大，展示不同职业外国人来到广东安居乐业的美好生活;《在广东，你是哪种歪果仁？》漫画长图，根据真实故事，用手绘漫画的形式，生动还原 5 位外国人在广东创业、学习、交流、贸易往来等的画面;《Join us！这里是广东！——四十名老外为广东打 Call》公益短片，拍摄 40 位不同群体的外国人，讲述他们在广东安家的原因以及对今后在粤生活的期望。

更生动的表达方式也催生了一批新媒体爆款。在中非合作论坛北京峰会预热期间，南方英文网与一名来自塞内加尔的歌手塔布合作谱写、演唱和演出了一曲广为传颂的 MV——《粤非颂》。为推介广东特色节庆文化，在每年春节前，随驻穗总领事拍摄拜年视频的推出，英文网都会配套生产多款交互类产品，例如"摇一摇，总领事给您派年货啦""接财神"小游戏都是叫好又叫座的线上对外传播策划。目前，南方报业正在加快实现从"融媒"到"智媒"的跃升，英文网也在加快研究大数据、云计算、人工智能等技术手段如何更有效地服务于国际传播。

（二）提升媒体影响力，开拓传播阵地

地方英文媒体因其传播的内容以地方新闻为主，本地外国人和英语爱好者构成了其主要受众，加上许多受众的媒体认知度不高，因此媒体影响力有限。南方英文网积极调动各方资源，启用一套立足本地、辐射全球的境内外立体传播机制。多元突破受众基础薄弱和传播渠道窄的局限，逐步提升境内外影响力。

1. 立足本地的全媒体传播

南方英文网一方面依托南方报业构建的报、网、端、微、屏全媒体矩阵，和庞大的受众基础，实现全媒体多终端的传播网络，有效提升媒体知名度。以《安家——我是"洋"老广》系列策划为例，系列产品在设计之初就把外宣和内宣的需求充分考虑，在语言上针对平台受众需求制作中文版、英文版和中英双语版本，针对平台传播规律，制作宣传海报、15 秒、30 秒等不同长度和形式的宣传资料。报、网、端联合出品的微纪录片《"洋"老广的一天》在广东 21 世纪海上丝绸之路国际博览会上首播，引发会场海内外嘉宾热议，并同时在集团网站、客户端、微信、微博、朋友圈推送，形成声势，利用集团户外大屏资源，微视频在广深两地重要地标建筑户外大屏上滚动播出，迅速成为广东民众热议的焦点。

另一方面有针对性地开拓面向本地外国人的传播渠道，实现对本地外国人社群的全面覆盖。南方英文网从 2014 年底开始，重点打造服务本地外籍受众的英语微信公众号 GDToday（今日广东），截至 2019 年底，公众号用户突破 5 万人，覆盖了包括驻粤外交官、留学生、外教、经商人士等各行各业的外国受众群体。公众号根据新媒体社交平台的属性，以 H5、短视频、图解、互动游戏等适合移动端传播的形式，推送可读性高的时事热点、生活资讯、文化旅游信息等。平台多次生产 10 万 +、1 万 +"爆款"作品，在本地外籍粉丝中颇具知名度。《广东通讯》电子周刊是英文网创办的另一款内容产品，每周以电子邮件的形式点对点向所有驻穗领馆、大部分驻穗外国商会、多家世界 500 强企业广东分公司高管、外国专家、外国媒体等精准推送广东最新的政策和发展资讯。经过多年的深耕积累，凝聚了一批忠实的高端用户。

2. 辐射全球的多渠道落地

全球社交媒体的发展，为我国外宣提供了难得的机遇。英文网充分认识社交媒体在国际传播战略中的重要功用，自 2016 年 2 月起，在境外社交媒体平台脸书、油管和照片墙等开设英文账号 GDToday（今日广东），努力提升在海外社交媒体平台上的舆论引导和引领能力，争取国际舆论主导权。在内容选择上注重推出故事性强的短视频、展现大美广东的高清图片，简单易懂的漫画和图解。注重与粉丝互动，在脸书和照片墙上开设"中外拍客看广东"话题，向中外网友拍客征集高清、有视觉冲击力的广东图片，通过高质量的广东美图，吸引更多中外网友关注广东，提升对广东的认识和好感度。截至 2019 年底，南方英文的网脸书账号粉丝数突破 10 万。

南方英文网积极拓展海外落地渠道，大力推进与境外媒体、机构合作。2016 年起，南方英文网和比利时林堡省政府网站互相开通友好省宣传专页，并形成固定合作机制。在合作过程中活用了我省友好省州资源，形成了一种"政府搭台，媒体唱戏"的模式。有效促进了中国广东和比利时林堡新闻界的文化交流，加深两地人民的了解和友谊。此后，南方英文网依托大型国际活动逐步建立了与新加坡《联合早报》《海峡时报》、泰国《星暹日报》、印度尼西亚《商报》等东南亚国家媒体的合作，让广东报道在东南亚地区落地开花。利用涉外活动机会，带动《广东通讯》电子周刊新增澳大利亚、瓦努阿图、斐济、白俄罗斯、苏里南、巴西、泰国等主流媒体与专家学者等高端用户，为海外精准推送、有效落地提供有力保证。

此外，南方英文网对接业内认可的海外推广服务提供商，形成长期合作关系，通过与美通社进行合作，让重点策划"扬帆出海"在海外超过 50 个国家实现落地，总覆盖海外读者近2亿。2019年南方英文网报道经美通社、美国全国广播公司网站、美国福克斯新闻网站、美国雅虎新闻网、印度《新德里时报》等约600家境外媒体相继转发，并被翻译成日语、韩语、法语、德语、阿拉伯语等数十种语言，被日本共同社、韩国韩联社、西班牙Europa Press（欧罗巴）通讯社、斯洛伐克国家通讯社（TASR）等世界各地媒体转发，实现了过亿级别爆款策划1个（庆祝中华人民共和国成立70周年策划《中国音阶》），覆盖和点击过千万级别爆款3个。

（三）提升服务能力，探索多元发展

地方外宣媒体需要提升媒体的受众意识和用户思维，把传播阵地从线上延展到线下，搭建传受关系的良性互动，通过拉近与读者的距离建立品牌形象，增加读者黏性，最终达到提升影响力和传播力的效果。线下各类活动的开展，也让部分新闻工作者从单一的信息提供者、旁观者，转变成为活动的组织者、参与者和服务提供者，让地方英文媒体有机会对接更多社会资源，为多元开拓、市场化运营打下基础。

在南方英文网组织的线下读者活动中，参与者通过切身体会，增加对中国发展和中国文化的认同，并主动成为新闻的制造者并参与到二次传播中，取得了显著的传播效果。南方英文网通过微信公众号发动组织本地外国人体验广东经济社会发展和非遗文化。例如，组织美食爱好者体验广东美食文化动手做传统点心活动，组织有想法和热爱创造和时尚的年轻一族去广东时装周闭幕式观礼，开展"70年·我和广州"系列活动，打卡广州城市规划展览中心、粤剧博物馆及体验非遗文化剪纸、扎狮头、粤剧等活动，带动一批本地外国人认识广东、爱上广东，借助他们去让更多外国人群体正确认识广东、了解广东。

南方英文网通过联合举办落地活动、联合采访的形式，探索与海外媒体的深度合作，"搭台唱戏"的模式取得初步成效。2019年6月，南方英文网与新加坡联合早报网合作举办"中国（广东）—新加坡新闻文化交流周"活动，在新加坡最大的书展——新加坡书展上举行文化交流周开幕式，并在开幕式上签署南方报业传媒集团与新加坡报业控股华文媒体集团《全媒体传播交流合作意向书》。活动期间，南方英文网、联合早报网通过中外联合采访的形式，推出"新加坡人看广东"全媒体专题报道，通过有奖互动，广泛发动民众参与，吸引了两地各界人士的"围观"。当年9月，为进一步推进与东南亚国家主流的媒体的合作，南方英文网组织了东南亚主流媒体湾区行联合采访活动，组织印度尼西亚、马来西亚、新加坡、泰国、越南的主流媒体记者，与中央新闻网站和省内主要媒体及网站记者组成近40人的联合采访团，先后深

入广州、东莞、深圳、中山和珠海等 5 个城市进行体验式采访，共同发掘粤港澳大湾区发展中的合作机遇。

线下活动的开展，促进了与海外各界人士的深入交流，疏通了分歧与误解，凝聚了广泛共识。通过联合采访，媒体记者间也促进了互相学习借鉴，在建立起深厚友谊的同时，进一步探讨了中外媒体间合作交流的模式和方向，为对外讲好广东故事、带动更多国际优质资源参与到一流湾区的建设搭建了媒体桥梁。

南方英文网通过举办系列活动全面提升了媒体的社会服务能力、组织能力和全媒体策划及事件营销的能力，从活动筹备、执行到传播效果均获得了指导单位和社会各界的好评。南方英文网品牌和团队能力也得到了各级指导单位及社会的认可，这也为英文网争取到更多的资金支持，逐步为面向市场的多元化运营打下了基础。

三、结　语

南方英文网虽然已经在传播方式的融合发展方面进行了诸多探索与实践，媒体影响力有一定程度的提升，但相较中央媒体和地方中文媒体还有很大差距。和不少地方英文网站一样，还存在国际认知度不高，受众市场有限，资金人才制约等问题。

面对有限的受众市场，英文网站更加需要黏住以本地外籍读者为主的主流用户，整合与细分垂直化的受众资源，打造有针对性的精品内容和线上线下活动，进一步吸引垂直化、分众化的用户，打造垂直社区，一方面在对外传播关键时刻为我所用；另一方面拓展媒体产业链条，寻求商业市场机遇。

目前来看，地方英文媒体获得的资金和技术支持相较央媒和中文媒体还有一定差距，所以采编人员和团队规模都相对有限。这就要求地方英文媒体更要把握媒体融合机遇，有效利用地方媒体集团内容一体化生产、技术一体化支撑的优势，将互联网技术广泛应用于对外传播内容的生产、分发和交互环节。一方面需要不断完善跨部门合作机制体制；另一方面也需要各地方英文网站的同志积极主动对接技术、采编、分发等各个部门，主动谋划跨部门合作。

此外，有扎实的外语功底，能熟练掌握媒体采编技能，又具有新媒体运营思维的人才严重不足，这是制约英文媒体发展的瓶颈，这也离不开长期的资金投入与人才培养。目前，南方英文网也努力在考核机制和培养机制上吸引和留住人才，并通过和高等院校国际传播相关专业学院建立实习基地等方式进行人才培育与引进，以求解决专业人才不足的问题。

综上所述，要构建同我国综合国力相匹配的国际话语权，是一个滴水穿石的过程。中央和地方媒体必须增强底气、协同合作、互为补充，在发展过程中要不断适应社会技术的进步，满足时代发展的要求，不断开辟对外传播的新形势、新手段和新领域，坚持不懈地将中国故事、中国文化、中国声音传递给世界。

浅析歪果仁研究协会短视频的国际传播策略

彭奕菲①

一、引言：歪果仁研究协会国际传播背景及意义

（一）背景及意义

近年来，综合国力的上升，使得中国国际地位不断提高、国际影响力不断增强。进入新时代，中国主场外交越来越鲜活，"一带一路"国际合作高峰论坛、博鳌亚洲论坛年会、中国国际进口博览会等多场外交活动展现了大国新作为，中国外交话语的引领和塑造能力逐渐增强。

然而，以美国、英国为代表的西方国家，在国际传播中仍占据着极强的话语权。出于偏见、战略博弈等原因，西方国家对中国形象的塑造仍存在不客观的情况。与此同时，我国对外宣传也存在着宣传色彩浓厚、渠道单一等问题，这些问题制约着中国声音的对外传播。

党的十八大以来，以习近平同志为核心的党中央对外宣传工作做出了许多新要求。习近平总书记多次强调，要加强国际传播能力建设，精心构建对外话语体系，增强对外话语的创造力、感召力、公信力。在传播渠道方面，习近平总书记提出，移动互联网已经成为信息传播主渠道。要运用信息革命成果，加快构建融为一体、合而为一的全媒体传播格局。

2019 年数字报告显示，全球人口为 76.76 亿人，手机用户数量有 51.1 亿人，网民

---

① 彭奕菲，南方日报社编辑。

有 43.9 亿人，有 34.8 亿人活跃在社交媒体上。互联网和移动端的发展，养成了大众碎片化、快餐式的阅读习惯，也使得视听类产品，特别是短视频产品，获得了巨大的需求。短视频以"短"著称，视频长度通常在数秒到数分钟不等，主题不限，适合在任何状态下观看，包括通勤、步行等移动状态。近年来，各国媒体纷纷发力短视频生产，除了专业的新闻媒体外，自媒体所生产的短视频也在各种社交媒体上活跃着。其中，李子柒、歪果仁研究协会等中国短视频自媒体在网络上走红，吸引了大批外国网友的关注与喜爱，也成了中国对外宣传的重要形式之一。

为何这些短视频自媒体能受到外国网友追捧？歪果仁研究协会是如何讲述中国故事的？本文旨在通过案例分析，以歪果仁研究协会的节目为例，归纳其对外话语体系特点，总结优缺点，为新时代中国国际传播的发展提供参考。

（二）歪果仁研究协会简介

歪果仁研究协会是一个主要生产中西文化比较内容的短视频自媒体团队，"歪果仁"取自"外国人"的谐音，顾名思义是一档研究在中国的外国人的节目。主持人是一群在中国留学的外国学生，他们希望"通过外国人的眼睛发现中国"。

歪果仁研究协会于 2017 年 1 月成立，初期以街头访谈式的短视频为主要产品，通过访问在中国的外国留学生，展现中西文化差异、生活趣事、热点话题等。在短短 3 个月内，它创下全网 400 万粉丝、视频平均点击量 1400 万次的好成绩。2017 年 5 月，中央电视台新闻节目中心联合歪果仁研究协会打造了"丝路青年说"系列直播与视频节目，在 CCTV-1、央视新闻频道及央视新媒体平台播出，主持人高佑思等人成了"洋网红"。

之后，歪果仁研究协会开始探索除街头采访外的其他视频形式，推出了如"别见外"系列的职业体验短视频，从追求趣味性走向追求视频内容深度，获得了国内外网民的好评。

在中国，歪果仁研究协会主要依托微博、B 站、今日头条等社交平台与视频平台发布产品。在外网，它活跃于油管、脸书、照片墙等主要社交网络平台。笔者通过对比发现，歪果仁协会在不同渠道分发的内容相似，但在平台展示上有细微差异，如在油管上，他们会侧重于将全英文或中英双语字幕的视频放在主页，以方便外国观众观看。

（三）研究方法

本文关注的核心问题是歪果仁研究协会的短视频产品有何特点，为何能受到国内外网民的追捧，以及歪果仁研究协会的国际传播策略存在哪些不足。为了解决这些问题，文章主要采用个案研究法，对歪果仁研究协会的短视频产品进行解析。

在翻阅了歪果仁研究协会在各大社交网络平台发布的短视频后，本文选取出具有代表性的短视频内容进行分类、解读，归纳出其内容特点、国际传播优势以及不足，为自媒体短视频国际传播的进一步研究提供线索和方向。

二、歪果仁研究协会短视频内容分析

（一）歪果仁研究协会短视频内容特点

1. 外国人的中国故事

打开歪果仁研究协会的节目，最让人印象深刻的是一群能讲流利中文的外国人。

据教育部统计，2018年中国共有来自196个国家和地区的492185名各类外国留学人员。据国家统计局公布的全国第六次人口普查数据（中国2010年人口普查资料）显示，中国有593832名外籍人员。随着在华外国人这一个群体越来越庞大，他们开始逐渐走入中国人的生活圈。

歪果仁研究协会采用在华外国人为主持人或采访对象，中英双语穿插，为观众揭示了外国人在中国是如何生活的、会遇到什么问题、他们对中西文化的不同有什么看法等。对于中国观众而言，可以通过节目对在华外国人这一熟悉又陌生的群体有更多的了解；对于外国观众而言，一个自己国家的人到了中国生活，并亲身展示当地风土人情与生活状态，能够很好地弥补因距离带来的信息缺失，也能从自己本国国民的角度客观地了解中国。

2. 时长短，趣味性强

在移动互联网的发展下，碎片化和快餐式的阅读习惯使得短视频成了互联网领域的"风口"。目前学界尚未对短视频有明确的定义，笔者根据抖音、快手、秒拍、微博等目前市场上比较成熟的短视频发布平台的产品归纳，短视频长度从数秒到数分钟不等，内容领域覆盖范围广，但均以趣味性强、节奏较快为特点。时长短，趣味性强是目前短视频的主要特征。

歪果仁研究协会的短视频产品亦有这些特点。视频的长度一般在10分钟内，内容以文化、习俗等日常话题为主，并选取搞笑有趣的问答展示给观众，配乐也是轻快诙谐的风格。"自从这群歪果仁误解了中国以后""自从这群歪果仁沉迷周杰伦的歌以后""妈，我找了个美国女朋友！可以带她回家过年吗？"这样的短视频，十分适合在通勤、短休、吃饭等碎片时间观看，满足观众休闲娱乐、减轻压力的需求，同时并不会让观众付出太多时间成本，甚至可以一边观看一边做其他事情。

3. 平民视角，亲身体验

歪果仁研究协会的早期节目均以街头访问的形式为主，而后又制作了诸如"别见外"等系列的体验式叙事的短视频。在"别见外"系列短视频中，主持人高佑思体验了中国社会中不同的基层职业——快递员、外卖小哥、餐厅服务员、乡村教师、铁路工人……通过一天的体验，高佑思带着观众了解了中国普通老百姓的工作模式和生活方式，被视为歪果仁研究协会真正起到对外宣传作用的作品。

"别见外"系列可以看作是一种体验式报道。在新闻学中，体验式报道被定义为"记者直接投入到所要报道的新闻事件中去体验生活，以获得新闻报道所需要的素材，以及对新闻事件的认识"。在体验式报道中，记者从一个与新闻事件本身无关的旁观者，变成新闻事件的亲身参与者，他的直观感受能给读者带来一种真实的、生动的体验，也拉近了与读者间的距离。在"别见外"系列里，高佑思就相当于记者的角色，采用体验式报道让观众零距离感受中国基层人民的真实生活。

（二）歪果仁研究协会国际传播策略优点

1. 利用同质性获取信任

在跨文化传播中，由于存在语言、文化等差异，来自不同文化背景的信息交流往往困难重重，甚至会带来误解、偏见和冲突。选择同一文化背景的人作为异国文化的传播者，能够减轻跨文化传播的障碍。拉扎斯菲尔德和默顿在1954年便开始观察人际交往中的同质性现象，并提出社会地位或是价值观相似的人会倾向于互相联系。埃弗雷特·罗杰斯提出的创新扩散理论亦提及，信息的交换通常发生在两个相似或同质的个体间。从外国观众的角度看，来自以色列的高佑思、来自美国的星悦，以及歪果仁研究协会中其他外国主持人，都是属于相似或同质的个体。他们用西方熟悉的语言、表达方式、行为举止去讲述新鲜的事物，更便于外国观众去接受和理解，具有更高的可信度。

此外，外国主持人还在一定程度上成了中国文化领域的意见领袖。意见领袖是指在某个群体中具有较强人际影响力，因而拥有左右人群态度倾向的能力的人。意见领袖这一概念最早是由拉扎斯菲尔德、贝雷尔森和高德特在《人民的选择》一书中提出，他们发现在选举活动中，影响人们投票决定的往往是身边的朋友、亲人等熟悉的人，而报纸、广播等大众传媒的影响力却不如预期。在歪果仁研究协会的传播中，相对于大洋彼岸的外国观众，在中国生活着的外国主持人们掌握着他们远无法掌握到的当地信息。这种情况下，歪果仁研究协会的外国主持人就成了外国观众在中国文化领域的意见领袖，同时还是文化背景相似的同质性意见领袖，歪果仁研究协会所传递的信息影响力将得到加强。

2. 自下而上构建中国形象

歪果仁研究协会的短视频，对中国形象的呈现，是一种自下而上的角度。其中，自下而上有两种意义。

第一，是从普通百姓生活的微观角度，去呈现整个中国的发展现状。在《自从这群歪果仁被中国速度吓到以后》的视频里，主持人高佑思采访了许多在华外国人对"中国速度"的感受。有一名留学生说，他快要下课的时候点了外卖，心想着起码要三四十分钟才能到吧，结果不到 10 分钟就送到了，他因为还没下课没办法去拿外卖而感到尴尬。还有一名采访对象说，美国国家航空航天局指出，如今全世界植被覆盖率被提升了 25%，就是因为中国，现在到甘肃、敦煌的沙漠能看到很多小树，这是近几年带来的变化。他还补充说："未来我希望能跟随中国自然保护的节奏，去中国所有的国家公园拍摄、宣传。因为很少有人知道这些故事。"

在视频中高佑思总结，他发现中国速度体现在很多方面，家庭、生活状态等都非常忙碌，在这样的情况下，他也很担心如果不多学习多充电，就会被淘汰。从订外卖这种每天都要发生的"小事"，到中国自然保护这种"大事"，最后从一个在华外国人的口中说出"在中国不努力怕被淘汰"这种感受，足以让外国观众直观、清晰地感受到"中国速度"的含义和影响。"中国速度"不仅仅是许多宏大的宣传片里造桥、铁路、大楼的速度，而且是深植于中国文化里的勤奋、高效，进而展现了中国人积极向上的精神面貌。

第二，是以普通人而非官方的身份，去展现真实的中国生活。在以往传统的对外宣传工作中，媒体往往存在官方色彩浓厚的问题，比如，语言僵化、缺乏个性，内宣外宣不分，对外传播的新闻大多只是中文新闻的翻译版。现今媒体的对外宣传工作有所好转，依托互联网融合发展，也出现了诸如中国国际电视台（CGTN）这类原创度高、采用外国主持人、善于做灵活生动的视频类节目的媒体，但其作品依然是以宏大的成就类报道为主，缺乏亲和力。歪果仁研究协会是一个自媒体，去除了官方背景，更能减轻外国观众观看时的警惕性和对抗性。歪果仁研究协会的节目亦是采访身边的普通人，在"别见外"系列视频中则是体验公共服务行业工作人员的生活，无论是媒体背景、主持人还是采访对象，都具有"草根"属性，符合西方市场化媒体"媚俗不媚上"的规律习惯。

3. 利用好新媒体技术

在移动互联网已经成为信息传播主渠道的今天，网络已是国际传播名副其实的"主战场"。移动端和互联网的特性，决定了传统形式的长篇阅读和纯文字阅读在传播上会有一定的劣势。这个时候，利用好新媒体技术，制作适合移动互联网阅读的内容，是提升国际传播效果的一个重要途径。

与传统官方媒体不同，歪果仁研究协会不做任何图文产品，主打目前互联网最流行的短视频形式。节奏快、能快速观看完的模式，再加上人们喜闻乐见的内容，为使用移动互联网的观众降低了门槛，同时大大提高了产品的可看性，对信息传播具有积极的影响。

三、歪果仁研究协会短视频国际传播中的不足

（一）对内大于对外

由于歪果仁研究协会在最开始是一档展现外国人在中国生活的短视频节目，他们的受众绝大多数是中国人和在华外国人。通过外国人去讲述并赞赏中国，满足了许多中国人对于"尊重""认可"的需求，即他人对自己的高度评价。当他们将这些节目放在油管等外网社交媒体平台上传播时，评论里留言的依然是中国人或者华人居多。一开始，有一些使用中文为主的短视频甚至没有配上英文字幕，使得外国观众难以理解，评论里也出现了"希望配上双语字幕，让更多人看懂"的建议。

或许对于一个自媒体平台而言，在人力、物力有限的情况下，要做到对内和对外的内容完全分开制作，会有一定难度。但如果希望加强国际传播效果，不论是歪果仁研究协会还是其他自媒体，在对节目语言、话题、风格等方面，还是要有更多的考量。

（二）传播停留在表层

在控制视频时长和快餐文化的影响之下，现今中国市场上许多短视频作品，都存在着深度不足的现象。一开始以追求有趣为主的歪果仁研究协会也有同样的问题，在街访系列中，内容以饮食、购物、习惯等易于讨论、便于进行中西文化对比的话题为主。人们从这种表层的文化对比中，能够直接得到一些对中国文化的认知，但却难以进行深层的思考和认识。

在《外国人该用什么样的态度看待中国？》这一视频中，高佑思说道："之前我在依靠直觉创作视频，都没有搞清楚对于中国而言外国人的视角究竟是什么。如果它是简单的国际比较，那似乎只是针对文化表象的展现。碎片化的跨文化比较背后，本来就有着许多'某个国家是什么样的'的概括，这只会固化刻板印象，不会真正改变什么……只会陷入浅层次的情绪狂欢，甚至会阻碍世界和我们自己对于中国价值在文化意义上的挖掘。"歪果仁研究协会也意识到了内容深度的问题，并进行了提升的尝试。在后来的"别见外"系列视频中，高佑思通过体验不同职业的中国人的生活来侧面反映出中国社会的面貌，造就了更深层次的中国文化国际传播。

四、结　语

国务院新闻办原主任赵启正曾说过："你不讲中国的故事，别人就讲中国的故事。你不讲真实的故事，假故事就流行。"而今，虽然中国在努力讲中国故事，但对于如何讲好中国故事，还有很大的提升空间。

本文从受国内外观众欢迎的短视频自媒体——歪果仁研究协会入手，分析其内容特点和国际传播策略的优缺点。本文发现，歪果仁研究协会利用同质性、自下而上的视角以及新媒体技术，为讲好中国故事提供了一种新范例，在国际传播上取得了一定的成功。

但是，歪果仁研究协会也存在一些不足。在自媒体没有足够人力物力、只考虑流量的情况下，内容往往会出现针对性不够、深度不足等问题。当然，没有单一的一个媒体，也没有单一的一种方式，能够将国际传播做到尽善尽美。对诸如歪果仁研究协会这样的新兴短视频自媒体团队的分析学习，还是能为中国国际传播工作起到一定的参考作用。

参考文献：

［1］SIMON K，Global Digital 2019 Reports［R］.New York：We Are Social&Hootsuite，2019.

［2］朱红群.新媒体中短视频的发展现状及研究［J］.卫星电视与宽带多媒体，2019（23）：79-80.

［3］中华人民共和国教育部.2018年来华留学统计［EB/OL］.（2019-04-12）［2021-10-08］.https://www.moe.gov.cn/jyb_xwfb/gzdt_gzdt/s5987/201904/t20190412_377692.html.

［4］国务院人口普查办公室，国家统计局人口和就业统计司.中国2010年人口普查资料［EB/OL］.（2012-04-02）［2021-10-08］.https://www.stats.gov.cn/tjsj/pcsj/rkpc/6rp/indexch.htm.

［5］蔡雨耘."他者"视角下的中国故事框架分析——以《歪果仁研究协会》为例［J］.传播力研究，2018（15）：35-36.

［6］李允.体验式报道的独特魅力［J］.记者摇篮，2015（9）：32-33.

［7］李思睿.跨文化传播中的理解问题：哲学解释学的视角［J］.成都大学学报（社会科学版），2013（6）：90-95.

［8］LAZARSFELD P F, MERTON R K. *Friendship as a Social Process*：*A Substantive and Methodological Analysis*［M］.New York：Van Nostrand，1954：16.

［9］［美］罗杰斯.创新的扩散：第五版［M］.唐兴通，郑常青，张廷臣，译.北京：电子工业出版社，2016：325.

［10］朱洁.中西方"意见领袖"理论研究综述［J］.当代传播，2010（06）：34-37.

［11］杨珂.中国对外传播政策研究［D］.广州：暨南大学，2015.

［12］何宗谟.马斯洛"需求层次"理论及其应用［J］.有色金属加工，1997（02）：33-34.

［13］赵启正.向世界说明中国——在复旦大学新闻学院"媒介与社会"国际学术研讨会上的演讲［J］.新闻记者，2005（08）：5-9.

用英文对外讲好中国故事的策略浅析

——以中国国际电视台（CGTN）英文网站为例

王梦羽①

随着世界目光不断聚焦中国，对外传播好中国声音的需求尤为迫切。习近平总书记在全国宣传思想工作会议上提出，要主动宣介新时代中国特色社会主义思想，主动讲好中国共产党治国理政的故事、中国人民奋斗圆梦的故事、中国坚持和平发展合作共赢的故事，让世界更好了解中国。

精心做好对外宣传工作，创新对外宣传内容和方式非常重要。当前要结合实际，以英语这一世界广泛使用语言为切入点，分析讲好中国故事的必要性和难点，重点研究中国国际电视台这一国际传播平台向世界发声的优秀案例，总结经验策略，并向国内其他传播媒体推广，形成讲好中国故事的合力，对外齐发声，振奋中国形象，提升文化软实力。

一、用英文对外讲好中国故事的必要性

当前，中国日益走近世界舞台的中央，发展前景广阔，同时也面临着日趋复杂的国际形势，可谓机遇与挑战并存。面对新形势、新任务，我们如何向世界展示真实、立体、全面的中国，如何让中国文化走出去，传播好中国声音，既是现实需求，又面临诸多挑战。

---

① 王梦羽，广东外语外贸大学新闻中心英文网编辑。

（一）用英文对外讲好中国故事是提升中国国际形象的迫切需求

随着中国日益发展壮大，世界目光不断聚焦中国，以美英为代表的西方国家对中国频频关注，过度解读中国的一言一行，利用英文全球通用这一语言优势，在国际社会上对中国进行言论攻击和抹黑，严重影响了中国的负责任大国形象。尤其在新冠肺炎疫情发生以来，从疫情初期的"东亚病夫"到疫情全球暴发后的"中国病毒""中国赎罪""中国赔偿"等言论的出现，体现了部分国家对中国的抹黑和诋毁，给中国国际形象和未来发展带来了严重损害。对此，中国媒体积极回应，用英文这一世界语言在国际发声，挽回和提升了我国在抗击新冠肺炎疫情中的国际形象。

（二）用英文对外讲好中国故事是增强中国综合国力的现实需求

综合国力主要包含经济实力和文化实力两大板块。现阶段中国已经成为世界第二大经济体，经济实力与日俱增，文化软实力却略显逊色。中国目前在世界上的话语权不够，和西方国家相比，文化影响力较小，世界对中国文化的认同感不足。在汉语没有全球普及的情况下，中国应主动出击，主动宣介，用英文对外讲好中国的政治、经济、文化、社会价值理念等故事，为提高中国国际地位和综合国力增加软实力的砝码，两手抓经济和文化，提升综合实力。

二、用英文对外讲好中国故事的难点分析

英语是世界通用语之一，是美英等西方主流国家主要使用的语言，而中国使用汉语，中西方语言差异成为对外讲好中国故事的难点之一。与此同时，中西方意识形态、社会理念、价值信仰、文化等差异更增加了传播难度，同时中国也存在诸多对外讲好中国故事的问题。

（一）用英文对外讲好中国故事面临中西方意识形态和文化差异

对外讲好中国故事是现阶段的工作重点，也是工作难点。一方面中国和西方国家在意识形态和政治制度上有着本质差异，这从根本上决定了对外讲好中国故事的复杂性；另一方面，中西方国家语言不同，中国使用汉语，而大部分主流西方国家使用英语，语言障碍在客观上增加了中国故事走出去的难度；再者，中西方国家和民众在文化和价值认同上存在较大差异，价值理念的碰撞，如个人主义与集体主义、重利与重情等价值认同的差异也使得对外讲好中国故事充满挑战。

（二）用英文对外讲好中国故事还存在许多自身问题

1. 建设力度不够

目前国内媒体建设仍以中文为主，除了专业的外文媒体如中国国际电视台、中国国际广播电视台（CRI）、《中国日报》等外，只有一些较大型的官媒和少数地方媒体有外文网站与外文刊物，例如《人民日报》、新华社、《光明日报》均有英文版；澎湃新闻的 Sixth Tone、《南方日报》英文版和《深圳日报》英文版等。大部分中国媒体未设置英文版或虽然设置了栏目但内容一般，更新较慢，无法形成对外传播的专业规模。

2. 复合型人才稀缺

用英文对外讲好中国故事对人才提出了更高要求，一方面要有深厚的外国语言和文化基础，能够熟练地使用外语，用受众的逻辑和理解力传达中国声音，这是基础的硬性条件；另一方面也要有新闻从业者的专业能力。新闻传播讲究专业技能，拥有外语背景和新闻传播背景的复合型人才是讲好中国故事的重要支撑，且需求量越来越大，但目前人才资源依旧紧缺。

3. 宣传内容和方式有待提升

对外传播要注意区分与对内传播的方式方法。要更多从受众层面分析需求，而不是一厢情愿的填鸭式、灌输式的宣传报道，既不能引起受众兴趣，又不能达到讲好中国故事的效果，有时候还会引起误会和反感。再者由于语言、文化、价值认同等差异，有时也无法真正做到融入当地文化。

4. 缺乏世界影响力

目前，中国媒体对外传播经验不足，实践较少，传播内容和方式缺乏新意。由于发展较为缓慢，外文媒体建设力度不强，国内外文媒体无法形成合力，无法在世界强有力地发声，难以得到主流媒体尤其西方媒体的认可，无法在世界主流媒体上产生较大影响。

三、中国国际电视台用英文对外讲好中国故事案例分析

中国国际电视台是中央广播电视总台下属的国际传播机构。中国国际电视台历经不断改制和发展，日益成为中国对外发声的重要传播载体，在对外传播讲好中国故事方面发挥越来越重要的作用。中国国际电视台在对外传播中有诸多值得分析借鉴的地方，案例如下。

（一）以受众为向导，巧妙设置话题

中国故事包含政治、经济、文化、社会、科技、人文等多个方面，中国国际电视台推出的一些专题策划，用娓娓道来的故事和丰富的内容讲述中国故事，深入人心。例如，在讲述中国政治故事方面，2019 年是中华人民共和国成立 70 周年，中国国际电视台推出中华人民共和国成立 70 周年系列专题报道，如 70 年传承（70 Years Inherited），用 26 个中国人物故事，以小见大，讲述中国人民通过 70 年时间一代代人的努力和奋斗，实现美好生活的故事。讲好中国文化和自然景观等故事的话题设置，不是填鸭式地一味灌输，而是将人文和故事巧妙融合，例如，以人民币为线索，人民币各个币种后面都有风景图画，以此为切入点，讲述人民币背后风景的故事（Chinese Renminbi Banknote Scenery），讲述中国的纸币、山水、风土人情故事。还有以中国边界线为主题，中国国土面积广，边界线长，海陆均与多个国家接壤，讲述中国边界线沿途的人文故事（A Journey along the Chinese Border），既能将中国领土边疆概况讲清楚，又能讲述中国故事，二者结合得非常巧妙。

（二）突破语言障碍，贴近地道表达

从语言角度来看，英文和中文隶属不同语系，在拼写、逻辑、表述上均有较大差异。中文强调表意，英文则更注重语法，行文强调语法和逻辑。中国国际电视台外语人才资源丰富，文章的表达地道，其文字精练，言简意赅而又缜密的陈述，符合英文表达方式。例如，在悦辩悦明的一篇以"身正不怕影子斜"为主题的文章中，背景是新冠肺炎疫情肆虐全球，中国进行大量的对外援助，却饱受非议。主持人先抛出问题，为什么有些国家将中国的一番好意曲解为心怀恶意，用解释来表达曲解之意；随后指出，原因是中国行得端坐得正，而有些国家戴着恶意的有色眼镜来解读，我们的解释是对牛弹琴（our words fell on deaf ears），并辅以大量事实案例来佐证；随后指出中国面对这些污蔑应做到坦诚相待、问心无愧（be calm and candid），继续践行自己的原则，谎言只可欺人一时，难以欺人一世（nobody can cheat everybody all the time）。全文逻辑严谨，表达准确，最后用 we do not need the world to be thankful; we shall keep on doing the right thing 的简练翻译表达中国"不要人夸好颜色，只留清气满乾坤"的一身正气，用地道的英文话语对外积极发出中国立场和态度。

（三）主动作为，创新宣传策略

从传播内容和方式来看，中国国际电视台在文章中更追求以故事动人心，主动发掘受众的兴趣点，减少机械报道，从动"情"入手，用贴合对方文化和情感的思路，将一些简单的数字、名字、事件以故事方式呈现，寻找情感和文化共鸣，获得情感支持。同时，在报道中更注重受众国家民众心声，善用西方人的形象和声音，以更为熟悉的语言和表达，用他们的切身经历，讲述中国故事，增加好感度和可信度。例如，在特别策划讲述中国美食故事中（The Ultimate Chinese Food Tour），美食这一话题一直是吸引西方民众的话题点，共鸣度较高。在专题设置中包含多个视频，每个视频讲述一道中国美食，图文并茂，生动形象，不仅讲述美食，更讲述美食背后的人文与中国社会；且主持人是外国人，用更流利的语言讲述故事更能拉近距离，增加好感度。再如，在庆祝中华人民共和国成立70周年系列专题中（Celebrate China 70 Anniversary），包含多个外国国家政要名人的视频和话语向中国祝贺，如 A message to celebrate China @ 70 from France/Germany/Thailand（法国 / 德国 / 泰国为庆祝中华人民共和国成立70周年而发的贺词），更能拉近与读者的距离，增加真实性和说服力。

（四）直面发声，发挥舆论引领作用

在2019年中美贸易争端期间，中国国际电视台在用文字做好中美贸易新闻报道同时，主播刘欣和此前向其"约辩"的美国福克斯商业频道主播翠西于美国黄金时段就中美摩擦等相关议题进行一场面对面、直击焦点的"跨洋对话"，引起中美和其他国家民众的广泛关注。2020年新型冠状病毒性肺炎疫情席卷全球，从疫情初期中国形势严峻、到疫情袭击全球，中国始终面临着来自世界的汹涌舆情。及时向世界传达中国抗"疫"声音，让世界了解中国抗"疫"的决心和行动，减少误解矛盾，戳破谣言阴谋，向世界展示真实、负责任的中国形象非常必要。中国国际电视台在疫情防控期间始终站在向世界传递中国声音的前沿位置，通过大量文字、视频播报向世界传递中国抗击疫情的声音；面对质疑和误解，发布文章据理力争，其中于2020年4月16日制作的视频《当我忙着"甩锅"的时候我在思考些什么》，梳理了美国政府应对新冠肺炎的时间线，对歪曲抹黑和攻击做出了有力回击，社会反响较大，起到了很好的舆论引导作用。

四、用英文对外讲好中国故事的策略建议

对外讲好中国故事是现阶段的工作重点和难点。身处信息时代，要重视并采取有力措施，多管齐下促进媒体对外传播齐发展，形成中国对外传播的合力，将中国故事传万里，让中华文化和中国价值观走向世界，为世界认可甚至践行。结合中国国际电视台案例分析和现实需要，建议从以下几个方面做好用英文对外传播的工作。

（一）以受众需求为导向，创新宣传内容方式

用英文对外讲好中国故事的受众主要是英美等世界上使用英语为母语的国家和民众，国内媒体在做对外传播工作时，首先要分清传播的受众对象是谁，更要根据受众的差异注意区分对内和对外传播的方式方法。用英文对外讲中国故事，要从受众需求角度出发，寻找双方的兴趣和共鸣点。知己知彼，方能百战不殆，了解传播受众的需求，增强设置话题能力，创新传播内容和方式，将丰富的中国故事以更加新颖的方式展现出来，才能更好地讲述中国故事。

（二）突破文化差异，贴近英语国家表达习惯

中西方国家语言、文化、价值认同等差异增加了对外讲好中国故事的难度。从事对外传播的媒体一方面要注重对复合型人才的培养，语言是基础关，必须要有过硬的外文水平，充分了解西方语言、文化、价值等差异，具有海外学习工作经验更佳；另一方面注重对新闻从业能力的培养，加强对新闻宣传报道的业务培训，从受众出发突破中西方差异，用地道的语言和表达方式，以故事动人心，从贴合对方文化和情感的思路，用符合受众国家民众价值认同和思维的方式来讲述中国故事。

（三）追求客观公正，引领正确舆论导向

新闻报道要求客观公正，在网络传播加速背景下，在新媒体趋势推动下，面对复杂的国际国内事件和世界的关注，更要勇敢直面问题和挑战。中国媒体在对外传播讲好中国故事中既要注意报道的方式方法，更要讲究实事求是、不卑不亢、据理力争，在世界上发出中国最有力、最公正的声音。近年来中国国际电视台在直面问题、发出中国声音上做出许多尝试，取得较好效果，国内其他媒体可借鉴其传播内容和方式，做到敢于发声、善于发声、发出好声，起到引导正确舆论导向的作用，为中国发展创造良好的舆论环境。

（四）稳中求进，提高世界知名度和信誉度

虽然现阶段国内媒体诸如中国国际电视台、《中国日报》《人民日报》英文版和新华社英文版等已经实现较快发展，取得了较好的传播效果，但仍存在较多问题。目前，中国媒体在世界上影响力整体较小，与西方主流媒体相比，话语权较弱，难以受到世界的普遍关注和认可。在接下来的建设中，应本着稳中求进的原则，加大对外文媒体建设的重视度和复合型人才的培养，让中国媒体积极地走向世界，积极参与国际事务报道，做精做细评论文章，发出中国铿锵有力的公正之声，提高中国媒体的世界知名度和信誉度。

参考文献：

［1］聂树江.国际传播如何讲好中国故事［J］.新闻战线，2016（12）：107-109.

［2］席明."一带一路"背景下中国文化对外传播研究［J］.山西高等学校社会科学学报，2019，31（5）：92-96.

［3］杨莉.我国英文媒体对外传播影响力提升途径［J］.新闻战线，2017（16）：48-49.

［4］龙柏林.中华文化对外传播的策略选择［N］.广西日报，2019-8-1（6）.

涉台评论写作基本要求和宗旨探析

钟智维[①]

一、现状：对台报道媒体矩阵评论力量薄弱

正是由于高度敏感性，对台报道成了很多新闻机构不愿触碰的"禁区"，即便着墨也是直接采用官方消息，涉台评论更无法像一般社会民生、经济领域一样自由发挥。而梳理目前的对台报道新闻队伍，将对台报道作为重点之一的报纸有《人民日报海外版》《环球时报》《海峡导报》《海峡都市报》等；电视栏目则有 CCTV-4《海峡两岸》、深圳卫视《直播港澳台》、海峡卫视《今日海峡》、东南卫视《海峡新干线》等；网站除了几大门户网站外还有中国台湾网、海外网、环球网、观察者网、华夏经纬网等，而微信公众号、微博、抖音号等新媒体矩阵也以上述媒体所开设为主，大多都是评论，本论与来论相结合。

在信息流通顺畅的今天，众多媒体的报道在台湾都可以看到甚至落地，但这样的对台报道队伍力量和两岸关系重要性不成正比，评论力量薄弱尽显。除了量上的不足，宣传效果还有很多待改善之处。

很多媒体单位习惯以内宣的方式来进行对台报道，涉台评论也时常充满官媒的味道，与台湾的舆论环境不相匹配，较难让台湾民众接受和认同。

那么，如何壮大对台报道队伍，培养更多研究两岸关系的专业人员，写出更多走心的评论文章？这正是撰写本文的初衷，希望笔者对涉台评论的一点经验，能对有意愿往这方面发展的同行有所借鉴。

---

① 钟智雄，深圳报业集团香港商报编辑部副主任。

二、基本要求：具备专业知识储备

有道是"汝果欲学诗，工夫在诗外"，好的新闻评论是阅历、思想、知识、表达能力等综合作用的结果，没有长期积淀和长期研究，就想写出有深度、有分量的新闻评论是很难的。

对评论类别里比较特殊的涉台评论来说，更需要专业领域的知识作为基本支撑，这是众多新闻从业者欠缺的。相较之下，不管是时政类、民生社会类，甚至是财经类，在个人的求学和职场生涯中都有相关知识储备，都有一定的社会阅历。因此，转向涉台评论之前，必须先读懂台湾和读懂对台方针立场。

（一）读懂台湾要有国际视野

虽然台湾问题属于中国内政，但以美国为主的外界势力犹如看不见的黑手，在背后影响着台湾舆论和政经环境。从台面上的对台军售、台美各层面交往，隐性一点的如国际区域经贸结盟，到暗地里干预台湾各类选举、助长"台独"势力，美国已成为台湾政局变化，乃至两岸关系、中美关系走向的重要因素。例如，2020 年世界卫生大会召开前，台湾假以健康防疫为借口，要求参与世卫大会。而拒缴会费的美国则拉拢盟友为台当局背书，也要求世卫应接纳台湾。可惜，美国只字不提民进党当局不承认"九二共识"，"以疫谋独"的阴谋显露无遗。

对于民进党来说，两岸之事皆乃政治之事，岂能放过任何炒作之机，这也是其立身之本。至于美国，所谓热心也是逢场作戏罢了，志在争取连任的特朗普急需"甩锅"中国，转移民众视线。

（二）读懂台湾要有历史眼光

台湾自古以来就是我国领土，元朝正式设官建制，管辖澎、台地区。后来把台、澎等岛隶属福建泉州晋江县管辖。自 16 世纪下半叶后的 400 多年里，台湾前后有 16 次遭到日、美、英、法、荷、西班牙诸国的霸占和侵略，其中两次沦为外国殖民地。由于这样的历史原因，台湾与大陆长期处于隔绝状态。1945 年，日本宣布无条件投降，台湾终于回到了祖国的怀抱，然而随着 1949 年国民党败退台湾，两岸再次处于隔绝状态。

台湾问题的形成和发展是殖民、内战等历史的演变，同时又与辜汪会谈、开放探亲、"两颗子弹"、两岸"三通"、赴台自由行、"习马会""31 条惠台措施""26 条措施"等重要事件分割不开。读懂台湾不仅要清楚当下政局变化,更要熟知历史,了解重大事件的来龙去脉。

(三)读懂台湾要有彩色眼光

经过多年发展,台湾党派多达数百个,政治色谱不一。虽台湾政局仍不改蓝绿二元格局,但以民众党、"时代力量"等第三势力崛起势头强劲,加上泛蓝的亲民党、新党,泛绿的"台联党"等,政党关系构成了台湾政局的底盘。政党的立场与理念决定了其对两岸关系的态度,导致两岸经贸合作、官方及民间交流、国际议题合作在台湾都呈现同样的舆论分裂。厘清颜色的政治意涵和相互关系,是解读两岸关系、岛内政治的重中之重。

当然,厘清政党相互关系,少不了弄清派系构成。比如,国民党有马英九派、王金平派、连战系、黄复兴党部、洪秀柱系、朱立伦系、韩国瑜系等;民进党则有新潮流系、英派、谢长廷系等。为何有宋楚瑜出走、马王政争、换柱;为何阿扁能持续保外就医、英德配,皆因派系斗争。弄清派系分部,其实就间接把政党派系的代表人物,台湾政党上的政治人物掌握得差不多了。

除了政党,台湾地方县市同样有派系之分。这些拥有雄厚社会、经济资源,在区域内具有重要影响力的政治势力,是地方选举、经济、舆论等重要力量。台中有红黑两派,苗栗县的黄刘两派、台南有山派、海派及高派等,具有家族或宗亲特点。

想要迅速了解台湾复杂的政党派系结构,可多阅读有关台湾历史、政局的书籍和电视栏目,多浏览台湾新闻网站,多阅读涉台评论,对掌握涉台领域知识有很大帮助。

(四)清楚大陆对台方针政策

自"和平统一、一国两制"的大政方针确立以来,中共历届领导集体在如何实现和平统一的问题上进行了长期不懈的探索,至习近平总书记创造性地提出"两岸经济社会融合发展",标志着和平统一理论建构合拢,形成了系统完整的思想体系,呈现出明晰的统一路线图。其中,中国政府对台大政方针和基本主张:中国政府将继续坚定不移地坚持"和平统一、一国两制"的基本方针,全面贯彻现阶段发展两岸关系、推进祖国和平统一进程的八项主张。将继续以最大的诚意、尽最大的努力,争取和平统一的前景,但绝不允许任何人以任何方式把台湾从中国分割出去。

坚持一个中国的基本原则:中国政府和中国人民坚持一个中国原则,坚决反对任何旨在分裂国家、分裂民族的各种阴谋，坚决反对任何制造"两个中国""一中一台"或搞"台湾独立"的图谋。

坚持一个中国原则的基本含义，就是坚持世界上只有一个中国、台湾是中国的一部分、中国的主权和领土完整不容分割。

坚持一个中国的基本原则，也是和平共处五项原则中的一条，只有通过了这五则，外国才可以和中国建立外交关系。

当然还包括习近平总书记对台工作论述，尤其是十八大、十九大对台工作论述，在《告台湾同胞书》发表40周年纪念会上的重要讲话中，习近平总书记就推动两岸关系和平发展、实现祖国统一提出五点主张等，还有大陆对两岸交流的立场、对两岸融合发展的推动、对台湾不同政党的立场、对不同事件不同政治人物的评价等。大陆对台方针政策立场，是涉台评论的指导思想，清楚了解评论是目的、边界和红线。

三、宗旨：推动两岸和平统一

对台报道有大方针，有明确立场，又有具体政策，涉台评论同样全部适用。换句话说，涉台评论有明确的宗旨和目的，就是宣扬大陆对台立场和理念，维护两岸关系和平发展大势，推动祖国和平统一进程。因此，在选题和立论时，都应该思考是否符合上诉要求。比如，民进党上台后，大陆赴台游客锐减，应该从民进党破坏两岸关系、降低陆客赴台意愿来切入，而不是其他角度。

至于论证过程，不外乎讲事实摆道理，用数据说话。不过，涉台评论切忌讲道理，尤其是类似"不支持统一，台湾就没有未来""破坏两岸关系必将成为历史罪人，必将遗臭万年"等"居高临下"的批判式逻辑，不仅难以令台湾民众接受，反而容易引起反感。讲事实、数据说话是涉台评论比较适合的路径，比较容易让人接受认同。比如，"蔡赖配"成局，"暗独"＋"明独"是一个方向，罗列两人过往"行独"言行，质疑"深独"组合是害台。另一个方向可以从两人曾是工作搭档，但执政无太多建树，批评"蔡赖配"仅是政治利益苟合的结果，对台湾经济发展无益。

四、误区：极端论断不可取

除了"居高临下"的批判式观点不宜用，涉台评论其实还有很多误区不能乱踩。

一是不采用极端观点。可能出于爱国情怀，对台湾回归的急切期盼，很多人常把反制挂嘴边，终止两岸合作、切断双边贸易，甚至有人鼓噪武统，不时也看到有媒体是同一观点，这不仅片面武断，更是没有充分理解对台政策的表现。对台政策需要站在国家层面，站在中华民族复兴高度，要有高度、格局和长远视野，不放弃武力不等同我们要用武力达成统一的目的，和平统一依旧是首选，而促进两岸统一需要信心，更需要耐心。

二是不能一棒子打翻一船人。自从蒋经国之后，国民党将才难觅，于是很多媒体就跟风疯狂批判国民党，诸如"蓝绿两个烂苹果"。另外，片面认为民进党人都是敌人，都是"台独"。其实，大陆对台湾政党的立场不是片面的挺蓝打绿，而是团结所能团结的，争取一个是一个。国民党纵使有很多不足，但终究认同一中，是支持两岸和平发展，过度批判国民党显然不符合大陆方针。而民进党内也并非都是"台独"，有很多反对"台独"的民进党人恰恰是我们争取的对象。陈水扁、李登辉、蔡英文、赖清德等深绿人士才是我们需要孤立的对象。

另外，对重大事件和人物是有明确评价的，比如上面讲到的李登辉，就是一个变节叛徒，是一个彻彻底底的媚日"台独"，不能肯定、美化其在国民党期间的言行。

新闻评论是门学问，涉台评论则是更大的学问。当前，宝岛台湾仍未回到祖国怀抱，"台独"分子与境外势力相互勾结，企图联合遏制大陆崛起。鉴于此，涉台评论仍是对台报道的重中之重。

参考文献：

[1]范翠萍.浅谈涉台广播评论中的"换位思考"[J].东南传播，2009（5）：197-198.

[2]钱志军.新媒体语境下做好对台评论的思考[J].视听，2016（10）：33-34.

[3]任敏卿.对台广播评论的困境与策略分析[J].中国报业，2013（2）：92-93.

地方新闻网站对外传播策略初探

——以佛山新闻网外宣工作室为例

邹静姬①

党的十八大以来，"一带一路"建设稳步推进，中国以实际行动向世界宣示了与各国人民一道构建人类命运共同体的信念和决心。在不断提升我国经济硬实力的同时，习近平总书记高度重视国际传播能力建设。党的十九大报告指出，要推进国际传播能力建设，讲好中国故事，展现真实、立体、全面的中国。2017 年 5 月 7 日，中共中央办公厅、国务院办公厅印发的《国家"十三五"时期文化发展改革规划纲要》指出，让全世界都能听到听清听懂中国声音，不断增强中国国际话语权，使当代中国形象在世界上不断树立和闪亮起来。

更好地讲述中国故事、传播中国声音，有助于世界各国更加客观准确地了解中国，有助于各国的读者用户、海外华人华侨增强国家的认同感和民族文化的认同感。这是时代的要求，更是媒体的责任。

对于广东佛山而言，当前，佛山正举全市之力，紧抓"一带一路"机遇，打造面向全球的国家制造业创新中心，并积极参与粤港澳大湾区建设，高标准规划建设粤港澳合作高端服务示范区和打造粤港澳服务贸易自由化示范基地，形成了全面开放的新格局，佛山的国际交流合作日益频繁。为提升佛山在国际上的知名度，对外展示城市形象，讲好佛山故事，传播佛山声音，服务交流合作，构建全方位、多层次、宽领域的"大外宣"传播体系显得十分必要而且紧迫。

佛山新闻网经过五年的实践，紧抓媒体融合的契机，挖掘佛山本地优势资源，通过多种手段并用，广邀国际传播人才，打造外宣工作室，促进佛山对外宣传转型升级，着力向世界讲好佛山故事、中国故事。

---

① 邹静姬，佛山新闻网外宣工作室主任。

一、对外传播要善用海外社交媒体

近年来，全球社交媒体的高速发展，为外宣工作提供了打破固有传播秩序的难得机会，充分认识社交媒体在国际传播战略中的重要作用，加强相关体系、业务和能力建设，正当其时。作为地方媒体，不必花费大量技术研发成本、推广成本去打造 App 或交互平台，用好这些现成的大流量平台，事半功倍。

在海外的社交媒体中，影响力最大的包括脸书、推特、油管和照片墙四大平台。而且这四大平台具有"受众广、年轻化、亲民化"等特点。

脸书和推特月活跃用户均超过 20 亿，油管和照片墙月活跃用户超过 5 亿，这四个平台覆盖全球 130 多个国家，欧美是这几个平台渗透率最高的地区。

四大平台活跃用户年龄在 18 ～ 40 岁之间，其中照片墙更是超过六成的用户年龄在 18 ～ 29 岁之间。

这几个平台以轻松社交、"点赞"之交为主，内容展示方式亲近接地气。

佛山新闻网外宣工作室均已进驻这四大平台，系列账号均为佛山市委、市政府对外内容发布的权威平台。并定位为"讲述佛山故事 树立国际形象"，引导和帮助国际公众构建起有关佛山自然、人文和经济发展的真实与美好图景。目标在提升佛山的知名度和美誉度，提升佛山在国际层面的知名度和传播度；服务佛山市政府的招商引资；打造成国内具有参考价值的外宣平台。

在账号名称取拟上，需要从世界视野去微观佛山，寻找出最能够体现佛山的元素。在对外传播中，功夫和功夫精神已变成佛山的重要代名词，早已随着热门 IP、影视作品，面向全世界输出。借用这个世界熟知的元素，带出佛山的自然、人文和产业等，具有亲切感。因而，佛山新闻网外宣工作室在这四大平台中，分别建设了"Kongfu 功夫之城""Amazing Foshan 魅力佛山""Discover Foshan 探索佛山""Foshan China 中国佛山"和"Yunmy 美食之都"等系列账号矩阵。

二、对外传播要注重"讲故事"，引起情感共鸣

四个社交平台的内容互通，表达方式有所差异。根据平台的属性，脸书和推特偏重图文表达形式，油管和照片墙侧重影像策划。同时，采用"拟人化""讲故事""重交流""强影像"和"听舆情"等运营策略：

拟人化——根据社交平台的传播特点，脸书、推特和照片墙的佛山形象采用拟人化的角色，性格特征设定为热爱乡土、有内涵又俏皮的海归工科男。"他"与粉丝互

动、展示形象和传播知识使用统一的语言风格，让用户感受到像是与一位佛山的朋友进行直接交流。

讲故事——充分尊重海外读者的阅读习惯、思维习惯和信息需求，使用海外读者喜闻乐见的方式，以讲故事（story）的形式代替生硬新闻（news）传播。

重交流——与国内的账号、国外的大V、平台粉丝进行积极性的线上互动，网友留言在8小时内给予初步回复。

强影像——注重实用性和趣味性，强化视觉效果，运用微视频、图集等具有视觉美感的产品来讲述佛山故事。

听舆情——在内容发布和互动过程中，及时发现和上报海外社交媒体关于佛山的舆情，更好地服务佛山城市形象推广。

佛山新闻网外宣工作室制作的内容围绕世界美食之都、中国功夫之城、中国制造业创新城市、岭南广府文化四张名片铺开，展现一个现代与传统交融的活力城市。

内容策划包括佛山焦点、美食之都、功夫之城等十余个栏目。重要资讯及时播报，"Focus佛山焦点"重在介绍佛山的重点对外政策、招商引资服务和重点新闻发布。"Live Foshan佛山直播"栏目对佛山的重点对外活动、特色民俗活动进行网上直播、重要节庆活动实现海外连线，并争取入选新华网的海外魅力中国系列直播。

"Yummy美食之都"栏目主要介绍佛山享誉全球的特色美食和饮食文化，包括食材特色、烹煮技艺、从佛山走向全球的粤菜大厨、海外的知名粤菜食府；结合油管栏目，推出"歪果仁教做粤菜"视频节目。"Kungfu功夫之城"栏目重点围绕李小龙、黄飞鸿和叶问等特色符号，讲述作为中国南派武术、介绍佛山功夫的深厚底蕴和发展现状，介绍海外佛山武馆故事、推介海外佛山功夫活动。"Made in Foshan佛山好货"以made in China（中国制造），made in Foshan（佛山制造）为主线，介绍佛山制造在全球化大背景下的重要地位，展示佛山日用品、家具家电等与世界家庭的紧密联系。"Lingnan Culture岭南文化"从融入市民日常生活的细节中带出岭南独特的水乡风情、佛山丰富的民俗文化与活动、文化产业、非遗技艺等。

在强化影像方面，推出多个视觉栏目。"Photos图说佛山"用精良的视觉作品展现佛山的城市风光和人文魅力。与照片墙的图片策划内容互通互补。"This is Foshan这里是佛山"每集3～5分钟的短视频策划，每周一期介绍佛山的城市景观、特色产业、文化旅游等资源。"Canton Kitchen歪果仁教做粤菜"推广粤菜，邀请在佛山的外国人作为主持，与本土粤菜师傅、家庭煮妇进行烹饪制作互动，示范制作佛山菜式。每集8～12分钟。

强互动方面，邀请在佛山的外国人和在海外的佛山人一起参与内容制作传输，推出"Urban tales 我眼中的佛山"栏目，讲述外国人在佛山的故事，采访在佛山工作生活学习的外国人，用他们的第一视觉讲述他们眼中的佛山、记录佛山生活工作的趣味故事。"Foshaner 我的家乡是佛山"栏目，记录佛山人在外国的故事，采访在海外求学的佛山学子、在外生活的华侨，讲述他们的家乡情怀，通过他们来推荐佛山，搭建两地信息互通的桥梁。

此外，为了配合照片墙的传播属性，近期再拟人化地打造了一名热爱游玩、喜欢探索的形象博主，通过博主的视角带出佛山的传统文化精髓和现代都市气息。

三、对外传播要做宣传矩阵全面开花

社交媒体内容要进行推荐传播，为此，佛山新闻网外宣工作室打造了一套立体的宣传推荐矩阵，并在全球 32 个国家打造"佛山海外传播官"站点，聘请了近百位分布在世界各地的爱国侨领、华裔青少年、在粤外国人、海外留学生以及企业代表等担任"佛山海外传播官"，在世界各地传扬新时代佛山故事。

与国内外大号频繁互动：与北京、上海、广州、成都、杭州等城市媒体社交账号频繁互动，相关内容友好转发、共同打造对外中国形象。与佛山本土品牌美的、格兰仕、志高、万和、金意陶等海外推广平台互动互推。

打造佛山留学生团体/华侨的传播社交圈：将"佛山海外传播官"各站点作为通讯站，及时掌握海外与佛山相关的动态信息。与欧美的佛山留学生组织、华侨组织等建立联系，形成口碑效应，鼓励运用他们的资源、平台大力转发、互动和推介。

聘请推广大使：聘请在佛山工作生活的具有一定代表性的外籍人士作为推广大使，如外籍雇员、外教、企业高管等，利用个人所在国以及所在商务的渠道或组织相关活动，进行推广佛山、推荐佛山海外社交账号。

佛山本土重大活动外宣契机：佛山本土的重大活动，是佛山城市形象在海外推广的契机。包括利用好篮球世界杯活动的明星效应；中国功夫电影周上的功夫效应。邀请来到佛山的明星进行双语短片录制，及时在对应平台账号发起群组、发起互动。

佛山对外活动契机：利用佛山全年多场对外招商会议、展会和本土知名企业的海外路演机遇，所有宣传资料均附上海外平台账号的二维码。条件允许的进行现场地推。

线下活动组织：利用香港国际马拉松和广州国际马拉松比赛契机，组织三条不同线路的佛山一日游活动，凭大赛活动的报名资格可免费参与。

购买海外红人资源：通过公关公司投放，聘请海外网红发布、转发相关内容。

四、对外传播要筑巢引凤，聚集国际传播人才

运营团队严格按照三审制度进行审发内容，稿件经责任编辑、副主编、主编分别对事实与表达语境、主题和导向进行把关，经校对人员复核后方可下发，重点稿件三审后由专家顾问团队成员进行第四审，经校对后下发。

对外传播的成效，关键是靠人才。佛山新闻网外宣工作室不断吸收优质海外传播人才，吸引更多具有国际视野、熟悉国际传播规律的专业人才。招募具有海外生活或留学经历的实习生，建立美国、加拿大、英国、法国、澳大利亚等国海外特约通讯员，聘请专家顾问，聘请外籍特约主持人（兼职）。

为招募优秀人才，坚持用事业引人、用待遇引人、用感情留人。不断提升栏目内容品质，提升品牌知名度；为对外传播人才提供有竞争力的薪酬和跟踪不少于三年的员工成长体系与培训；营造关怀温暖的团队氛围。

五、结　语

作为一个地方新闻媒体，佛山新闻网在对外传播中责无旁贷。一方面，通过深挖佛山本土资源，对外传播良好城市形象；另一方面，通过勇敢发声，与一些国际上歪曲事实的舆论做斗争。事实证明，地方新闻媒体虽然人才有限、资源有限、平台有限，但只要正确定位，精心策划，用心对待用户，在做好对外传播方面仍然大有舞台。今后，我们将进一步创新传播的方式方法，紧跟时代潮流，用好新媒体手段，借助更高的平台，让地方新闻媒体的声音在国际传播的大舞台上唱得更响。

参考文献：

［1］李鸿.地方媒体在国际传播中讲好家乡故事的路径——江门广播电视台对外报道探索［J］.新闻研究导刊，2018，9（24）：106-107.

［2］叶常州.媒体融合环境下地方媒体的对外传播创新——以中山广播电视台优秀对外传播作品为例［J］.新闻研究导刊，2019，10（9）：82-83.

社交媒体平台粤港澳大湾区形象传播策略

——基于脸书账号 @GDNN 的实例分析 [①]

朱　颖 [②]　姚佳池 [③]

建设粤港澳大湾区，是由习近平总书记亲自谋划和布局的重要全国经济社会快速发展决策。数年来，政府顶层设计密集出台，致力于把大湾区共同打造成为高水平的开放门户枢纽、全球科研创业中心，共同推动港澳更好融入国家经济发展大局。粤港澳大湾区已然成为展示中国城市形象的一张绝佳名片。

2021 年 5 月 31 日，中共中央政治局就加强我国国际传播能力建设举行第 30 次集体学习。习近平总书记在会中强调，讲好中国故事，传播好中国声音，展示真实、立体、全面的中国，是加强我国国际传播能力建设的重要任务。要深刻认识新形势下加强和改进国际传播工作的重要性和必要性，下大气力加强国际传播能力建设，形成同我国综合国力和国际地位相匹配的国际话语权，为我国改革发展稳定营造有利外部舆论环境，为推动构建人类命运共同体作出积极贡献。提升中国城市形象是提高中国国际传播影响力、中华文化感召力、中国形象亲和力、中国话语说服力、国际舆论引导力的重要议题。

互联网飞速发展，以脸书、推特为代表的境外社交媒体以其开放性、同步性、连接性等特征突破了传统媒体在信息生产与传播上的局限，成为国际社交媒体舆论场话语权的掌握者和国际舆论场的引导者。根据社交媒体战略家文森佐·克森扎于 2022

① 【基金项目】本论文为国家社科基金项目"新时代中国国家领导人公共形象国际传播研究"（项目编号：18BXW005）的阶段性成果。

② 朱颖，广东外语外贸大学新闻与传播学院副院长，教授。

③ 姚佳池，上海外国语大学新闻传播学院研究生。

年 1 月发布的全球社交媒体地图，2021 年脸书成为所分析的 167 个国家中的 156 个国家（93%）中最受欢迎的社交媒体，日用户数达到 29 亿[①]。本研究选取广东广播电视台融媒体中心频道脸书账号 @GDNN 在 2020 年 7 月 17 日—2021 年 11 月 17 日的推文为样本，分析这个立足大湾区的对外传播账号来探索讲好中国故事、打造中国国家形象现存问题以及可行措施。

一、广东台脸书账号 @GDNN 传播现状分析

（一）推文发布总量较少

对脸书账号 @GDNN 进行统计可得，该账号在统计期的 488 天内共发帖 438 条，平均每日发帖 0.9 篇，总体推文发布数量少。加之 @GDNN 发帖频率不固定——2020 年 9 月份没有发布任何内容，不利于 @GDNN 吸引更多的用户订阅。由该账号的发布总数和频率情况可知，@GDNN 是一个尚未形成成熟国际传播模式的大湾区外宣账号。其发布的内容总体数量不多，这不利于形成良好的传播效果和获得固定的订阅者；新闻发布的时间不固定，偶尔出现时隔数天不更新的情况。但新闻原创性强，多为外籍记者撰写或编辑，新闻语句明晰且符合国外受众的阅读习惯。

单位：篇

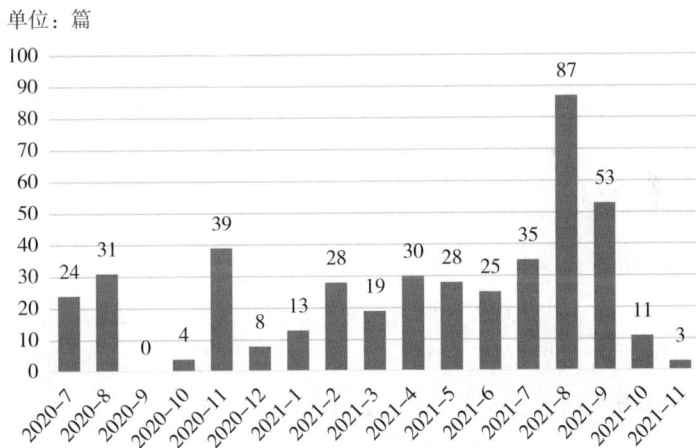

图 1　脸书账号 @GDNN 每月推文量统计

---

① VINCOSBLOG. La mappa dei social nel mondo 2022［DB/OL］.（2022-01-28）［2022-03-10］. https://vincos.it/2022/01/28/la-mappa-dei-social-nel-mondo-2022/.

（二）推文呈现方式多元

脸书平台支持的发帖形式多样，除文字外还支持在帖子中添加图片、视频、链接等。根据统计可知，@GDNN 使用的推文呈现形式多样且不同形式的使用频率差异较大。图文搭配是 @GDNN 使用频率最高的推文呈现形式，占比高达所有呈现方式的 77%，远远超过排名第二的文字视频搭配方式。尽管该账号使用了不同的媒介类型来呈现新闻报道，但以文字为主的传统新闻报道形式（包括文字形式和文字＋图片形式）仍占比最大，高达 83%。脸书平台对推文的字数没有限制，一条帖子可以使用大量文字，给内容的完整、深度呈现提供了可能，如新闻特写、专访、有人情味的新闻故事、政府工作报告等。

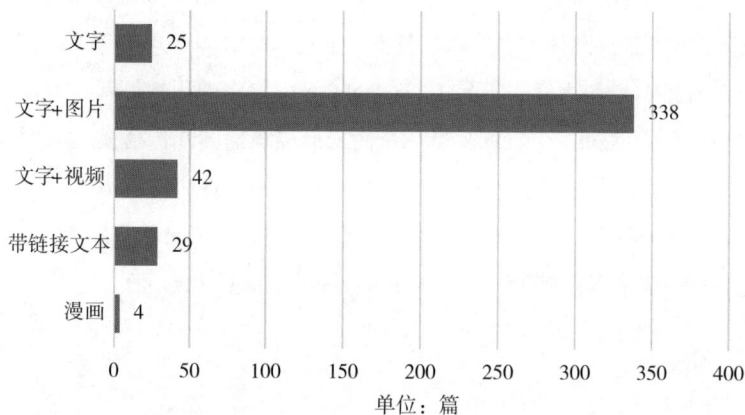

图 2　脸书账号 @GDNN 五类推文呈现形式分布

（三）推文主题分布广泛

本文对 @GDNN 推文主题进行归类，分为政治、经济、科技、文化、粤港澳大湾区发展、疫情资讯、社会新闻、形象宣传片 8 个维度。统计发现，占比最多的是与粤港澳大湾区发展相关的资讯，共 138 条，符合其账号宣传大湾区的定位。该主题下的推文涵盖粤港澳大湾区的各类发展，如城市基础设施建设、产业发展、教育、医疗、卫生服务、大型活动承办等。排名第二的主题是与新冠疫情相关的资讯，共 97 条，账号大量发布与粤港澳大湾区、中国重要城市或国际社会有关的疫情新闻，特别是报道出入境旅客出行的海关、机场相关政策，满足不同受众对疫情信息获取的需求，与如今后疫情时代背景契合。使用频率排名第三的主题是文化类新闻，该账号较之头部主流媒体的国际传播调性更加轻松，有更多的文化娱乐软新闻，报道范围广泛，包括传统中国节日、美食、粤剧、影视剧作品、中外文化交流活动、北京环球影城运营等，对其进行分析可知该账号的文化主题多与中国相关，没有外国文化轶事的分享。

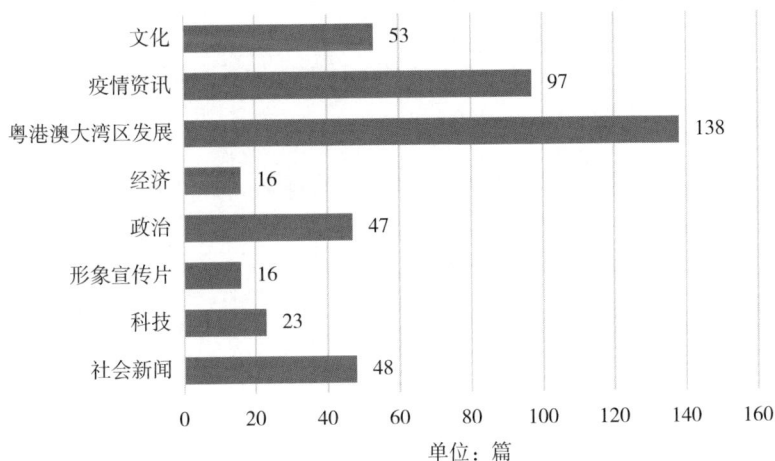

文化　53
疫情资讯　97
粤港澳大湾区发展　138
经济　16
政治　47
形象宣传片　16
科技　23
社会新闻　48

单位：篇

图 3　@GDNN 推文主题分布

（四）高频词凸显湾区元素

笔者使用质性分析软件 Nvivo 对脸书账号 @GDNN 在 2020 年 7 月至 2021 年 11 月的所有推文进行分析，得到样本推文的高频词表格，剔除无意义的单词及冠词并且对意义相近的词语进行合并后，共提取到 881 个高频词。表 1、表 2 为笔者列出的样本推文内容中出现频率超过 40 的名词和形容词。

表 1　@GDNN 全部推文中频数超过 40 的名词统计

排序	词汇	次数	排序	词汇	次数
1	China	290	9	Shenzhen	118
2	Guangdong	271	10	covid	108
3	Macao	181	11	development	92
4	Guangzhou	159	12	province	90
5	Chinese	138	13	year	86
6	Hongkong	156	14	cooperation	75
7	area	135	15	zone	70
8	people	120	16	city	67

排序	词汇	次数	排序	词汇	次数
17	health	64	24	plan	47
18	international	59	25	bay	47
19	healthy	57	26	control	45
20	national	55	27	million	44
21	world	54	28	cases	42
22	future	50	29	university	41
23	residents	48			

表 2 @GDNN 全部推文中频数超过 40 的形容词统计

排序	词汇	次数
1	new	112
2	greater	70
3	high	63
4	online	45

根据名词高频词表格可知，在 @GDNN 的推文中"China"一词的出现频率最高，其次是"Guangdong"，在推文中，广东的形象是发达美丽、文化富饶的强省。此外，排名前 10 的名词高频词中，湾区城市接近一半，该高频词分布反映出 @GDNN 注重凸显地域特征和湾区元素，符合区域级外宣账号的定位。此外，"development"一词出现频率也颇高，与高频词表格中其他湾区城市以及排在第 7 位的"area"（地区）结合起来看，侧面印证了账号创建的目的旨在反映区域发展现状，再结合高频形容词"new""high""greater"等词来看，账号想展现的正是粤港澳大湾区的强劲发展和蓬勃活力。

二、脸书账号 @GDNN 运营表现分析

（一）推文点赞效果分析

在社交媒体平台上，点赞是表达对内容创作者赞同的最直接的方式，点赞量直接关联着用户对推文内容的喜爱与否，也是衡量传播效果的重要标准之一。笔者对账号 @GDNN 样本推文的点赞量进行统计，在 438 条推文中，只有 86 条获得了点赞，占全部推文的 19.6%，与头部账号相比传播效果不佳。笔者将该账号点赞数与推文主题

共同分析，发现文化类推文获得的点赞数最多，占比接近一半，粤港澳大湾区相关资讯获得的点赞总数为167，占比为27%。《迷人广东》系列纪录片共获得86次点赞，平均每条相关推文获得6次点赞。通过分析可以发现，在社交媒体上轻松有趣的内容更容易吸引用户关注和点赞，如分享地区人文、美食、风景故事等，宏大主题的政治叙事和经济报道则难以带来传播者预期的效果。

（二）推文转发效果分析

衡量社交媒体平台传播效果的第二大标准是转发量。用户对内容的转发，比点赞更深层地表达了用户对推文的情感和好恶。对@GDNN推文数据统计可知，全部推文共获得726次转发。将推文转发数与推文主题共同分析，显示粤港澳大湾区相关资讯获得的转发次数最多，为442次，占总转发数的61%，推文的转发者对湾区资讯表现出强烈的兴趣和积极的态度。笔者对上述推文公开转发者的昵称和主页相关信息进行追踪，发现定位在湾区内的华裔网友和外籍网友组成了几乎全部的转发者阵营。

（三）推文评论效果分析

在社交媒体中，评论是衡量传播效果最直接的方式，反馈的效力能够直接作用到传播者。有效的评论反馈能够让传播者掌握受众的态度，帮助其改进传播内容和方式，提高传播力。对@GDNN全部内容进行统计，笔者发现438条推文共获得13条评论，剔除其中空白评论和账号主体添加的补充信息评论外，获得有效评论11条，评论率极低。其中，外国人在中国过春节系列图文报道引发了最多的关注，获得最多的评论。这一系列报道以外国人视角口述自己在中国的打拼和在中国过春节的故事，贴近海外受众心理，讲述中外交织的故事，辅以情感化混合传播的手段，引起众多网友情感上的共鸣，潜移默化地输出中国文化。该账号日常的政治、经济、科技等新闻没有获得任何评论，与受众的互动性较差。

三、脸书账号@GDNN湾区形象传播问题

（一）外宣内宣化：内外发布内容不加区别

混淆外宣与内宣是国内城市进行国际传播时普遍存在的问题，粤港澳大湾区在向海外受众传播资讯时也不例外。"外宣内宣化"顾名思义，即发布者在进行新闻资讯

国际传播时，将国内受众和国外受众不作区分，一概而论，传播完全相同的内容。而不考虑平台特性和受众特点进行模式化传播，很难收到良好的效果。@GDNN 背后的运营团队是广东广播电视台广播融媒中心外宣组，除了海外的脸书账号 @GDNN 外，还运营国内的微信公众号"GRTRadio"，很多内容都是公众号发布后再将其文本进行简单删减或原封不动发布到脸书平台。许多出现在国内微信公众号上的新闻由于地理的接近性会有感兴趣的受众，但发布到海外社交平台作为国际传播内容就缺乏必要性，因为它对境外受众来说没有价值。此举会降低中国叙事的专业性，增加话语冲突和文化误读[①]，不利于湾区形象的正面塑造。

（二）质量不平衡：优质原创文化作品不足

原创能力是衡量媒体机构生命力的关键因素。在国际传播领域，优秀的原创视频作品可以潜移默化地向境外受众传递中国理念、中国态度，提升国家形象。除视频作品外，原创文字作品也可以实现良好的传播效果。笔者研究的大湾区社交媒体账号 @GDNN 推文发布总量不算少，但存在质与量不平衡，重量少质的问题，缺乏优质的原创文化作品。

根据笔者的工作实践，发布原创文化内容的粉丝聚合能力远大于每日发布新闻资讯。@GDNN 账号中大湾区普通新闻资讯的推文浏览量普遍在 50 次以内，且较长时间内未吸引新的订阅者。而发布原创系列视频如"春节习俗系列"（CNY Customs）"迷人广东系列"（Charming Guangdong）等，浏览量大多过百，甚至上千，且订阅者数量在发布原创文化作品期间会得到明显的增加。虽然原创文化作品能在社交媒体平台上推动账号进一步曝光，取得对外传播的实效，但让作品真正落地，对时间、资金、人力成本、物料资源上的要求都较高，这正是多数传统主流媒体体制中的国际传播机构所面临的问题。

脸书账号 @GDNN 在对原创视频作品进行努力的同时，忽视了原创文字内容的生产。尤其是耕耘在脸书这样一个文字表达不受篇幅限制的平台上，利用好文字内容作品十分必要。但 @GDNN 的文字新闻类型多为传统的西方新闻报道框架，按照倒金字塔结构呈现新闻内容，专访、特稿、评论等新闻形式使用极少。国内现在在对外传播内容文字呈现上做得较好的是澎湃旗下的"第六声"新闻媒介（SIX TONE）。其根据报道的类型不同，共分为新闻（RISING TONE）、特写（DEEP TONE）、观点评

---

① 汤莉.国际传播话语困境如何破题？[N].国际商报，2021-07-21（3）.

论（BROAD TONE）、多媒体（VIVID TONE）这 4 个频道。团队原创能力很强，每日各个频道均进行更新，深度报道动辄 2500 词以上、时评紧跟时事热点，能给出作者对社会议题的深入思考，保质保量地做到了挖掘人和城市的故事，传播效果佳，值得非头部的国际传播媒体借鉴。

（三）信源单一化：构建湾区第三视角缺失

我国的城市、区域主流媒体国际传播存在一个通病：信息来源非常单一。国内省级、市级官方媒体的国际传播工作者在选择信息来源时非常谨慎，通常选择人民日报海外版、新华网海外版、中国国际电视台、央视新闻、新华社这样的国家官方新闻传播机构，以及所在地的官方主流媒体作为信息来源进行新闻的编译和制作。此举固然使得信息的权威性和真实性得到背书，但也会导致国际传播中政府和精英叙事的继续垄断。

账号 @GDNN 每日新闻的来源基本限定在人民日报海外版、新华网海外版、广东发布、广州日报这样的国家级、省级和地市级权威媒体内，这些机构生产的新闻主体也基本局限在国家、政府领导、专家和精英人士范畴内。将其作为国际传播新闻生产的信息来源再进行新闻的生产，呈现给境外受众的仍是大体类似的政府、精英叙事新闻。脸书账号 @GDNN 中粤港澳大湾区相关资讯丰富，笔者对内容进行逐条分析，发现绝大多数报道主体为广东省、政府部门、领导干部和相关领域的专家，没有一条新闻的主体为湾区生活的普通百姓，极少数湾区文化类新闻主体为外国人，少数主体为湾区内的企业。在社交媒体平台中这样的"自塑"抹除了非精英参与者的媒介构建，报道悬浮不接地气，脱离普通受众，传播效果大打折扣。

信源的单一化不仅体现为报道主体的单一，还体现为严重缺乏外国的"他塑"。新闻报道工作讲求客观、中立，这是世界不同新闻制度都认同的理念。但在国际传播实际工作中，只做竖向时间比较而不做横向比较，只看到跟过去相比自身的进步发展，没有与国际其他湾区的横向比较，呈现维度非常单一，缺乏客观看待湾区的第三视角。

四、主流媒体海外社交平台的湾区形象建构策略

（一）发布内外有别：精心策划内容体裁

在做社交媒体国际传播时，相关工作者应充分考虑海外民众的阅读习惯，高度重视文化背景以及传播渠道、语境、规范等方面的差异，机械的"一次采集、多元分发"在国际传播语境中收效甚微，应注意内外有别。这在内容制作上要求新闻工作者在面向海外民众时转换思路，不要直接套用和翻译国内新闻，做好受众调查，了解什么新闻是外国民众愿意关注的，什么原创内容是他们感兴趣的。

这就要求新闻工作者回到新闻本源，思考新闻五价值：对海外民众来说，这条新闻是否具有时新性，是事件的实时动态？是否重要且与他们的切身利益有密切关系？是否具有心理和地理上的接近性？是否具有显著性，是名人名地有名团体的动态？是否富有人情味和生活情趣？一个事实所具备的这些素质越多，其新闻价值也就越高。在面向海外民众进行社交媒体传播时，应根据其新闻价值做出选择，抛弃一些宣传价值浓厚、政治色彩强的新闻，再对符合要求的新闻进行二次加工，运用最符合海外民众新闻阅读习惯的词汇句式表达，或精心策划出新的内容题材，结合视频或图片，使得推文内容与粤港澳大湾区密切相关的同时毫无宣传和说教的意味，达到塑造正面形象的目的。

（二）善用平台推广：谙熟社交媒体使用

以脸书、推特为代表的海外社交媒体均为平台型媒体，每个平台都有自己的算法规则和独特的服务，为了推动湾区内容在海外取得收效，搞懂平台规则以及熟悉平台各个功能的用法可能会使传播事半功倍。脸书在发布内容时可以发布长文，不会受到字数限制，能添加多张图片，可以自定义"话题标签"，创建多个视频播单，且能进行预约发布：提前保存好要发布的内容并设置发布时间，内容会在设定的时间进行自动发布。

除上述基础操作外，平台付费广告是一个更快速高效打造账号影响力的方法。脸书账号@GDNN 在 2021 年 8 月至 9 月进行文旅片"迷人广东"（Charming Guangdong）推介时采用脸书平台的付费推广模式，取得令人满意的效果。"迷人广东"系广东广播电视台融媒体频道与人民网澳大利亚分公司合作拍摄的湾区形象宣传片，于 2021 年 8 月 21 日在澳洲五号台首播。随后 @GDNN 将纪录片按内容模块

进行拆解和二次加工，形成 14 集短视频进行二次传播。为了达到更好的传播效果，广东广播电视台融媒体频道采用了脸书平台的"速推帖子"广告模式，对相关内容进行付费推广，三天为一周期，帖子的曝光度大大增加，收获了很多点赞和正面的评论。

（三）借助外籍人才：打造"外"字品牌栏目

外籍人士是讲好中国故事重要的讲述主体之一。区域级外宣媒体平台应当借用外籍人士所发挥的独特作用助力国际传播取得更好的效果。媒体中使用外籍人才有助于加强跨文化沟通，促进话语体系融会贯通[①]。外籍媒体工作者可以弥补我们在进行跨文化传播时的文化交流方式和意识形态鸿沟，将我们想讲的故事用外国人更乐于接受的方式、更容易理解的立场阐释出来。从文本风格到逻辑内涵都更加贴近海外受众的心理。

外籍人员在对外讲好中国故事中发挥的另一个关键作用是在人际传播中影响关键人群。外籍人士在这里工作，可以近距离感受到中国的发展和魅力，了解真正的中国，而非通过外国媒体的报道所呈现的拟态环境来间接了解。他们是国际传播中口碑最好的传播主体，加之长久在中国工作而对此地产生的喜爱，通过人际传播、网络传播等方式可以辐射带动自己的亲朋好友或是网友改变固有认知和刻板印象，更深入地了解中国。这样"借嘴说话"，达到塑造可亲、可爱的中国形象的最终目的。

（四）建立多元矩阵：多栏目吸引分众聚合

由于平台底层技术的快速更新迭代，社交媒体平台的一个新媒体账号所能做的事越来越多。以脸书账号为例，其功能不仅在于发布资讯，还可以创建不同类别的图文或视频栏目、引流至自己的其他平台账号等。新媒体平台用户，尤其是社交媒体平台用户多数是数字时代的原住民，容易对长时间单一的形式和内容感到厌倦。账号为了留住粉丝，应当推陈出新，不断根据流行大势和社会热点引入新的栏目，此举能吸引不同兴趣圈层的用户关注，实现分众的聚合。

以湾区账号为例，除日常发布新闻外，可以创建湾区文旅视频专辑，如脸书账号@GDNN 的"迷人广东"系列，很多集的浏览量在 1000 左右且获得 15 ~ 20 次的转

---

① 杨芳，周敏.用好外籍媒体人才讲好中国故事——中国日报外籍人才队伍建设经验与思考［J］.国际传播，2021（1）:40-47.

发；制作科技科普视频专辑，有主持人出镜介绍与生活息息相关的科技，吸引对科技感兴趣的用户关注；国际热点事件追踪式报道专辑，即对国际热点新闻事件进行实时状况的跟进式报道，吸引对新闻感兴趣的受众。对于湾区的国际传播账号来说，建立多元矩阵，推出多样化栏目，从不同侧面反映大湾区生活、塑造大湾区形象是可行的策略。

（五）打造精品栏目：争做湾区文化传声筒

在社交媒体时代，"内容为王"仍符合传播规律，若想要账号屹立不倒，一定要有出彩的内容和精品栏目，这样的栏目不再多，而在于精。以广东广播电视台另一个脸书账号 @daily bae 为例，针对美国等西方国家拿新疆大做文章，炮制虚假信息，2021 年 4 月 29 日至 5 月 7 日，广东广播电视台对外传播中心连续推出六期"老外进疆"（Foreigners Visit Xinjiang to Seek Truth）中英双语融媒体报道在脸书账号 @daily bae 上播出，系列视频截止 2021 年 5 月初，总浏览量已经突破 340 万，获得中外网友的一致好评和激烈讨论。该系列视频一改从前涉疆议题国际传播的新闻报道、专家解读形式，邀请外籍视频博主实地探寻新疆，以 vlog 形式记录他们在新疆真实的所见、所闻、所感，以大量有力的事实驳斥西方对新疆的恶意抹黑。

其中一期视频中，来自哥伦比亚的油管博主费尔南多来到新疆实地拍摄，通过自己的镜头向网友展示新疆人民幸福的生活，短短 2 分 20 秒的视频获得了 4.8 万次播放和 1075 次点赞，有外国网友评论"Glad to know the truth!"（很庆幸知道真相）。另一期中，以色列籍油管博主高佑思记录下自己在新疆体验先进的无人机棉花种植过程，与当地棉农亲切聊天、体验羊肉串等过程，并告诉网友"（在新疆）人们都很好，做着他们的工作，过着他们的生活。"该视频浏览量为 1.3 万次，共有 301 次点赞和 49 条评论，取得良好的传播效果。

参考文献：

［1］马缘园.国际社交媒体平台城市形象传播策略——以推特号 @DiscoverNanjing 为例［J］.青年记者，2021（4）：54-55.

［2］邵云.国际社交媒体中的城市形象传播效果研究——基于北京市政府在 Facebook 平台官方账号的实例分析［J］.新闻与写作，2021（11）：89-96.

［3］史安斌，童桐.习近平生态文明思想国际传播的图景与路径——以推特平台"2060碳中和"议题传播为例［J］.当代传播，2021（4）：39-44.

［4］高宝萍，冯慧.新媒体语境下中国国家形象跨文化传播困境与对策探究［J］.理论导刊，2021（6）：120-124.

［5］朱新梅.以讲好中国故事为着力点，创新推进国际传播［J］.中国广播电视学刊，2021（4）：11-13.

新时代，如何向世界讲好中国故事？ ①

黄海宁②

当前，世界经历百年未有之大变局，国际格局深刻演变。1970 年 12 月，法国后现代思想家米歇尔·福柯，在就任法兰西学院院士时作了题为《话语的秩序》的演讲，提出了"话语即权力"这一著名命题③。"失语就要挨骂"，话语权决定主动权，而传播力决定影响力。美西方国家对国际舆论依旧占据垄断局面，占世界人口 1/7 的发达国家却占据世界新闻播报总量的 2/3。因此，长期以来，中国在世界上的形象很大程度上是"他塑"而不是"自塑"。与此同时，媒介生态不断变革，新技术不断改变着信息的传播渠道与触达方式，国际传播进入以互联网为主平台的新阶段。接下来，如何以新技术赋能，为国际传播带来新机遇，也值得思考和探索。

本文通过对美国在国际传播上的手段作为研究样本，从媒体从业者的角色出发，探索在大变局叠加大变革的新时代背景下，中国媒体对讲好中国故事，传播好中国声音的实践路径。

一、美国的舆论"自塑"

美国总统拜登领导的政府，以"竞争、合作、对抗"三分法来定义中美关系。2022 年 5 月美国国务卿安东尼·布林肯的美国对华政策演说中，他称美中将"长期竞争"，并将中国定位为"战略竞争对手"。以零和思维看待中美关系，美国口中的"竞

---

① 本论文为国家社科基金项目"新时代中国国家领导人公共形象国际传播研究"（项目编号：18BXW005）的阶段性成果。

② 黄海宁，深圳卫视直新闻团队执行制片人。

③ 左凤荣 . 世界大变局与中国的国际话语权 . ［M］商务印书馆，2020：12.

争"不过是"遏制"的代名词。中西竞争已经进入社会制度、治理模式的同质性竞争层面，并从全球化核心技术之争向标准之争、规则之争等软实力竞争延展①。在此背景下，中国所面临的国际舆论环境日趋复杂，美西方抱持冷战思维看待中国，大肆抹黑中国，宣扬"中国威胁论""修昔底德陷阱"等论调，令国际舆论场上充斥对华刻板印象、极化言论和虚假信息。下文将以美国自身构建国际传播能力"经验"为样本，探求中国"自塑"国家形象的实现路线。

（一）"触角"的延伸

1942 年 2 月 24 日，美国外国新闻处通过英国广播公司发出了第一个对欧广播节目，"现在是来自美国的声音"，播音员威廉·哈伦·黑尔以此开始了针对纳粹德国的"宣传"事业，"美国之音"这个名字也逐渐成为美国外国新闻处的广播招牌。同年，"美国之音"加入普通话和粤语节目，直至二战结束，该广播已采用 50 种语言对欧洲和亚洲进行广播。

"美国之音"（Voice of America），其内涵从命名上非常明显，即代表美国的声音。时任美国总统艾森豪威尔曾说："1 美元的对外宣传费用，等于 5 美元的国防费用。"冷战时期，他给"美国之音"下命令："'美国之音'要穿过国境、越过海洋、钻透铁幕与石墙，同共产主义进行你死我活的斗争。"②由于"美国之音"在全球心理宣传战中的重要作用，因此，美国各任总统、国务院、中央情报局都十分重视如何让"美国之音"发挥更大作用。该机构由美国政府出资运作，台长由总统直接任命，年预算高达 2 亿美元。据了解，"美国之音"内部有一个章程，第一句话便表明：通过无线电广播，与全世界人民建立直接沟通渠道，对美国的长远利益是必要的。值得一提的是，美国《史密斯—蒙特法案》明文规定，美国政府传播给国际受众的信息，不得在美国国内传播。也就是说，"美国之音"并不允许美国人听到。

特朗普执政时期，"美国之音"曾因一篇难得"客观"描述中国疫情的稿件，被美国政府视为"叛徒"，甚至被美国疾控中心拉入黑名单。2020 年 4 月 10 日，白宫政府网站上发布一则针对"美国之音"的声明，声称"记者应报道事实，但'美国之音'却夸大了对北京的宣传"，批评"美国之音"拿着美国纳税人的钱，为他国做宣

---

① 王义桅.中美叙事之争：是什么，为什么，怎么办？［J］.美国研究，2021（4）：24-44.

② 董佳宁.懂点啥儿：外宣勇猛了 78 年的美国之音，最近怎么吃饭砸锅了？［EB/OL］.（2021-04-23）［2022-5-10］.https://www.guancha.cn/dongjianing/2020_04_23_547915_1.shtml.

传[①]。5天后，时任美国总统特朗普还在新闻发布会上气急败坏地称"美国之音"报道的东西"令人作呕"。"美国之音"掌门人阿曼达·班奈特急忙发表声明，罗列了一系列"美国之音"在疫情话题上对中国的抹黑报道，并附上了报道链接。

而中文部目前是"美国之音"外语部中最大的一个，雇员基本上都是中国人。20世纪60年代至70年代，美国之音中文部的新鲜力量都来自中国台湾。前文提到，1942年"美国之音"加入了普通话和粤语节目，最初广播只有一小时时间，后来又陆续增加了闽南话、上海话节目。后来在"冷战"的推动下，还增加了潮州话、客家话和藏语节目，每天播音长达10多个小时。

包括美国在内，不少发达国家也以类似或相同途径，延伸"触角"。2006年，法国以政府补贴形式开播"法兰西24"，用法、英、阿拉伯3个语种24小时播报国际新闻，覆盖90多个国家；2009年，日本开通全新的英语国际新闻频道，以填补所谓"外交影响力及传媒能见度"与其经济地位不符的空缺；俄罗斯也从2005年起，打造"今日俄罗斯"（RT）频道，使用英、阿拉伯、西班牙3个语种全天候播出，并开设免费视频网站[②]。

（二）另一种"权力"

互联网的普及和社交媒体的出现，以前所未有的速度延展了国际传播的话语空间。美国除通过"美国之音"等传统媒体持续对外传播之外，还大力加强网络宣传。与此同时，美国网络平台加大对中国发声的打压。以推特为例，2019年它暂停了超过20万个账号，称它们由中国政府所支持，并将大量开设在该平台上的中国媒体账号，都打上了"中国政府官方媒体"的标签，甚至直播大熊猫生活的iPanda账号也受到了这一对待。相反，英美等所谓"同一阵营"媒体却没有。随着越来越多人通过网络获取信息，在网络平台上对话语权的争夺也愈演愈烈。

2020年美国总统选举中，时任美国总统特朗普竞选连任失败，多番尝试推翻选举结果无果后，2021年1月6日，其支持者暴力闯入国会山，震惊世界。在美国影响力最大的推特、脸书等多家社交媒体平台以"煽动暴力"为由，集体冻结或限制了特朗

---

① DORMAN S.White House says federally funded news service 'spends your money to promote foreign propaganda'［EB/OL］.（2021-04-13）［2022-5-10］.https://www.foxnews.com/media/white-house-voice-of-america-chinese-propaganda.

② 新华社.为什么要加强国际传播能力和对外话语体系建设［EB/OL］.（2014-01-31）［2022-5-10］.http://www.gov.cn/zhuanti/2014-01/31/content_2596913.htm.

普及其大量支持者账号，随后，苹果、谷歌等公司纷纷直接将特朗普"全平台下架"。社交媒体平台仿佛是现实社会以外的"第二社会"，设置齐全，有"居民"、警察、法官等多重角色。尽管从表面来看，对"特朗普"相关内容的处理是一种所谓的"正义之举"的"自我监管纠偏"，但美国社交媒体的这一举动受到了众多谴责，甚至引来国际社会的大量质疑。连特朗普都无法在社交平台上主宰自己的命运，那还有谁可以？换而言之，社交媒体平台已经掌握了网络空间话语和规则的定义权、裁量权、解释权，可以随时放大或压制特定的声音，影响政治辩论，这种特权对传统公权力产生了前所未有的挑战，甚至凌驾于国家主权之上，被称为"超国家权力"[①]。一定程度上，特朗普的"推特治国"也是一种"超国家权力"的例证。

从另一个侧面来看，当前世界上的主流社交媒体平台，如推特、脸书、视频网站油管等都是美国公司。2020年，美国政府对海外版抖音（TikTok）强势打压，不惜动用国家力量，泛化国家安全概念，强迫将抖音出售给美国公司，还扬言要从交易中"提成"。这背后实际也是对网络话语权的争夺。美国《纽约时报》在一篇报道中指出，随着抖音成为世界上最流行的手机应用之一，它也遇到了其他许多大型社交媒体存在的问题，但最令美国政府担心的，还是抖音由中国公司开发这一点。

（三）"说什么"，"怎么说"

麦肯锡荣休董事彼得·沃克（Peter Walker）在过去15年里，每六周就到访一次中国。2021年，他接受中国一家媒体访问时指出，中美彼此误解的一个主要根源，是美国纯粹从西方视角来评判中国，完全无视中国是如何发展到今天的。但美国的主流媒体，包括《纽约时报》《华尔街日报》《华盛顿邮报》，无一愿意刊发沃克的观点文章，"因为人们不想听到这种真实的经历"。[②]

近年来，涉疆议题成为中西舆论场上的焦点议题，美西方国家不断抹黑中国新疆、诬蔑中国治疆方略。西方自2018年起，开始大规模炮制所谓新疆"种族灭绝"的不实指控。2022年8月，美国斯坦福大学网络观察室（Stanford Internet Observatory，SIO）和社交平台分析公司Graphika联合发布报告《未闻之声：五年来"亲西方秘密操纵舆论运动"的评估》（Unheard Voice：Evaluating Five Years of Pro-Western Covert Influence Operations）指出，美国利用社交媒体影响国际舆论，操纵涉

---

① 李彪.特朗普被永久停用推特账号的影响以及对我国的启示［R］.国发院政策简报,2021-03（4）.

② 马苗苗.我去过中国80次,美国媒体却不让我说出中国真实的情况［N/OL］.（2019-04-12）［2022-5-10］.http://www.beijingreview.com.cn/shishi/202105/t20210513_800246263.html.

疆叙事。它的整套操作流程包括：用人工智能生成照片当头像，冒充"独立"新闻机构的虚假媒体组织，复制粘贴相同的内容，再制造热门标签引起话题讨论[①]。与此同时，伴随涉疆议题的炒作，美国等部分国家还通过所谓的涉疆法案，采取具有象征意义的"实际行动"。炒作涉疆议题，实质是美西方对华战略的组成部分。

在 2021 年 11 月举行的第 26 届联合国气候峰会上，美媒记者与中国气候特使解振华对于使用中文还是英文回答的交流，引发热议。"美国之音"的报道是这样表述的：中国特使解振华一句"不如你用中文提问"，也可以看出中国在话语权上的自信以及有逐渐跟西方较劲之势。同样一件事情，香港《大公报》的标题是："解振华妙答美记者：不如你用中文提问"[②]。"可以说"是一种权利，而"说什么"和"怎么说"则是"权力"。

二、中国不断加强国际传播建设

党的十八大以来，中国有效开展国际舆论引导和舆论斗争，使得"中国发声"的影响力显著提升。2021 年 5 月 31 日，习近平总书记在主持十九届中央政治局第三十次集体学习时强调，讲好中国故事，传播好中国声音，展示真实、立体、全面的中国，是加强我国国际传播能力建设的重要任务。新闻媒体要深刻认识新形势下加强和改进国际传播工作的重要性和必要性，加强国际传播能力建设，形成同我国综合国力和国际地位相匹配的国际话语权，为我国改革发展稳定营造有利外部舆论环境，为推动构建人类命运共同体作出积极贡献。

（一）"中国音量"与"中国体量"

从中国媒体平台拓展来看，新华社在海外设有分社 180 个，驻外机构数量居世界首位；2016 年 12 月，中央电视台成立中国国际电视台；中国国际广播电台使用 64

① GRAPHIKA, STANFORD. Unheard Voice: Evaluating Five Years of Pro-Western Covert Influence Operations [R/OL]. (2022-08-24) [2022-09-10].https://stacks.stanford.edu/file/druid:nj914nx9540/unheard-voice-tt.pdf.

② 大公报.解振华妙答美记者：不如你用中文提问 [EB/OL]. (2021-11-10) [2022-5-10].http://www.takungpao.com/news/232108/2021/1110/653152.html.

种语言对外播出，是全球使用语种最多的媒体机构①。但"中国音量"与"中国体量"还不相称。在国际传播话语体系中，中国依旧处于"有理说不出""说了传不开"的局面。

根据《2022年全球数字概览》报告显示，全球社交媒体用户超过46.2亿，相当于全球总人口的58.4%②。不过，至少在目前，中国媒体机构、媒体人在国际级社交媒体平台上的账号属于"寄人篱下"，而"异军突起"的抖音海外版也并不支持中国境内用户的使用。虽然由于重复账户等问题，社交媒体用户的数量并不代表特定的个人。平均全球网民每天在社交媒体上花费近2.5个小时，并且每天以2分钟的速度增长。社交媒体是中国媒体最易触达海外用户的传播渠道。但在"融入"他人平台外，中国更需要的是建立起属于自己的、有影响力的社交媒体平台，把握网络空间的话语主动权。习近平总书记在2016年4月19日网络安全与信息化工作座谈会上就明确指出："大国网络安全博弈，不单是技术博弈，还是理念博弈、话语权博弈。"

与此同时，基于大数据和算法推荐的内容，将会把用户的信息接收越来越小地限定在某一个范围和圈子里。英国大数据专家维克托·迈尔·舍恩伯格曾在《大数据时代》中预言，大数据权将挑战民主政府的最高权力。因此，不仅需要正确认识社交媒体和大数据算法的工具属性，还要更好、更积极地开发新科技在国际传播中的应用，拓展国际传播话语平台、渠道和终端，打造全媒体国际传播话语的融合矩阵。不过，媒体对大数据应用的日常实践上，迄今并未见现有媒体或产品进行十分有效的输出。因此在未来，记者会采访、写稿，已经不能满足新闻制作需求，对数据技术的应用也将会是记者的必不可少的技能。

（二）中国声音"入乡随俗"？

中国有一句古话叫入乡随俗，这一特点同样在中国媒体的国际化传播上十分明显——倾向于提供符合海外受众需求的媒体产品。值得提出的是，中国媒体平台的海外产品，需要怎样的、哪些程度的本土化操作？

在议题选择上，选取海外民众感兴趣的话题，可以帮助吸引受众的注意力，以优质内容和制作更进一步，并最终达到深度捆绑用户的目的；从中国博大精深的文化入

① 中国记协网.为什么要加强国际传播能力建设？［EB/OL］.（2021-06-08）［2022-09-10］.http:// www.zgjx.cn/2021-06/08/c_139995560.htm.

② HOOTSUITE.DIGITAL 2022: ANOTHER YEAR OF BUMPER GROWTH［R/OL］.（2022-01-26）［2022-09-10］.https://wearesocial.com/uk/blog/2022/01/digital-2022-another-year-of-bumper-growth-2/.

手，制作关于如教中文、中国历史故事、中国美食、中国情景剧等轻松小品，吸引对中国文化感兴趣的外国民众，并逐渐拓展到其他领域。另一种方式，即媒体抛开中国身影，直接以本土视角制作本土节目，以打开相应平台的受众度和影响力，进而达到最终效果。

值得讨论的是，如果已经被视为带有境外国家色彩的媒体，若一味走平台落地国本土化路线，是否会丧失原有的国家特点，即吸引受众之本所在？2005年8月12日，习近平同志在《浙江日报》"之江新语"专栏刊发的《文化是灵魂》一文中这样写道："文化的力量，或者我们称之为构成综合竞争力的文化软实力，总是'润物细无声'地融入经济力量、政治力量、社会力量之中，成为经济发展的'助推器'、政治文明的'导航灯'、社会和谐的'黏合剂'。"文化，本就具有渗透性，中国拥有高度文化自信，而这种底气的充分展现和释放，会否充满新意地并润物无声地流转在海外用户中，是否又能"另辟蹊径"地吸引更多海外观众？回答这个问题之前，来看以下事件。

被海外观众惊呼"难以置信"的中国视频博主李子柒，凭借创作短视频火爆海外，尽管如今在视频平台油管（YouTube）上一年未更新，不仅多国粉丝纷纷在留言处呼唤她、关心她，其订阅量依旧居高不下，高达1720万。实际上，早在2021年，李子柒就以1410万的油管订阅量刷新了由她创下的"最多订阅量的YouTube中文频道"的吉尼斯世界纪录称号。而李子柒在油管的视频，不仅没有英文配音，连英文字幕都没有，却依然收获了全球各地大量粉丝的喜爱，认为"她（李子柒）在重新向全世界介绍，被我们忘记的那些中国文化、艺术和智慧"。区别于大量中国媒体展现出的快节奏中国都市生活，她呈现出田园牧歌式的东方美感，让海外观众沉醉在事农桑、传耕读、钟情山水，隐居田园的诗意生活之中。优秀传统文化可以跨越语言障碍，所谓"文化输出"也不必只是官方行动。不过，"另辟蹊径"就能"柳成荫"吗？无论怎样的文化，想要让别人理解，必先打动人。

三、地方卫视在国际传播工作上的探索——以深圳卫视为例

深圳卫视国际频道已成功覆盖全球229个国家和地区用户117.9万户，覆盖香港用户224万户，覆盖澳门用户10万户，以及台湾50家四星级以上酒店。2019年6月以后，香港地区收视率逐月显著提升，晚间收视率提升3倍。

深圳卫视《直播港澳台》创办于2006年5月，是一档专注于国际时政的电视新

闻栏目，目前已经成为全国 32 家省级卫视中特色最为鲜明、影响力最大、收视率最高的新闻栏目之一，也是内地在香港覆盖面最广、受关注度最高的地方新闻栏目之一。2020 年，《直播港澳台》栏目荣获中国新闻奖一等奖新闻名专栏，收获国家最高级别新闻奖项。为顺应全媒体生产传播的需要，《直播港澳台》栏目组已升级为直新闻团队，在传播平台形成"1+6+N"，即 1 个"直新闻"App，6 档电视端节目和涵盖主要商业平台的全媒矩阵。在深圳卫视的多年耕耘下，"直新闻"的对外传播已经形成了一些特色做法。

（一）互补 + 支撑

作为地方媒体，缺乏央媒优势，在重大国际场合上，团队利用多年涉外报道积累的经验和资源，努力争取采访机遇、拓展报道角度、注重深入挖掘，遵循传播规律，敢发声、善发声、巧发声，与央媒形成互补，有力支撑、烘托活动主旨，服务对外工作大局。

2019 年 8 月 3 日，第 52 届东亚合作系列外长会在曼谷启幕。会议期间，特朗普扬言再对中国进口货品加征关税。"直新闻"记者抓住时机，对正在出席会议的王毅进行提问，他回应称："加征关税绝对不是解决经贸摩擦的建设性办法，不是一个正确的办法"。这是在关键节点，中方发出的"第一声"。因此，这番问答被彭博社、联合早报、福布斯中文网等全球主流权威媒体列为报道信源。当天，王毅答深圳卫视记者提问的内容更登上微博热搜前五，话题阅读量超过 1.5 亿。

（二）主导议题设置，打造爆款产品

2020 年，《直播港澳台》策划推出了《香港名人看深圳特区 40 年》系列访谈，前特首梁振英、林郑月娥，张建宗、陈茂波、梁君彦等香港十多名时任政府主要官员和政界人士悉数接受采访，有关报道不仅在深圳受到很高关注，而且被香港各类媒体竞相转载，在香港舆论场激起的反响超过人们的预想。中宣部阅评《深圳卫视系列访谈为推进"入港"传播积累经验》对这一专访予以表扬。阅评说，专访"精准把握香港舆情关切，主动设置深港如何互相'过河'、融合发展相互促进的议题，通过名人之口，在香港乃至海外掀起一轮香港如何融入国家发展大局的讨论潮，正面对冲'取代论''边缘论'等，为主流声音进一步'入港'作出有益探索。"

（三）创新话语体系，展现开放形象

2019 年，在前台湾高雄市长韩国瑜港澳及大陆行期间，深圳卫视直新闻团队全程跟拍，得到了韩国瑜本人的积极响应。深圳卫视记者的突出表现，甚至成为岛内新闻的一个热点，登上了岛内"热搜"。

直新闻团队 2020 年策划并报道的欧美艺人点赞中国抗疫，如美国乐队主唱瑞恩·泰德、歌手碧梨、主持人崔娃等，话题登上微博热搜，策划也得到了中宣部肯定，并发表《关于借国际演艺明星宣传中国抗疫的专题阅评》阅评：认为这种跨屏越洋互动，打通了一条内地与海外，官方与民间以及明星与网民传播交流新途径，在西方舆论场传递中国抗疫"好声音"。

四、结 语

美国通过国家手段，打造国际传播力，最终形成美国国家战略的有效配合工具。但这项工作并非短期内能完成，是一项几代人接续奋斗的持久之战。而在这过程中，全球反美声浪并没有消解，"听其言观其行"，越来越多国家认识到美国发声背后的实质。1963 年 5 月，时任美国新闻署主任爱德华·莫罗（Edward R.Murrow）在一次国会听证会上指出："我们要有说服力，就必须令人信服，要令人信服就必须有诚信，而诚信的保证是诚实，就是如此简单。[①]"如今，全面"狙击"中国崛起已上升为美国国家战略。

党的十八大以来，中国在建设国际传播力的建设上不断取得进展和突破，但"中国音量"与"中国体量"还不相称，媒体平台在其中进行了有效探索，如扩展发声渠道、中国声音本土化的尝试等。值得一提的是，在中国国际传播能力建设过程中，中国的文化自信是否得到充分彰显，需要打上一个问号。可以预见，随着中国综合国力不断上升，越来越多的人会"不可避免"地关注中国，中国媒体需要怎样的"入乡随俗"，如何用中国人的方式尽情地、坚定地展现中国的道路自信、理论自信、制度自信，值得更多的思考和实践。

笔者认为改变传播思路，创新话语体系，在当前国际形势和背景下，恰逢其时。不少中国地方媒体平台，进行了国际传播能力建设的有益、有效探索。本文总结了深

---

① 吴蔚.国家形象之战，其实早已打响［EB/OL］.（2021-06-02）［2022-5-10］.https://baijiahao.
baidu.com/s?id=1701467130793627469&wfr=spider&for=pc.

圳卫视"直新闻"团队的几项特色做法，显示地方媒体平台以更为灵活的身姿展现中国文化自信，并难得可贵地凭借新闻报道频频"出圈"，与海外受众建立起了联系。身为中国媒体人的一员，讲好中国故事，传播好中国声音，"我们既要有只争朝夕的精神，更要有持之以恒的坚守"。

参考文献：

［1］曾祥敏，汤璇，白晓晴. 从战略高度加强中国对外话语体系建设［EB/OL］.（2021-11-19）［2022-5-10］. https://baijiahao.baidu.com/s?id=1716798706367401964&wfr=spider&for=pc.

用微观叙事展示立体中国

——以广东中山媒体在国际传播领域的探索实践为例

陈　晔①

中山市作为广东省地级市，是中国民主革命的先驱孙中山先生的家乡，同时也是著名的侨乡，在国际传播领域有着举足轻重的地位。《2020 年中国城市海外网络传播力建设报告》②显示，中山市位列全国地级市海外传播力排行榜第五名。通过分析，中山的城市媒体主要通过以下三个维度来做好国际传播。

一、善用微观叙事讲好中国故事

相对于国家级媒体宏大叙事的优势，地方媒体更容易获取微观叙事的题材，讲述生动、真实的"中国故事"，达成以小事件透视大时代、以小人物折射大变化、以小故事揭示大趋势的传播效果，达到春风化雨的对外传播目的。

其中，纪录片因其直观形象的影视语言和相对客观的语态语境，更容易获得不同文化背景观众的理解和认同，成为各个地方隐性宣传自己的文化传统、价值观念、地理风光的载体。中山是著名的侨乡，中山籍的海外侨胞、港澳台同胞足迹遍布世界各地 100 多个国家和地区。他们及其后代或先辈的故事，积淀形成了一座巨大的素材宝库。早在 2004 年，中山广播电视台制作了大型系列纪录片《海外中山人》，抢占了城市台国外拍摄纪录片的"头啖汤"。至今已经推出了大洋洲篇、北美洲篇、亚洲篇、中南美洲篇、美洲篇、欧洲篇、港澳篇系列，共 222 集节目，纪录并讲述了 350 多位移居海外的中山人创业发展的人生故事，在海外华侨中广为传看。该片除了收到良好

---

① 陈晔，广东省中山市广播电视台综合采集部主任。
② 该报告由北京师范大学新媒体传播研究中心、中国日报网、光明网，以及北京师范大学教育新闻与传媒研究中心联合发布。

的社会效益，还在各类电视节目的评选活动中屡获殊荣，如第 25 届中国电视金鹰节纪录片类组委会特别奖。专家们认为"《海外中山人》已经成为中山海外文化的一张名片""形成了一条巨大的海外华人的形象画廊，是海外华人生活的浓缩和写照"。[①]

在《海外中山人》的淬炼提升下，中山媒体继续沿着中山人走过的足迹，寻找到《四海同心——华侨与辛亥革命》中，华侨毁家纾难支援革命的悲壮故事；在《味道中山》《医院里的故事》《醉龙》《骑行远方》等地域性纪录片题材中，找到在中山语境下，进行国际表达的方式和方法。这种微观层面上的对外传播，是对国家和省级媒体层级对外传播的有力补充。

随着移动互联网的兴起，短小精悍的短视频在提升我国话语权和影响力方面发挥了积极作用，成为推动中国文化走出去的重要渠道。短视频具备的"小切口""好故事""强传播"等特点，其核心仍然是微观叙事、故事传播。在第四届"第三只眼看中国"国际短视频大赛中，由中山日报社选送的短视频作品《重访 35 年前迈克尔·杰克逊到访的中国村庄》获得大赛"宜居城市、美丽乡村"单元二等奖，是该单元中城市媒体获得的最高奖项。

乡村振兴是一个宏大叙事，如何做出城市媒体的特色？中山日报社舍弃了传统的官方叙事角度，选择了一个极为吸引中外受众的切入点：迈克尔·杰克逊的中国情缘。迈克尔·杰克逊是世界流行天王，他的故事自带流量。1985 年，他赴香港时悄悄来过一次中山，是他一生唯一一次到访中国内地。1985 年，中国的改革开放起步不久，中山农村的面貌改变并不大，迈克尔·杰克逊眼中的中国农村还比较传统甚至"落后"。如今，中国大力实施乡村振兴，新农村建设如火如荼，农村面貌已经发生了翻天覆地的变化。重访迈克尔·杰克逊当年走过的路和访问过的村落，以迈克尔·杰克逊的故事做切入点，围绕同一个小乡村近 40 年的变化，讲好一个就发生在我们身边可观察、可触摸、可对比的故事，无需任何煽动性的表达，乡村振兴的大主题已通过微观叙事的小载体实现了有力且有效地传播。

二、强化国际传播的议题设置能力

近年来，中山的城市媒体主动设置议题，围绕中国主场外交寻找与中山相关的议题，更多地从西方主流受众易于理解和接受的语态出发，把我们想表达的内容和国际

---

① 第 25 届中国电视金鹰节纪录片类组委会对《海外中山人》的颁奖评语。

社会关注的内容有机结合起来，把解读中国故事的话语权、主动权牢牢掌握在自己手中。

例如，在 2020 年新冠疫情防控期间，部分西方国家和西方媒体对中国政府防控疫情的努力进行了诋毁。为有效回击不实报道，中山广播电视台的记者深入隔离病房、检测前沿等抗疫一线，采写了一大批战疫报道。其中，反映中山首例危重症病例抢救经历的新闻纪录片《生死 43 天》，被中国国际广播电视台（CGTN）等平台转播，向全球推出，通过有血有肉、感人至深的真实故事，引发中外主流受众的情感共振，有效介绍中国的抗疫经验。西方受众对"宣传"存在本能的戒备甚至抵触情绪，多用事实说话，提高中国媒体的公信力，才能真正赢得受众的信任。

为了让西方受众直观认识"中国造"的日新月异，中山的城市媒体尝试借助外国人之口进行对外传播。中山广播电视台制作的短视频《老外眼里的中国造——深中通道》，邀请来自英国的教师亲临深中通道基建现场，了解项目进度，让大家近距离观赏创造多个世界第一的深中通道。一桥飞架深中，天堑变通途，宏伟的深中通道、新时代的"中国速度"令老外赞叹不已。该视频在脸书、推特等外网广泛传播，并获得 2021 年度广东新闻奖国际传播类一等奖。中山日报社则推出了《老外 @ 中山》《老外村游记》等系列创意短视频，采用外国人作为视频主角，以外国人视角看中国的表现形式。对于外国受众来说，像这样现身说法的"中国故事"，要比中国人讲述更加亲切生动，更具有说服力。

在国际传播的议题设置中，中山的城市媒体还非常注重寻找情感的"传染物"，实现共情传播。全媒体时代的共情传播，无论内容传播的介质为何，都需要有情感的"传染物"和受众之间的情感触点同频，产生共振，以激发受众极大的共鸣并得到积极的反馈。在国际传播领域，由于文化的差异，寻找到合适的情感"传染物"更为重要。中山是著名的侨乡，有超过 100 万的海外乡亲生活在世界的各个国家，其中很多已经是海外二代、三代。中国对这些海外二代三代来说，已经属于另外一个文化区，传统的国际传播很难影响到这部分受众。中山在国际传播的目标受众中，很注意争取这部分受众的认同。如何寻找到适合这部分受众的合适情感"传染物"？中山通过饮食入手，在国际传播的议题设置中，利用粤菜这一载体作为情感"传染物"，推出"粤菜师傅·四海同心"系列视频，以粤菜视频教学的方式，与海外传媒机构合作，针对海外二代、三代推广粤菜烹饪教学。在一些经典的粤菜菜品菜式教学中，阐释菜品菜式的起源、烹饪技巧的传承，潜移默化地将中山文化传承、中华文化渊源进行了传播。对海外二代、三代来说，粤菜是小时候记忆中爸爸妈妈、爷爷奶奶的味道，而亲情是世界通行的情感纽带，不管什么国家什么文化，亲情都是文化价值的核心认同。在中山媒体的这次国际传播实践中，利用议题设置实现共情传播，具有非常实用的指导意义。

三、探索沉浸式的国际传播形式

我国传播学者李沁在《沉浸传播》[①]一书中提出了"沉浸传播"的概念，将其定义为"以人为中心、以连接了所有媒介形态的人类大环境为媒介而实现的无时不在、无处不在、无所不能的传播"。沉浸传播的关键在于场景。而场景的提供主要来源于两种：一种源于技术的革新，例如 VR、AR 技术的进步，将虚拟三维世界带到了受众面前；而另一种则来自现实场景的搭建，用合适的线下体验创造沉浸的氛围。

中山广播电视台在国际传播实践中，正在探索"两位一体"的沉浸式国际传播渠道。在互联网、移动端平台，利用虚拟现实技术实现沉浸场景。例如该台推出的"二十四节气"国风系列短视频[②]，每个视频都源自于画家的平面画作，中山广播电视台利用虚拟现实技术，将画作变成了动态的三维场景，让受众有置身其中的观感。这个系列短视频配合中国传统文化的场景搭建，初步实现了沉浸式的国际传播。

而相比于虚拟场景的搭建，线下实景的沉浸式体验活动可以帮助国外受众更好地体验中国文化，从而实现文化传播的入脑入心。近两年，以剧本杀为代表的沉浸式娱乐产业异军突起，从诞生到如今短短两三年时间，打造出了近 200 亿的市场规模，发展势头迅速。中山广播电视台利用影视城现有场景，积极培育沉浸式文旅新业态，打造实景剧本杀。实景剧本杀的核心在于剧本和场景，中山影视城项目搭建国风场景，如果在剧本创作过程中，以中国故事为 IP，在对内进行文化浸润的基础上，对外也有望实现中国文化的国际传播。

加强国际传播能力的建设肯定不是一蹴而就，需要思维上的创新，内容团队的培养，和软硬件支持的配套。对城市媒体而言，找准自身的定位，利用城市媒体的优势，从微观入手，从实际出发，同样能够在国际传播体系中，发挥城市媒体应有的作用。

---

① 李沁.沉浸传播：第三媒介时代的传播范式［M］.清华大学出版社，2013：8.

② 中山广播电视台制作的"二十四节气"国风系列短视频均被新华社、CGTN 采用，推出英文版向海外发行。

参考文献：

［1］新华网.习近平在中共中央政治局第三十次集体学习时强调 加强和改进国际传播工作 展示真实立体全面的中国［EB/OL］.（2021-06-01）［2022-05-10］.http://www.xinhuanet.com/politics/2021-06/01/c_1127517461.htm.

中　篇

媒介融合与转型实践

《新快报》榴莲视频内容生产的现状、问题及优化策略

陈思陶[①]

在纸媒的图文传播影响力减弱的当下，短视频的出现为纸媒转型升级、拥抱移动互联网时代提供可能性。《新快报》最初使用秒拍在社交平台上发布新闻短视频。在2018年8月，《新快报》通过与 ZAKER 新闻客户端深度合作，搭建红树莓短视频剪辑与发布平台，在短视频领域发力。经过采编人员积累经验，《新快报》正式上线短视频产品"榴莲视频"，带有南国地域特色的名称意为采编制作"有味道"的内容，受众观看"有味道"的视频，以期打造生产优质内容的短视频品牌。经历近两年的实践探索，纸媒短视频产品在哪些内容生产上具有优势，存在何种挑战，又能如何解决问题，都需要进一步总结与反思。

一、榴莲视频内容生产的现状

（一）增加人力，整合优质资源创作短视频

得益于 ZAKER 红树莓等视频剪辑软件的发展，采编人员通过手机端简单的操作即可完成短视频的制作与分发，这降低了记者拍摄与剪辑门槛，也提高了编辑审核与分发效率，使纸媒传统图文形式的报道进一步视频化。对全员进行短视频制作培训，辅助传统的采编人员了解短视频话语体系；同时动员采编进入全员拍、全员剪的"全员短视频"状态，发挥选题、策划、采访、拍摄等内容生产优势；并结合阅读量、转

---

① 陈思陶，羊城晚报集团新快报社记者。

发量、评论量等数据，给予优质短视频内容相应奖励，提升采编团队制作短视频积极性。这些措施使记者、编辑用短视频呈现新闻内容成为常态。

同时，由于短视频在手机端拍摄、剪辑功能的完备也使普通市民参与记录、传播新闻的积极性不断提升。《新快报》短视频采用采编团队职业生产内容外，也适当采用用户生产内容，如记者无法第一时间赶到新闻现场，将在审核后使用市民提供的视频素材，这也使制作短视频产品的资源更加丰富多元。

（二）优化内容，依托传统优势创作短视频

短视频具有生产简单化、内容碎片化、分享社交化、传播即时化的特征。[①] 这些特征将纸媒内容生产的优势进一步放大，使报道兼具新闻性与人文性。

在突发事件报道中，短视频内容展现了纸媒在新媒体时代的新闻职能价值。例如，2019 年 12 月，广州大道北发生地陷，《新快报》记者第一时间航拍现场，采访救援进度，并持续追踪事件至 2020 年 1 月，发布系列短视频报道。

在服务重要节点中，短视频内容达到图像、音乐、文字及特效的融合，有效地传递情绪，使严肃、宏大的主题内容以具有亲和力、接地气的方式呈现，引起用户关注和共鸣。例如，围绕澳门回归 20 周年，《新快报》采编团队赴澳门拍摄系列短视频，选取新开通的轻轨、澳门景点实况、学校爱国主题活动、烟火节等场景展现澳门发展，从小事、细节出发，用短视频记录时代和历史。

在人物采访中，短视频更好地呈现纸媒策划采访、调动资源等优势，提升传播效果。如在专访名医的 33 支短视频中，立体展现这一群体的工作环境、日常生活状态及形象气质，使患者受众感知医生群体的专业性的同时，也感知其真实、温暖、富有人情味的一面。在街访普通市民的短视频中，以对话形式围绕热点话题展开，如国足外籍教练离职、广州多雨天气、七夕乞巧节等皆可策划短视频街访，通过"最难过、最喜欢、最感动"等方向的问题获取街访对象各具特色的"神回复"，真实生动地展现普通市民的所思所想。

（三）创新形式，响应受众所需创作短视频

在发挥纸媒传统优势制作突发事件、重大事件、人物深度报道等内容的短视频外，《新快报》对新兴的短视频创作形式亦有探索，使报道与短视频的潮流性、娱乐

---

① 张多玛 .4G 时代下网络短视频的发展现状及面临的问题［J］. 现代视听，2014（9）：20-24.

性有机融合。

业界预测 Vlog 为短视频发展的下一个风口[①]。Vlog 与传统视频拍摄不同，往往采用第一视角的方式进行内容记录，可以打造良好的沉浸式体验，容易引发受众的共鸣感。[②] 同时，百度指数显示，Vlog 的用户结构较为年轻，不满 20 岁的用户占比较高。生产 Vlog 内容，符合未来短视频发展潮流，也契合年轻用户喜好。

目前在 Vlog 报道中，《新快报》记者主要以自拍方式制作短视频；选题多集中于社会生活领域，如探店、探校、消防科普等，注重现场体验和话题性；内容呈现不仅有新闻现场或事件本身，还展示拍摄前的准备，以及为什么拍摄本条视频、本条视频呈现哪些内容、对现场或事件的主观感受、与观众的互动等方面。

除使用 Vlog 形式进行报道，《新快报》也以娱乐短剧的形式呈现新闻。相比新闻资讯类短视频，用户更习惯消费娱乐类内容。[③] 娱乐类视频占有优势的局面促使《新快报》短视频在传播过程中向用户需求靠拢，以提升市场竞争力。

但娱乐类短视频不等同无底线、媚俗、恶搞或负面。创作过程中《新快报》记者在选题上以具有话题延展性的本地热点或社会现象为主；在剧本上坚持原创，发挥纸媒内容生产优势进行创意策划，严控短视频价值取向；在演绎上动员老中青采编人员出镜，或雇用专业影视人员演出，降低内容风险；在摄像与剪辑上由影视专业的采编人员负责设计、运镜、剪辑与特效制作；在审核上遵循"三审"制度；在分发上基于与 ZAKER 新闻客户端的合作，以该新闻客户端渠道为主。

二、榴莲视频内容生产的问题

（一）创作手法欠专业

在"全员拍""全员剪"的环境下，榴莲视频近乎每日有更新，内容涉及时政、财经、社会、文体等多个方面，并出现阅读量超 3 亿的爆款产品，登上社交平台热搜。

① 王添帅.探究短视频发展下一个风口——Vlog 发展现状及趋势［J］.东南传播，2019（4）：19-21.

② 胡志刚，夏梦迪."Vlog+新闻"对 5G 时代新闻报道的影响探析［J］.出版广角，2020（4）：40-42.

③ 艾媒咨询.2019 中国短视频创新趋势专题研究报告［R/OL］.（2019-09-11）［2021-10-08］.https://www.iimedia.cn/c400/66047.html.

短视频制作数量的增加及质量的提升，对现有采编团队提出了新挑战。一方面，视频制作有专业性，采编团队中专业的影视采编人员配置不足，导致短视频专业化程度受限，无法完全满足产品精品化的需求。另一方面纸媒记者普遍以文字见长，转型影视内容创作后仍存在技术上的缺陷。即使为记者提供影视创作培训，学习专业设备操作、镜头应运、后期包装剪辑等知识，在普遍身兼数职，时间和精力较少的情况下他们蜕变成"全能""全媒体"记者的可能性有限。

由于专业性欠缺，记者制作视频多将数个镜头平铺直叙地组合在一起，后期也较少使用特效为视频增色，最终呈现的短视频画面有播放 PPT 的效果，节奏不明、新闻重点模糊，受众观看体验平淡。优质短视频供给不足，也导致在制作出爆款产品后，无法通过持续稳定的短视频输出吸引新增用户，长此以往也有流失原有用户的风险。

（二）品牌特色欠强化

多家主流媒体推出短视频产品后，在同一区域内或同一热点上，以新闻资讯为主的短视频内容存在同质化的问题，如在社会新闻、时政新闻领域具有较高相似性。受此影响，榴莲短视频的内容特色不够鲜明，在短视频用户需求越来越个性化的趋势下，相比其他短视频品牌内容趋同的一般性短视频竞争力不强、区分度不高，难以建立"护城河"，形成榴莲视频的品牌积淀。

此外，榴莲视频至今未注册商标。在国内短视频领域，苏宁易购已推出"榴莲视频"，主要目的是增加购物趣味性，实现视频带货。天眼查知识产权查询显示，已有信息技术有限公司注册成功"榴莲视频"软件著作权，还有商务咨询公司正在申请"榴莲视频"商标的通信服务类别。短视频产品名称相同以及知识产权尚未落实的现状，不仅干扰《新快报》榴莲视频的品牌打造，还存在法律风险。

（三）运营推广欠有力

从内容采编到分发，榴莲视频对 ZAKER 新闻客户端的依赖较高，也以其为主要发布渠道。但新闻客户端中短视频传播效果有限，仍需依赖社交平台才能被更多用户看到，甚至成为热点内容形成二次传播。

为避免分发渠道单一的弊端，榴莲视频也在微信公众号设置端口，并入驻抖音等第三方短视频平台，但在短视频发布数量上远低于新闻客户端，且更新时间间隔较长，与受众的互动、沟通等运维较少。而不同的平台有着不同的媒体属性，不同平台的主流用户群体有着不同的新闻产品需求，目前榴莲视频欠缺进一步对新闻客户端以外的平台及其用户进行有针对性、个性化的分发。

三、榴莲视频内容生产的优化策略

（一）通过前期策划、后期制作弥补创作手法欠缺

培养专业素质高的视频制作团队、明确职能分工，能够有效提升原创短视频质量，但受制于时间和资金投入、制度等因素，引进影视制作人才、组建专业短视频团队短期内较难实现。

现有条件下，一方面可完善视频制作前期的策划和统筹，以短视频策划会形式提前进行选题沟通，并有专人负责统筹。策划会涉及内容素材的来源、可能出现的亮点、辅助资料的收集、新闻内容呈现技巧、专业摄影人员配置数量及分工、镜头脚本的设计、发布节点等细节。从而辅助新闻现场的记者精准定位内容方向，提升产品质量，同时提高后台编辑的分发效率。

另一方面，提升传统采编人员后期制作水平，充分发挥短视频效果。视频拍摄画面观看体验普通，可通过后期缩减时长来控制节奏，设置片头片尾进行包装，添加文字辅助场景转换，添加字幕突出内容重点、丰富信息量，借助音乐渲染情绪，配合表情包使用引起共鸣等方式深耕短视频内容，使短视频产品内容上提供清晰的信息，形式上符合受众的审美，从而提升观看体验。

中长期看来，短视频作为纸媒转型升级的重点产品，仍需要培养、建立有影视化思维和技术，并有新闻素养，能够策划、统筹短视频生产的专业人员团队，突破以纸媒的图文思维制作短视频，产出更多数量、更高质量的短视频产品。

（二）通过发展垂直细分领域内容提升品牌辨识度

在受众对个性化、专业化内容的需求凸显的时代，纸媒采编团队在垂直细分领域的内容生产上具有优势，加强对此类内容的创作，可以吸引对此类话题感兴趣的受众群体，也可以深化服务，成为相应内容领域脱颖而出的短视频品牌。

榴莲视频可通过明确次级栏目分类，或开设母婴、美妆、教育、运动等多个领域的子账号实现不同专业内容的区隔；在内容上，此前采编团队曾制作系列化的短视频产品，也是发展垂直细分内容的基础。如体育类短视频立足广州，特别关注足球明星

与赛事，有较强地域特色；教育类短视频瞄准广东高校防疫措施，网络教学及支援抗疫工作，呈现广东教育界在特殊时期的责任担当；扶贫系列短视频为时代发声，记录村庄脱贫的过程和景象；国潮文化类短视频符合国潮崛起的趋势，通过短视频生动展现国潮之美，与汉服、潮牌等亚文化群体需求相契合。

目前，传统媒体针对垂直细分领域短视频的产品较少，一般性、综合性报道仍是主流，但新京报有关于国际新闻的短视频品牌"界面"、央视网关于军事报道的短视频品牌"小央视频"的推出，也证实了从一般性新闻内容到精耕细作垂直领域的可能性，避免了新闻内容同质化的问题，从而打造有特色的短视频产品。

（三）通过多渠道精准分发优化传播推广格局

短视频产品形成多渠道的分发机制，除了在自有渠道发布，还可以利用微博、微信等社交平台，抖音、快手等短视频平台发布短视频，提升优质内容传播效果。

不同平台主要受众消费习惯、阅读习惯、兴趣爱好等不同，对短视频的需求也不尽相同。以此进一步分析平台偏好，并及时对原有短视频内容策划做出相应的调整，涉及调节不同平台有相应的短视频时长；在短视频平台发布竖屏内容，在"两微一端"发布横屏内容；使用不同片花、字幕、配乐等，制作符合受众短视频偏好的产品。

随着短视频受众不断增加，人工智能及算法促进精准分发，短视频产品可凭借内容价值促进用户黏性不断增加，点赞、评论、分享成为"观影套餐"。在此情况下，采编团队可根据不同平台用户的点击、点赞、评论、分享等数据，分析不同用户群体的偏好，使热点追踪、内容创作及分发更为精准。如有条件可与受众沟通互通，在社交平台上组建有关社群，进一步促进短视频中受众的互动性和参与度的提升。

四、结　语

据中国互联网络信息中心第 43 次《中国互联网络发展状况统计报告》显示，截至 2018 年 12 月，短视频用户规模达 6.48 亿，用户使用率为 78.2%。[①] 随着 5G 时代来临，视频类产品将迎来新的发展机遇。纸媒内容生产的转型升级，新闻的传播也需要短视频这一移动互联网时代常态的表达方式来拉动。榴莲视频作为纸媒内容转型的

---

① 中国互联网络信息中心 . 第 43 次中国互联网络发展状况统计报告［R/OL］. （2019-02-28）［2021-10-08］.https://www.cac.gov.cn/2019-02/28/c_1124175677.htm.

产品，也应继续在短视频领域发力，输出专业而有特色的短视频内容，为不同渠道受众提供优质内容，打造自身品牌。

参考文献：

［1］李静芳.短视频新闻发展现状及策略研究［J］.中国报业，2019（2）：15-17.

［2］陈志佳.新媒体时代传统主流媒体如何破题短视频生产［J］.视听，2019（11）：
146-147.

地市级媒体新闻产品变现路径探析

陈　瑶[①]

企业通过一系列的商业活动达到最终的商业目的，是企业运作的商业逻辑。遵循商业逻辑的新闻产品不仅是内容产品，还包括服务产品、体验产品、活动产品、休闲产品等。新媒体的异军突起把传统媒体的经营带入了"寒冬"。地市级媒体夹在央媒、省媒和县级媒体中间，呈现空心化、边缘化态势，影响力在下降，市场需求在萎缩。如何努力克服经营短板，实现新闻产品变现，是地市级媒体亟待解决的难题。

一、多元媒体传播，打破单一盈利模式

媒体融合发展丰富了新闻的表现形式。目前，传统意义上单一形式的新闻产品，已演变成为依托报纸（电视、电台）、两微一端、企鹅号、头条号、抖音、快手等多个端口发布的融媒体产品。5G技术的运用，将固定时间地点的预约生产方式，转变为不受时空限制的自由工作方式。多渠道输出、多层次覆盖用户，打造不同的传播圈层，颠覆了传统媒体以往单一的盈利模式，手法更加灵活，受众更易接受，新闻产品生存空间随之拓展。

内容向上生长，服务向下生根。汕头融媒集团通过《汕头日报》、新媒体平台同时发力，与各区县政府、多个部门和企业开展全方位合作，为其提供信息发布、政策宣传的平台。与六区一县合作，在《汕头日报》、大华网、客户端开设专版、频道；与保险机构、银行、医院、酒楼、旅行社合作，发布保险、理财、医疗、美食、旅游攻略等信息，既向读者提供了即时、实用的信息，又给集团增加了收入。《福州日报》

---

① 陈瑶，汕头经济特区报社主任编辑。

抓住重要节点优化内容服务。2017 年 10 月 17 日,《福州日报》推出"喜迎十九大——砥砺奋进 幸福长卷"52 版全彩特刊,采用"四联版"印刷,并在新媒体发力,对各县(市)区专向定制 H5,为《福州日报》带来的直接经济效益超过 200 万元。

地市级媒体政治可靠、运维安全,与地方党政部门有着共同的红色基因,在参与数字经济、电子政务建设上有独特的优势。地市级媒体可以通过 B2G2C 模式(商家到政府到用户),在政府活动、论坛、宣传片、智慧城市建设等项目上发力,先拿到政府的第一单收入,再争取用户的第二单收入。《无锡日报》新闻客户端"无锡观察"利用旅游、金融、运动、养生、时尚等热点,提高用户黏性,打造个性化粉丝群。"无锡观察"App 旅游频道携手旅行社开展业务合作,线上有近百条线路产品供读者订购,还有各种优惠活动,既"让利"读者,又参与切分旅游市场这块"蛋糕",达到了双赢的目的。

二、重视内容运营,推广"新闻付费"理念及方式

近年来,传统媒体的广告、发行收入双双下滑。20 世纪末,国外主流传统媒体,如《纽约时报》《卫报》《华尔街日报》等,纷纷开始了新闻付费实践。到 2015 年美国已经有 70% 以上的媒体设有付费墙。在国内,2017 年 11 月 6 日,财新网率先启动了全网收费实验。截至 2018 年底,付费内容覆盖的机构用户数近百万,注册用户超 200 万。2020 年 2 月,财新和三联推出联合会员,强强联手探索新闻内容付费之路。澎湃新闻的收入渠道为"广告+版权+政务"。2018 年,澎湃新闻版权收入达到 4000 万。目前,澎湃新闻已和今日头条等大多数商业平台达成版权使用协议。以上数据表明,新闻付费是增加媒体收入的一个可行模式。对于地市级媒体来说,除了完善自身的知识产权保护架构,还要形成核心竞争优势,持续深耕优质内容,强化独家报道、深度报道,打造不可替代的内容优势。

《福州日报》于 2017 年 3 月成立影像中心,目前已导入 6 万张历史图片。"影像福州"网站以原创为主,除发布原创新闻影像作品外,还开辟了"图片商城",上传了大量摄影作品,供用户付费下载。同时,影像中心还策划多场影像活动,例如海峡两岸"福州蓝"主题摄影采风活动、"行走的幸福"步道摄影大赛,以此提高品牌影响力。目前,福州年鉴、福州市规划局、福州五年巨变等近 10 个重点项目正在执行中,经济效益明显。

此外,凭借强大的本地新闻生产力和影响力,利用 5G 建立新闻指挥中心,对新

闻产品编发进行统一调度，地市级媒体可以积极参与县级融媒体建设，为县级融媒体提供丰富、权威、专业的新闻内容，实现市县两级的新闻共享、平台共用、联合作战。

三、推进跨界融合，深耕行业资源

传统媒体的长期积累，形成了高品质的品牌价值和传播价值，进而转化为高可信度的平台价值。在互联网时代，地市级媒体不仅要当好新闻产品的生产者与"搬运工"，更要利用自身的平台价值，整合教育、视觉、健康、文旅、金融、房地产等资源，做好"策划＋活动"，形成"党媒＋互联网＋行业深耕＋核心产品"经营模式，通过跨界融合实现新的业绩增长。

地市级媒体在教育培训市场上大有可为。媒体多年来形成的权威性和公信力，比其他自媒体更有"先天性"优势。无锡日报报业集团《江南晚报》2016年开通了"升学团子"公众号，经过两年运营就拥有10万粉丝，年营收达到300万元。内容是最好的用户"黏着剂"和"活性剂"。"升学团子"充分发挥传统媒体独特的舆论引导能力和议程设置能力，通过发布最新最权威的升学信息、深度解读升学政策等新闻产品，聚集了10万名6~15岁的学龄儿童家长用户。庞大的精准数据资源，成为"升学团子"得以实现数据价值变现的前提。以2017年的营收数据为例，其中超过一半是通过价值变现的方式实现的。在升学季打造的"名校见面会系列讲座""最强大脑培训营""晚报缤纷夏令营"等活动直接或间接创造收入超过100万元，利润30万元。从2018年开始，"升学团子"尝试推广小记者新闻培训课程，首次推广便有超过1000名小记者报名，仅一季度该项目就实现营收近20万元。

媒体有天生的文化基因、创新基因，具有"社会资源连接器"的功能。媒体与文化、互联网等加速融合，带来了跨界创新的许多成功尝试。《福州日报》实施"区县深耕"战略，为不同区县量身打造地标性品牌活动。比如，仓山区首届庙会季、闽清首届橄榄节、琅岐葡萄音乐节、福清一都枇杷节……仅2018年，福州日报社就举办30多场大型节庆活动以及近百场各类活动，创造了良好的社会效益和经济效益。无锡日报从首届全球锡商大会开始便介入策划，《锡商周刊》5年来采访了200多位锡商代表人物，走访过千百家企业，进行了84次人物专访，举办了29期创业沙龙。锡商年底人物评选已从媒体自办项目升格为政府项目，每次评选都能收到上百万张选票；1+N＞2的媒体商业运营模式被政府、大会主办方及大量的参与方广泛认可。

四、强化用户互动，运用直播场景营销

让新闻创作更有效、内容互动体验更好、读者升级为粉丝，是媒体融合"下半场"的三个关键升级，也是媒体实现新闻产品变现的三个着力点。主流媒体一直具有与用户互动的强大基因，过去都市报的办报理念，就是以连接用户、生根基层为核心。地市级媒体要将深耕多年的地方资源转化为流量增长，强化用户互动，通过直播、原生广告、IP内容运营、网红赋能、亚文化社群等实现盈利。

2019年，我国正式启动5G商用。5G技术使得交互式营销的形式更加多样。把精准营销、线下活动、线上直播、效果广告、公信力变现相结合，集文图、影像、音视频、VR、小程序等于一身，构建全媒体传播圈，通过版面宣传＋矩阵推广＋线下活动＋圈层交互＋场景营销，让用户成为传播者、消费者、参与者，以社交链传播实现小圈层影响大受众，形成较强的场景体验，获得营业收入。广东广播电视台的触电新闻客户端已形成融合策划整合营销模式，并实现流量转化。如2019年5月的上海车展，触电新闻在现场搭建了展台和演播室，进行了52场次的直播，车展专题的阅读量达到1000多万次，和众多车企达成百万级的项目合作。汕头融媒集团与华为、电信、移动、联通、广网、铁塔等6家电信运营通信企业共建"5G+4K+AI融合应用协作体"，拓展媒体融合发展新空间。其首个项目"汕头橄榄台'美丽汕头'5G+VR直播频道"已经落地。

在5G时代，伴随场景社交的普及，个人IP在媒体传播和流量变现方面将更有潜力。打造一批有号召力和影响力，深耕美食、时尚、旅游、文化艺术等领域的网红记者、编辑，以个人IP形象，借助地市级媒体的专业性和权威性"吸粉"，实现精准集客和购买力转化。《南国早报》主播"早报妞金子"，以直播带货、边播边游等方式，借助淘宝、微信与各大直播平台，通过短视频分发在受众中"圈粉""种草"，再通过"拔草"，实现流量变现和增值。2018年12月，"早报妞金子"在线上直播甜美沃柑采摘购活动。近60分钟的直播加上后期的微信推文导流到电商平台，最终实现超过1800多人次的线上下单订购，达到超过10万元的交易额。

五、建立媒体智库，提升产品影响力

媒体和智库有许多相近的基因。近两年来，一些传统媒体建立"媒体＋智库"平台，从数据新闻起步，向舆情监测、鉴定测评、决策咨询、指数榜单、民调研究、数

据应用等方向发展。例如，封面传媒旗下的封面智库，大河网的大河舆情研究院，《南方都市报》的大数据研究院等。智库型媒体通过资源链接能力，打通政府、社会、学界、商界圈层，既补齐媒体深度解读的短板，提升内容品质，又给政府、企业、社会和个人提供更为完备的智慧外脑，满足不同层次决策部门的信息需求，实现了商业开发和政策咨询的两重价值。

将新闻生产和智库生产相互融合，传统媒体向研究、服务、参与的多维角色转型，打通决策参与的"最后一公里"。《南方都市报》致力打造"中国最具影响力的智库型媒体"。2018 年 2 月，南都大数据研究院成立，积极转型融入国家治理体系。2018 年底，南都大数据研究院已形成数据新闻、榜单评价、智库参考等 8 大系列 100 个产品的数据智库产品矩阵。以新闻带动议题、议题带动产品、产品带动市场。成立不足两年，南都大数据研究院收入破亿，实现了内容产品的直接售卖和影响力变现。南都大数据研究研究建立了新闻数据库、行业数据库、专家数据库、用户数据库等。企业声誉数据库目前容纳了全国 270 多家企业资料，面向全国各类企业客户，提供实时声誉咨询服务，企业可以从中了解网络情绪和网友诉求等多维度信息，而媒体可以获取合作资源并从中受益。

对于地市级媒体而言，要针对民间优势，加强地方议题研究，打造自身特色。当好地方政府、职能部门及企业决策的"智囊团"，进而获得一定的资源扶持，拓展更大的生存与发展空间。宁波日报业集团旗下《东南商报》智库，其运营实体国研经济研究院东海分院，定位为"政府智囊"，主要经济来源就是政府购买服务。除了承办报告会、论坛外，该院还承揽了宁波市"十四五"智能经济发展规划等重大课题的研究。

综上所述，相比央媒、省媒等"上级"媒体，地市级媒体要充分利用自身的地域优势，实施"区县深耕"战略，深度融入基层，沉淀核心用户，利用大数据，重塑本土化的用户生态，实现点对点分区域精准传送。通过 5G、VR 等新技术，多维度打通线上线下，提高用户活跃度，提升商业转化率。相比县级媒体，地市级媒体有优秀的采编团队，良好的策划能力，优质的内容生产能力，可以利用各区县建设县级融媒体的契机，加大与各区县的深度合作，梳理各地的资源禀赋，为各区县、各行业量身打造品牌活动，探索"可持续盈利模式"，延伸新闻产品价值链，在满足社会效益的情况下，实现经济效益最大化。

参考文献：

［1］中国城市党报媒体融合十强单位风采：融合发展 传播幸福——福州日报大力推进融合发展［J］.城市党报研究，2018（2）：85-87.

［2］朱冬娅，宦玮.长三角全域旅游嘉年华"放大招""无锡观察"旅游频道上线［J］.城市党报研究，2018（6）：47.

［3］财新传媒.财新登上全球付费媒体排行榜，内容付费会成趋势吗？［J］.南方传媒研究，2019（3）：69-72.

［4］叶向远.全媒体的"活水"从何而来？——教育"融媒工作室"运营模式之初探［J］.新闻战线，2019（12）：54-56.

［5］潘华平.触电新闻客户端的传播力、影响力和变现能力［J］.传媒，2019（15）：21-22.

［6］罗锐，唐海波，陈韶烽，等.南国早报新媒体的"刷屏"攻略［J］.新闻战线，2019（11）：95-97.

［7］网络传播杂志，陈文定.智库收入破亿！南方都市报运营"4大招数"揭秘［Z/OL］.（2019-07-05）［2021-10-08］.https://mp.weixin.qq.com/s/kTMMrwQ-WgXzgCfqyGGwPQ.

［8］唐慧卿，陈旭钦.办媒体智库 做政府智囊——《东南商报》构建"媒体＋智库"平台的实践与探索［J］.传媒评论，2018（6）：19-21.

文化类短视频"一派"的优化策略

陈　瑜[1]

一、一派微视频的国际传播情况

（一）整体背景情况

在全面复兴传统文化的时代背景下，习近平总书记多次提到对优秀传统文化要创造性转化和创新性发展。2017 年中共中央办公厅、国务院办公厅印发《关于实施中华传统文化传承发展工程的意见》，指出要加大传统文化的宣传和教育力度，实施中华文化新媒体传播工程综合利用多媒体资源，创新表达方式，大力彰显中华文化魅力。

截至 2019 年 6 月，在互联网的各类应用当中，网络视频（含短视频类）的使用率高达 88.8%。可见，火热的短视频为传统文化的传播提供了新渠道。在 5G 时代、大数据、人工智能、云计算以及虚拟现实 VR 等技术成熟下，充分利用包括短视频在内的新媒体手段，把中华传统文化实物化、场景化、动态化，使之可体验、可触摸、可对话、可亲近，让优秀中国传统文化在新时代绽放新生机。

（二）优秀传统文化短视频的分类、区别及特点

根据不同的内容生产方，中国优秀传统短视频可分为专业生产内容（PGC）、用户生产内容（UGC）和专业用户生产内容（PUGC）三类。专业生产内容主要首次分发渠道为电视端口及互联网平台，用户生产内容和专业用户生产内容主要分发渠道为

---

①　陈瑜，广东广播电视台对外传播中心综合外联组记者。

互联网平台。

从内容来讲，专业生产内容所生产的中国优秀传统文化短视频多以系列形式，用精美的画面及相对完整的构架传播中国优秀传统文化。如历史短视频节目《顽皮历史》，紧跟时下热点话题，以全新的角度切入，每期短视频利用 3 ～ 4 分钟的时间，纵向梳理历史实锤及风俗文化等贯穿古今的历史知识，用热话题与冷知识完美结合的形式，开创全新的讲述历史的话语方式。《汉字里的中国人》每期用几分钟的时间，用动画视觉形态解读汉字，把原本是象形文字的汉字放回图形的脉络来理解，让受众去感受造字的过程，重新建立起现代人与汉字的关系。用户生产内容和专业用户生产内容所生产的该类短视频，品类繁多，视角平民化、大众化，偏重于体验式、场景感、现实融合及再创造。而在不断的相互影响中，传统文化成为大众生活的日常。大众对传统的记忆被逐渐唤醒。如快手 App 中用户使用个人 ID 展现了中华汉服之美，弘扬优秀传统文化；抖音发起"谁说传统文化不抖音"活动，陆续推出"谁说京剧不抖音""我为'非遗'打 call""我要笑出'国粹范'""嗯 ～ 奇妙博物馆"等一系列短视频。可见，依托于社交类短视频平台的中国优秀文化短视频，以更符合年轻人话语表达的新方式，展现传统文化的魅力。

（三）"一派"短视频在进行国际传播中的情况

"一派"微视频隶属于广东广播电视台国际频道，是广东广播电视台重点推出的融媒体项目。其以 3 分钟精品短视频的形式，呈现现代人关注与喜爱的生活美学。"一派"将纪实性与艺术性进行完美结合，给予高品质的视听盛宴。在播出渠道上，作为融媒体项目，"一派"微视频分为互联网端口及传统媒体两大播出渠道。互联网端口，在"一派"公众号、触电新闻、腾讯视频、爱奇艺、新浪微博五大互联网平台进行推发；传统媒体端口，在国际频道（纪实版：面向广东省播出）、国际频道（海外版：面向全球 190 多个国家播出）、珠江频道（香港版）、广东卫视四个电视频道放送。

作为传统媒体打造的融媒体产品，"一派"作为精品短视频属于专业生产内容生产模式。在画面精美程度、选题策划和传播展现方面，都兼具专业性和宏观性。如"一派"总体策划，2018 年"时代在变·初心不变——改革开放 40 年"、2019 年"大湾区追梦人——中华人民共和国成立 70 周年"等系列；在内容上，聚焦"人事、城事"，通过小人物讲好时代故事、传播中国声音。作为融媒体产品，在符合传统媒体精播细制的基础上，"一派"也紧扣互联网思维，运用互联网语言以及平台优势进行更广泛的传播。

党的十八大以来，习近平总书记对如何指导宣传思想工作进行了多次论述。在全国宣传思想工作会议上提出："着力打造融通中外的新概念、新范畴、新表述，讲好中国故事，传播好中国声音。"在全球化的大背景下，做好国际传播的关键之一，就是对中国优秀传统文化进行传播。而"一派"作为广东广播电视台国际频道重要的融媒体产品，自然承担对此的重要使命与职责。

二、"一派"等优秀传统文化短视频的创作特色

（一）"一派"案例分析

不难看出，在现代化和全球化不断深入的背景下，传统的、中国化的叙事方式已然成为先锋。当然，这种叙事方式不是简单的"旧瓶装新酒"或"论语新说"。优秀中国传统文化短视频需要从影像叙事方式和话语叙事形态着手打造。

中国传统文化延续，可以通过人、物、文字、声音、图像、事件等方式。在进行短视频创作中，也可通过这些来切入与展现。

2019 年，"一派"微视频抓住非物质文化遗产这条主线，打造出一系列极富地方特色，展现传统文化和匠人精神的精品优秀中国传统文化短片。视频以人物为主线，通过自述方式，讲述传承故事，述说当下中国一个个细微却闪亮的传承行动，用真情实感、第一视角讲好最真实、接地气的中国非物质文化遗产传承故事。如《广式纸鹞黄四记》，采取情景式及微电影等多种表现手法，用一个主角，一种广式纸鹞传统技艺，串起祖孙四代人的传承记忆、情感与技艺；全片在叙事结构上，以情动人，通过传承祖母教孙女制作该广式纸鹞为骨架，展现了该非物质文化遗产的脉络走向、过去与将来。《雕心》中的非物质文化遗产为广东沙湾砖雕，全片通过现场声、雕刻制作细节以及精准的光影效果，展现广东沙湾砖雕的魅力以及技艺精粹所在，迅速抓住观众眼球，让观众对广东沙湾砖雕有更清晰的认知与了解。《广式彩扎的岭南色彩》与《粤乐声升》更强调纪录片语言运用，通过现场感、真实参与感，鲜活地展现了广式彩扎、广东音乐，这些非物质文化遗产在当代生活中的运用，以及人民对此的喜爱。广绣三部曲——《广绣姐妹花》《绣艺传心》《香云广绣》，通过系列形式，从人、事、物三个不同纬度展现广东刺绣这一非物质文化遗产。该系列片层层递进，将传承人串联其中，通过第一视角与导演视角的双视角方式，使广东刺绣传承这一主线更有延续

性、发展性以及说服力。

需注意的是，传统的"复活"都是负载着时代使命的。当前中华优秀传统文化的兴起，同样并非"药方只贩古时丹"，而是肩负着新时代的文化使命。由此，短视频对优秀传统文化的复活和呈现并不止于技艺层面。在通过短视频复活传统文化的过程中，文化传承人所体现出的工匠精神和中华民族的优良传统等，是匠人精神与文化符号的绵延。

（二）在抖音等社交类短视频出现的，对同类型题材处理的分析

近两年，抖音等社交类短视频的崛起，让非物质文化遗产类短视频出现新的形态与传播方式。我们看到，短视频平台不断发布的传统文化视频，数量呈几何倍数般复制与增长。

在抖音，越来越多的传统文化传承人完成了从传承者、传播者到文化达人的转变。转变成功一方面是因为传承人兼具专业性、趣味性和个性化的表达，另一方面是因为抖音丰富的互动功能让传统文化传承人和观众有了更多的交流和更深的情感连接。

由于高潮前置的短视频特性，贴合了这个时代年轻人求快求变的心理需求，而抖音刚好满足了一上来就抓住用户注意力的特点。一些年轻人喜欢"速成"文化，利用碎片化的户外时间在抖音平台来学习小知识。通过公布的抖音用户画像，我们注意到抖音大多为年轻用户，他们求新、求异、求奇，利用新锐的视角，意料之外的场景，用"新"这一特征勾起用户求知的好奇心，产生良好的知识传播效果。通过知识传播，抖音培育了一批传统文化的关注者、爱好者、跟随者和创新者，通过人工引导有力地提高了短视频传统文化传播者的影响叙事能力。

在评论互动方面，用户纷纷赞赏传统艺术家"择一事，终一生"的坚持。像"手工艺、喜欢、支持、弘扬、传承"也成了传统文化视频评论区的热词。抖音号"政和白茶"，通过展示与茶相关的知识与礼仪，传播中国的传统茶文化。其中创作的"誉意礼"短视频，以解释泡茶、喝茶过程中的姿势解读获得了 54.4 万的点击量，评论中有对"文化气息"的赞扬，更有对传统茶礼知识习得的兴奋。抖音号"铜雕大师朱炳仁（奇人匠心）"点击量最高的短视频中，跳脱出铜雕技艺这一核心特色，通过从生肖切入，在画面进行十二生肖铜雕展现的同时，讲述生肖来源的传统文化知识。

视频平台高度的社交化、大众化，大大增强了优秀传统文化短视频的社会延展性及形式多样性。实时反馈既能很大程度为传统文化本身迅速积累人气，也可判断受众

在传播过程中的兴趣点、关注点以及活跃度，在之后的传播中迅速做出调整。此外，借助科技手段，如各种视频插件、特效、软件，增加优秀文化短视频本体的创新性，将导演讲故事，转变为我是故事主角，视角的转变让短视频叙事结构和角度更加多样化。

三、一派短视频的传播效果分析

（一）一派作为优秀传统文化短视频的传播效果，及优秀传统文化短视频的社会整体传播效果

作为主流媒体的融媒体产品，"一派"微视频生产的优秀传统文化短视频讲述中国精神、中国审美和中国价值，以全新视角带观众领略中华传统文化的魅力。在宣传导向上，把握传播中国优秀传统文化、增强文化自信的基础上，说好当下中国正在发生的文化传承、技艺传承和发展的故事。"一派"在内容创作上，传递工匠精神的同时，更注重于传统技艺的创新性与传承精神。

从传播效果来说，"一派"微视频宏观充分地对优秀传统文化进行展示，微观上在情感、认知和经历方面的立体化呈现，也让该类微视频在国际传播过程中更加人性化和被国外受众所理解、接受。

而对于社交类短视频，抖音等短视频平台对传统文化传播起到唤醒、激活、复现的作用。一方面，提升年轻受众对优秀传统文化的认知与关注，调动当代年轻观众对于优秀传统文化的兴趣，开启新时代传承优秀传统文化的一种全新表达方式和传播方式。另一方面，这类短视频因智能手机普及而得到长足发展，在快节奏背景下，短视频深受大众喜爱。短视频不仅丰富了受众的娱乐形式，更以一种新的社交方式，展现了信息传播的价值，也增强了优秀传统文化在信息传播中的意义。

（二）可预见的未来社会及国际传播效果

就现状而言，国际社会对京剧、武术、刺绣等经典的中国优秀传统文化有比较深入的了解，但更多也是针对艺术形式、舞台魅力、招式武功等一些表层的认知。我们知道，中国优秀传统文化，优秀源于人，展现来自人，传承与发展也依靠人，只有在人上多下功夫，多细究深究，国际传播才能由表及里起到更好的效果。

此外，中华文明绵延数千年，有其独特的价值体系。在短视频的创作过程中，不

断发掘其中的价值与内核，才能更好地进行优秀传统文化的传播，向世界传播中华优秀传统文化，传播中国话语体系，发出"一带一路"倡议，"协和万邦"，构建"人类命运共同体"，有力体现中华民族的"软实力"。

四、优秀传统文化短视频所存在的问题和优化策略

（一）优秀文化短视频的问题、症结

当前，我们的优秀文化短视频仍存在一些问题。第一，所涉及的优秀文化的门类多样、种类繁多，有些在工业化生产中面临消亡或替换的危机，而多数短视频仅仅停留在对该优秀传统技艺、文化的单一展现、挖掘，却未能站在大的社会发展、工业变革突飞猛进的大格局下，为技艺、文化的传递与延续寻找传播以及展现点。第二，文化重在化，即其中的变化与革新。优秀传统文化短视频不能仅仅着眼于优秀、稀缺和珍贵，而更应该在变化中寻找故事、机会以及创新，变单纯的就事论事为更具有吸引力的展示与宣扬。第三，制作者自身对优秀传统文化没有完全搞懂弄通。在短视频制作中，制作者仅就画面展现的角度与拍摄等方面，对优秀传统文化进行一定范围的认识和理解，有时步骤甚至没弄清的情况下，就急忙进行拍摄制作；有些在剪辑过程中，因多方面原因，省略或颠倒本身实际制作等内容，在传播上造成误导，不利于优秀传统文化的传播。

（二）突破口及策略

针对这些问题，优秀传统文化短视频在传播中，需从事物本身发展变化规律着眼，做好前期调查与研究，将优秀传统文化短视频进行更加多维、全方位以及循序渐进、层层递进的挖掘与传播。

在国际传播的需求下，优秀传统文化短视频要重发掘、讲故事、追发展，绝不能以浅尝辄止的方式进行传播报道，要多以系列形式，丰富、精准来进行优秀传统文化的画面打造与传播。

在数字时代的大背景下，为了让文化的传播效果最大化，可以采用以下三个传播策略：第一，融合多媒体及数字化形式，将音乐、图文、戏剧、声音等多种形式融合，实现"精观美学"到"动态美学"的转变。第二，推动文化元素的跨界演绎，综合运用各式各样的艺术元素，创造新的艺术体验。第三，结合当下技术和运营手段，降低

大众参与文化创作的门槛，激发民众之间的交流与互动。

日前，习近平总书记将中华优秀传统文化提升到崭新阶段，赋予中华优秀传统文化时代内涵。作为优秀传统文化短视频，也需要依照这个方向，从"中华民族的基因""民族文化血脉"和"中华民俗的精神命脉"着眼，将优秀传统文化短视频推向新的高度与传播效果。

参考文献：

[1] 字节跳动平台责任中心 . 抖擞传统：短视频与传统文化研究报告［R］. 武汉：武汉大学媒体发展研究中心，2019.

[2] 邹莉 . 让传统文化走进大众生活［J］. 时代经贸，2012（12）：29-29.

[3] 林磊 . 社交媒体历史传播对公众历史记忆的唤起与重构［J］. 青年记者，2018（5）：90-91.

[4] 于德山 . 大众传媒时代的电视文化与当代中国叙事格局［J］. 中国电视，2001(12)：29-32.

[5] 马建辉 . 传统文化在新时代的历史使命［N］. 光明日报，2018-11-17（12）.

[6] 张天姿 . 抖音短视频中知识传播现状分析［J］. 西部广播电视，2019（5）：5.

媒体融合背景下东莞城市形象传播策略

——以《东莞日报》抖音号"i东莞"为例

华鸿敏[①]

一、引　言

20世纪60年代，美国学者凯文·林奇首先提出了"城市形象"这一概念。他在专著《城市形态》中提出：每个城市都有一个由多个印象叠加而成的公众印象，即城市形象。他强调，城市形象是人对城市的综合感受。城市形象涵盖城市理念、城市行为以及城市视觉三大系统。城市形象传播不仅要传播城市的核心文化，还应展示城市自然资源、风土人情、历史文化、精神风貌等内容。

学者刘易斯·芒福德则在凯文·林奇的理论基础上进一步提出：城市形象是人们对城市的主观印象，是通过大众传媒、个人经历、人际传播、记忆以及外在的环境因素共同作用而形成的。

而在融媒体时代背景下，对城市形象进行推广，要拓宽大众传媒的宣传推广渠道，强化城市形象的新媒体传播。近几年来，短视频因其创作门槛低，较强的社交属性以及迎合人们碎片化阅读习惯的特性，正呈现出一种爆炸式增长的态势。比起传统媒体以文字图片的形式宣传，或者使用较长的城市宣传片来说，短视频更能直接传达宣传内容，让用户有更直观的体验，感受到一个立体的城市形象。在众多新媒体平台中，抖音短视频App是各大城市进行城市形象传播的利器。

抖音短视频是一款致力于让每个普通人都可以自创音乐短视频的娱乐型App，其

---

① 华鸿敏，东莞日报社执行副总编辑。

中带有某个城市名称或城市著名地标位置定位，同时传播该城市特色文化的短视频被称为"城市形象短视频"。《2018短视频与城市形象研究白皮书》就强调了抖音的出现明显加强了城市形象传播的力度，因传播主体变成官方和民间共同参与，形式上变得更丰富多元和亲切可感。抖音短视频让城市形象传播从高冷的宏大叙事，转向亲切的平民叙事，用更独特的视角与更细腻的语言展现一个城市的气质与品格，在受众面前构建一个城市的公众印象，为城市形象传播带来生机与活力。

"i东莞"抖音号（ID：gbb0769）是东莞日报社旗下的融媒体产品。自2018年12月3日进驻抖音短视频平台以来，"i东莞"充分运用新媒体传播互动平台，第一时间挖掘东莞本土好故事、传递东莞好声音、传播社会正能量，在市民群众与城市发展之间构筑互动平台，并全方位提升城市形象，迅速在网上凝聚起东莞的人气。自"i东莞"入驻抖音短视频平台后，该抖音号平均每月增长10万粉丝。2019年10月7日，其粉丝突破100万。截至2020年2月，粉丝量已经达到140万。

本文以抖音号"i东莞"的粉丝从零增长到100万的成长之路为案例，探讨新时期地市级党报打造新型"融媒体"与构筑报网互动平台的方式。

二、以"移动优先"策略构筑互动平台

传统媒体的优势在内容，短板在渠道。东莞日报社选择抖音短视频平台进行"突围"，主要是考虑到"短、快、广"的基本特征。第一，内容短。一条抖音短视频从几秒到几分钟不等，适合现代人碎片化的阅读习惯现状。第二，传播快。用户可以随手转发抖音短视频，随后，通过人际传播便可以将城市宣传主题的短视频迅速推广。第三，覆盖广。一条选题得当且用心制作的视频，在抖音短视频平台发布后，可以轻易带来几十万乃至上千万的阅读量。

随着移动互联网的高速发展，短视频平台越来越火爆，也越来受到关注。抖音短视频平台发布的《2019抖音数据报告》显示，截至2020年1月5日，抖音日活跃用户数已突破4亿。可以说，拥有智能手机的人群，每10个人里就有9个人刷过抖音。在监测期内，有190家党报入驻抖音平台并发布短视频，粉丝量均值为19.7万。党报发布的全部短视频平均播放量为111.6万，传播力远远超过微博、微信及聚合新闻客户端。这表明，仍有人关注新闻，新闻与内容自始至终都是资讯市场的刚需。事实上，如今互联网环境下新闻传播，实现的不仅仅是专业传媒机构内部的连接或传媒机构与外部世界的连接，而是人类基本生存方式的各种系统的打破与重组。

时代和社会仍然需要媒体，只是传播渠道在变，但仍然围着内容转。天时、地利、人和，处于改革前沿的《东莞日报》，抓住时代脉搏，开启全媒体传播之路，并进驻抖音平台。为了向移动端转型，《东莞日报》再造采编流程，全面去中心化。2019 年 4 月成立全媒体采编中心，统筹采访、编辑、策划等资源，全面梳理报社的策划、采访、编辑、发稿、审核等流程，并严格三审三校制度，明确"移动优先"策略，提升全媒体稿件的发布速度、质量、效率，构建起全网络、全平台、立体化传播阵地。重点打造"i 东莞"App 核心融合平台，推出"东莞好教育""社会正能量"等互动产品，精心策划一系列融媒报道精品。

"移动优先"策略明确要求，所有新闻内容必须先在网络平台发布，然后根据内容属性再在集团内的报纸、新闻客户端、微信、微博等平台进行二次传播。这为抖音的快速传播提供了素材支撑，保障了内容来源，凝聚全市党政机关、商协会、企事业单位等资源，所有新闻内容统一首发到网络平台，为快速、精准传播构筑互动大平台。

"移动优先"策略让新闻时效性更强，"i 东莞"App 及时有效地传播新闻内容，让新闻内容更好地服务市民，在增强用户黏性的同时提高移动端的传播能力。移动端的用户基数大，传播能力强，充分利用"i 东莞"App 等移动端传播平台的优势进行城市形象传播对于东莞城市形象的推广就有着非常重要的作用。

三、以"关注身边"方式挖掘本土好故事

在抖音账号"i 东莞"的运营上，东莞日报社聚焦东莞本土，围绕"抖什么"做好文章，下功夫挖掘本土好故事，以此作为抖音短视频创作内容的支撑点、发力点、传播点。

人文地理学者段义孚认为，"地方是一个强调人类情感和关系的意义中心或关怀领域。"而"地方感"又包括地方认同、地方依赖两个维度，城市的文化特质是城市媒体的生命力所在。挖掘本土好故事的过程，其实就是增强市民群众的地方认同，让更多人认可自己所在的城市，从而获得生存安全感、生产愉悦感、生活舒适感，将工作的城市当作第二故乡，安居乐业。

而一方水土孕育一方媒介，地理环境赋予了城市媒体不同的特质，这便是城市媒体所具有的地方性。地市级党报，则是最为了解自己所在城市的媒体，最懂得该城市群众的喜好和痛点，拥有无可比拟的优势。

作为东莞地市级媒体，"i东莞"抖音从社会热点切入，瞄准城市精神、传承本地文化，挖掘"平安文化""家园意识""社会热点"等本土内容、身边事件，以唤起城市居民的地方感。

2018年12月20日，上线不足一个月的"i东莞"抖音发布"东莞铁骑街头围捕抢劫疑犯，10分钟破案"视频。在发布后的短短23秒里，视频播放量便突破1500万、点赞量到达36.2万，抖音号"i东莞"增加了1万多粉丝。

该视频采用"讲本土好故事"的策略。其内容针对东莞治安饱受诟病的痛点，通过东莞铁骑围捕抢劫疑犯的英勇形象，向受众传达了东莞"有人管、敢于管""敢出手、能治好""犯罪分子一露头，就会遭到制裁"的治安理念，刷新了群众对于东莞治安的认知，让"平安东莞"概念深入人心，也吸引了越来越多社会力量加入维护社会治安行列。

此外，抖音号"i东莞"聚焦本土题材，挖掘了一大批好故事。例如，《等妻子下班，东莞医生杨嘉生出手救了1岁半男童》《东莞医生张若愚在飞机上两度挺身而出救两人》《老人误入车流，东莞铁骑护送平安回家》《让爱回家志愿者救助流浪15年的男子回家》等。《危险时刻路人挺身而出》《让爱回家志愿者救助流浪15年男子回家》等视频，获得超过1.5亿播放量，成为现象级传播事件。

截至2020年2月，抖音号"i东莞"共发布2100个作品，其中八成以上是生活中的小故事，每条抖音提炼在50秒以内，突显"短、快、广"，同时折射出城市精神，还原东莞平安与社会氛围，稳固了人与城市的连接，强化了人们对城市的认同，增强了市民群众的安全感和幸福感。

抖音号"i东莞"所生产的视频之所以能达到较好的传播效果，是因为其对城市地方感的精确把握。抖音号"i东莞"通过描述人与地方情感的连接，强调了人对于地方在心理上积极的情感依附与归属。"社会治安""平安回家""见义勇为""城市温情"等主题，都能够唤醒市民自身对城市的亲近感和归属感，充分调动这座城市的主人参与互动的积极性，乐于与媒体分享他们的好故事。

这样精确的情感把握能让东莞本地市民深刻体会到东莞这座城市的形象进步，自觉地将自身与城市的发展相关联，产生荣誉感，从而促进他们积极主动转发这类视频，提高视频对外传播的能力，让更多在东莞市外的人看到东莞的城市精神，吸引更多的人了解东莞的城市形象，对东莞城市形象的传播有一定积极作用。

四、以深度融合传播社会正能量

近年来，东莞日报社持续深入探索媒体融合发展，着力提升党的新闻传播的"传播力、引导力、影响力、公信力"，不断增强记者的"脚力、眼力、脑力、笔力"。2019 年更是以打造"品质报业"为抓手，将"推进媒体深度融合"列为采编工作首要任务；2020 年初，更是与时俱进，提出以深入推进媒体融合发展为改革创新的首要目标任务。这其实就是在媒体转型过程中围绕"怎么融"进行探索，拓宽传播路径，提升传播效果，从而达到更好地向外界展示城市新形象，提升城市知晓率、美誉度、影响力的传播目的。

与传统纸媒相比，微信、微博、抖音、客户终端等传播工具的涌现，突破时间与空间的限制，大幅度拓宽新闻传播渠道、全新打造发布平台。突破了版面位置、字号字数、篇幅规模、次日见报等传统传播工具的"短板"，可以做到随时随地传播，并能够及时进行更新、实时滚动报道。

新媒体传播工具的涌现以及其优势为媒体转型融合发展提供了两个方法。一是对外整合资源，增强行动力与新闻敏感度，联络政府机构、企事业单位、社会团体等力量，聆听接地气声音，接纳更丰富素材；二是对内聚合平台，统筹采编传播端口，提升采编互动响应，增强"脑力"与"笔力"，深度解码新闻事件，做足做细内容，为全媒体各平台提供"五彩缤纷"的作品。做到内外兼容，形成合力，就能更好地进行媒体转型融合。充分利用媒体转型融合的优点，做内容足、视角广、思想深的好报道，就能更好地传播社会正能量。这与新闻宣传的三贴近原则——"贴近实际、贴近生活、贴近群众"不谋而合。

在媒体融合发展的道路上，东莞日报社积极融合微信、微博、抖音、"i 东莞"App、东莞时间网、《东莞日报》等媒体平台，形成传播矩阵，为市民和读者提供服务。

东莞日报社全媒体的"闭环机制"传播模式收到了良好的效果。"东莞医生杨嘉生等待妻子下班间隙 2 分钟内救活被呕吐物堵塞气管的 1 岁半男童"的监控录像，经东莞日报社记者整理后，迅速发布在抖音号"i 东莞"上，当天就有 35 万人点赞和 400 多人留言，有留言称"医生果断出手救助素不相识的男童，正是基于东莞精神'海纳百川'的信任，众人拾柴火焰高，才让这座城市每天绽放新精彩"。

读者和市民的点赞留言，在让东莞医生杨嘉生火了一把的同时，也丰富并充实了新闻素材。结合了监控视频、抖音传播、媒体记者的迅速跟进，对杨医生和其爱人、被救助男童的父母以及周边目击证人的采访，还原整个抢救过程，将文、图、视频在微信、"i东莞"新闻客户端进行第二次传播，次日通过报纸加链接的方式，进行立体式呈现，让读者全方位了解医生救人的公共信息，可谓"矩阵在手，尽晓东莞事"。

2019年10月10日上午9时55分，杨嘉生医生救人事迹登上央视CCTV-13新闻频道。CCTV-13用一分钟的时间，还原杨医生见义勇为、不甘心不放弃、最终将男童救活的事情。这是对"i东莞"抖音号传播社会正能量的肯定，也成为提升东莞城市形象的"加分项"。此时，该条抖音播放量超过2800万次，点赞量超过45.9万。

无独有偶。在此之前，2019年3月21日晚，东莞医生张若愚从杭州飞往海口参加会议。在飞机上有乘客身体不适，空乘人员广播呼叫医生时，他说"我没带医师证，但我必须去看看"，随后为两名不适乘客诊疗。此事第一时间经"i东莞"抖音传播后，随即在微信、微博、客户终端、《东莞日报》上"发酵"，引起社会各界强烈反响。3月24日，人民日报官微头条、新华社等央媒全文转载"i东莞"内容，为张若愚医生点赞，"i东莞"抖音传播社会正能量作品不断涌现"亿级"现象级传播，让市民和外界真切感受到东莞这座城市的活力和务实，全面提升城市形象，为"湾区都市品质东莞"添砖加瓦。

五、结　语

综上所述，媒体转型融合探索之路各有章法，但基于本土素材的内容重构、传播渠道的"移动优先"，都是鼓励媒体转型打造融媒体过程中找准自己的位置和坐标，积极引导市民群众参与塑造城市地方感、传播社会正能量、提升城市形象的进程中来。

传统媒体擅长挖掘新闻素材，提炼背后深层次的内容，但在传播渠道与方式多样化方面，可以做更多探索和应用，加强市民群众与城市实体空间的互动与联系，以此增强作为主体的人的城市归属感，促使城市真正"让人生活更美好"。

参考文献：

[1][美]林奇.城市形态[M].林庆怡，陈朝晖，邓华，译.北京：华夏出版社，2003：27.

[2][美]奥尔波特.谣言心理学[M].刘水平，梁元元，黄鹏，译.沈阳：辽宁教

育出版社，2003：17.

［3］李明文，杨哲贤.关于城市形象传播研究的分析与思考［J］.今传媒，2018（7）：6-7.

［4］谢欢，赵凡.融媒体时代城市形象微平台运营机制探究［J］.传播力研究，2018（31）：99.

［5］［美］芒福德.城市发展史：起源、演变和前景［M］.宋俊岭，倪文彦，译.北京：中国建筑工业出版社，2005.

［6］薛奥.城市形象短视频的传播特点探究——以抖音 App 中的成都市为例［J］.视听，2020（4）：163-164.

［7］伍江.东莞铁骑街头围捕抢劫疑犯“i 东莞”抖音视频播放量1500万［N］.东莞日报，2018-12-27（B08）.

［8］李广.我没带医师证，但我必须去看看［N］.东莞日报，2019-3-23（A04）.

［9］邵培仁，杨丽萍.媒介地理学：媒介作为文化图景的研究［M］.北京：中国传媒大学出版社，2010：111.

［10］孙玮.城市传播的研究进路及理论创新［J］.现代传播：中国传媒大学学报，2018（12）：29-40.

［11］李广.绝大多数医生在那种情况下都会主动看诊［N］.东莞日报，2019-3-25（A08）.

［12］李广.观看量2853万次点赞量45.5万个［N］.东莞日报，2019-10-9（A08）.

传统媒体从业者困境及对策研究

黄　敏①

一、传统媒体从业者收入困境

（一）长期滞涨

2004 年出版的一期《新闻晨报》，有一篇报道《上海传媒人薪水实话实说》，上面写道，"在上海的主流媒体中，大多数记者、编辑的底薪收入每月在 3 000 ~ 5 000 元。通常记者的主要收入是工资＋稿费。当然媒体影响力的大小也同样关系到记者、编辑们的收入高低，例如，申城某知名报纸，收入高的记者一个月能拿到近 2 万元的薪水，某电视台采编记者多的时候一个月能赚到 1 万元。原本被认为收入不太理想的杂志社，一般记者每月也能拿到 4 000 ~ 5 000 元。至于广播记者，一般的月薪在 5 000 元左右，高的也在 1 万元以上。"

另据笔者了解到，2005 年，曾就职于广州市某省级晚报时政新闻部的杨小姐，基本工资加上稿酬，正常扣完五险一金之后，月均实发工资 8 000 元左右，这是当初在该报社作为一名普通记者的中游水平，也是当时在广州地区报业记者的一个正常收入水平，当时《广州日报》等经营状况处于行业头部的媒体，旗下记者的平均收入还要高于这个水平，中位数超过 10 000 元／月。

10 年过后，2015 年 8 月，微信朋友圈曾被一篇文章"刷屏"，该文章题为《离天津爆炸现场最近的记者，本月工资可能就两千》。文章说：朋友圈里一位摄影记者，

---

① 黄敏，南方财经全媒体集团股市广播采访部副主任。

是为数不多的只身前往天津爆炸原点进行拍摄的记者。按照其供职单位的考核制度，这位玩命采访的新闻老兵，接下来 10 天不能继续出产作品的话，只能拿到 2 000 块左右的月工资。这种情况并不鲜见，他之前曾 4 次拿的是 2 000 元的月工资。

2019 年末，一位在广州一家财经类日报供职的资深记者（兼采访部副主任）告诉笔者，他的月平均实发工资在 9 000 ～ 11 000 元左右，普通记者要低一些（稿酬标准一致，也不存在跑线不同、版面不够写的问题，不同的是基本工资挡位低 1 500元左右），大约月平均实发工资在 7 000 ～ 9 000 元左右；与此同时，在广州市另一家知名都市报的财经新闻部，普通年轻记者的正常税后月收入低于 10 000 元，由于报纸缩版严重，报社新媒体端发稿稿酬标准相对较低，导致稿酬绩效少的月份，月实发工资在 7 000 ～ 8 000 元左右。据笔者求证，2014 年后的上述那家杨小姐供职的晚报，经济新闻部的年轻记者的月实收工资一般也不超 10 000 元，与 2005 年相比，平均增幅应不超 20%。

在传统媒体行业，尤其是在报业媒体行业当中，作为一线城市的广州地区，过去 20 年里，发展程度和市场化程度在全国中处于相对领先的地位，较为有一定的代表性和典型性。因此，2020 年 3 月初，笔者以广州地区的传统媒体从业者为范本研究对象，在该地区的传统媒体同行中开展了一份调查问卷。其中，受访对象大多是入行时间在 2 ～ 15 年的普通记者及编辑群体，分别来自广州地区的 8 家主流报社和 2 家电视台，一共发出问卷 50 份，有效问卷 46 份。

统计数据显示，受访者 100% 拥有大学本科及以上学历；8% 的受访者月实收工资超过 2 万元，12% 的受访者月实收工资在 1.5 万元到 2 万元之间，25% 的受访者月实收工资在 1.0 万元到 1.5 万元之间，55% 的受访者月实收工资在 1.0 万元以下。

统计数据还显示，56% 的受访者税前年终奖在 2 万元以下，73% 的受访者认为未来 3 ～ 5 年预计收入原地踏步，陷入滞涨，或者还会进一步下滑。对于目前的薪酬水平，超过七成受访者表示"不太满意"或者"很不满意"；并且不到 20% 的受访者认为未来 3 ～ 5 年内没有明确的跳槽或者转型计划。

（二）购买力严重下滑

在 2006 年"五一"假期，位于广州市珠江新城一个新楼盘叫誉峰，开始对外发售，开盘均价为 1.8 ～ 2 万元 / 平方米，这是当时广州第一次有楼盘叫价突破 2 万元 /平方米，最好的单位售价大约 2.5 万元 / 平方米，当时珠江新城的楼盘售价多在 1.5 万元 / 平方米以下。2020 年，广州珠江新城的房价相比当年上涨了 5 倍左右，新楼盘均价不低于 8 ～ 10 万元 / 平方米。

两相比较，以购房的购买力计算，过去十几年在广州的传统媒体人的薪资购买力出现了明显大幅下降。如果以购买肉菜、交通出行、市场化的学前教育等其他日常消费支出来计算，这个群体的薪资购买力也是同样出现了大幅度下滑。

（三）行业人才流失

2014 年 12 月，在广州举行的华中科技大学新闻与信息传播学院广东校友会上，由该校友会组织调查的年度报告《新媒体时代传统媒体从业者职业认同状况》发布。该报告是在对广东 23 家传统媒体、302 位从业者进行问卷调查的基础上完成的，结果显示，56.62% 的被调查者认为，自己在工作中的付出和收入不成正比。有 23.18% 的受访者表示，最近几年有跳槽的打算。近五成（45.7%）的被调查者认同传统媒体从业者的职业角色越来越低端化，但也有 35 .1% 表示不认同。

2017 年 1 月初，根据平台用户行为大数据，BOSS 直聘与今日头条联合发布了《媒体价值升级与技术融合——2016 年媒体内容与媒体从业者生态报告》，该报告的主要结论有：目前媒体人薪酬水平和增长空间严重受限，月薪万元以下占多数，5 000 元到 6 000 元区间包括了 49.6% 的媒体从业者。新媒体类求职者中，本科及以上学历从业人员占到 66.85%；而传统媒体行业本科及以上学历从业人员达到 89.73%。但与学历分布相悖的是，2016 年，新媒体领域的整体薪酬比传统媒体高 15.8%。

不难发现，这些年收入问题一直是传统媒体人心中的痛，停滞甚至负增长，让传统媒体出现离职潮、人才流失现象。当然，也还有其他一些因素，比如传统传媒行业上的用人双轨制不合理，媒体从业人员相对睡眠质量差、工作时间长且无规律，职业风险较高等。

二、传统媒体从业者收入陷入滞涨主因

传统媒体从业者待遇的长期滞涨，主因是供职单位的广告经营收入的滞涨与下滑。因为当市场化媒体中报刊传统发行渠道崩塌，出版物印刷不可放弃却不能盈利，而唯一能够带来收入的只剩下广告和经营，其先是长期出现滞涨，然后出现断崖式下滑。

中国社科院的数据显示，2015 年中国互联网广告市场规模达 2096.7 亿元，同比增长 36.1%；而 2015 年电视广告收入为 1219.69 亿元，同比下跌 4.6%；报纸为 324.08

亿元，同比下跌 35.4%；杂志为 65.46 亿元，同比下跌 19.8%。2015 年秋季，新《广告法》的实施，让传统媒体此后在经营上受到更严格的规制。

三、传统媒体的优势

作为专业的新闻机构，作为确定性信息的生产者和输送者，与自媒体时代"人人都是记者"的"全民新闻"相比，传统媒体还有优势吗？答案显然是肯定的。

（一）公信力与权威性

无论是传统媒体时代，还是新媒体时代，传统媒体都应该具有不可置疑的权威性，并且承担相应的社会责任。新闻的本质便是探寻信息的确定性及其深层的社会意义。因此，作为传统媒体的从业者也一样还拥有难以替代的现实意义和共生共存的发展空间。

媒体融合为多种媒体资源的整合利用提供了前所未有的便利，传统媒体在整合各信息传播平台资源的基础上，需要生产出更加优质的和更加专业化的适用于不同媒体平台的新闻内容，而不仅仅是盲目迎合新媒体平台，尤其是移动终端和社交媒体平台受众的碎片化接收习惯，生产大量碎片化的新闻信息。

移动终端不仅仅是信息发布与传播的绝佳平台，同时也是很好的信息澄清平台，但前提和关键是其公信力与权威性。因此，抵制不确定性谣言信息的大量传播，还信息以确定性，维护各新闻媒体机构及其发布新闻信息的媒体与移动终端信息传播平台的公信力，是提高其权威性的唯一方式。

（二）专业化与深度

需要指出的是，在媒体融合时代，碎片化的新闻信息是需要的，例如，《纽约时报》为苹果手表用户提供"一句话报道"新闻信息。但是所有的新闻信息都朝碎片化这一趋势发展是不可取的。

在媒体融合时代，因为有了受众的广泛参与和互动，信息与观念的即时拼接与相互启发使得同一新闻事件的相关信息有了多维度的解读，从而向更多内涵与外延延伸，向深度与广度拓展。媒体融合时代，需要提供给受众的，是更加多样化的深度报道，碎片化不等于没有深度，受众也并非仅仅满足于接收碎片化的信息。

一方面，新闻作为社会记忆建构者之一，有责任和义务留下最接近真实的记录来帮助建构人类的集体记忆；另一方面，新闻的专业理念和技巧历经几百年来的沉淀，不是"全民记者"可以比拟的，而全民也不可能成为真正的"记者"。因此，碎片化不应该成为专业的新闻机构生产的新闻的主流，向大众提供的信息要有高度的确定性，并且有头有尾，尽量从多维度呈现事件的全貌，同时，要探寻其社会价值和意义。

（三）广告确信度较高

新媒体的快速发展带来了高增长的广告投放率，但确信度却没有传统媒体的可信度高，这种投放模式是经过了上百年历史所总结出来的。中国的传统观念至今还没有被颠覆，所以无论是广播电视业或是报业的公司，都要做到充分利用已有的科技资源，特别是要做到最大化地收集数据并采集样本，并且实施双向交流手法以达到增加传统媒体所投放广告的可信度以及效果。但仍需以此为前提扩大创新的步伐以及营销方式，这有利于使传统媒体的广告收入更加趋于稳定。

四、新媒介环境下传统媒体及从业者的转型与创新路径

（一）调整内容结构，权威性与实用性相结合

新媒体时代人人都可以发布新闻，媒体被独家垄断的局面很难存在，传统媒体吸引读者的关键就是内容。一是在网络信息真假难辨之时，传统媒体及从业者应坚持独立性，客观公正地传播，保持权威性；二是在网络节目水平层次不高的情况下坚持走精品化道路，从业者应坚守精品生产意识，推出群众喜闻乐见的精品力作，保持专业性；三是树立服务意识，放下架子，认真分析读者的需求，最大限度地提供实用性强的信息。

（二）注重内容生产，讲好本土故事

比如，区域媒体受题材、地域的限制，影响力不足，但贴近性却成为独特优势。在解读上级政策时必须要心中有本土；在做民生新闻时，作为本地的媒体要戒除"看客"心态，要以"建设者""啄木鸟"的角度去看问题。不是为了暴露问题而暴露问题，目的是解决问题，"揭出病苦，引起疗救的注意"；电台的路况播报、便民信息、汛情、重大突发事件都是本地化的目标和途径。

（三）加强双向互动，吸引读者参与

互动性是新媒体最显著的特点，新闻不再是单向传播，每一篇稿子都可以与读者互动，每一位读者也可以成为记者参与采写。传统媒体从业者可利用新媒体人际圈子获得有用的信息，利用微博、微信、头条号等新媒体形式进行报网互动，吸引读者参与办报，增强可读性。

（四）重视"小众"群体，把握其心理需求

有知名学者指出，特别强调要重视 1% 的受众群体，往往是 1% 的人在引领潮流。对区域性媒体而言，这个值得重视的群体比例可能要扩大，但是对一批高端的、消费能力强的精英受众群体的关注确实不够。"小众"群体需要我们更多地给予关注和分析，提供他们所需要的信息与服务，以满足其个性化的需要。

（五）提升专业素养，培养全媒体从业者

传统媒体与新媒体融合需要全媒体记者和编辑对传统媒体和新媒体有深刻的认识，有较强的多媒体融合运作能力，有专业的节目融合制作能力，还应具备敏锐的行业洞察力，能够及时跟进新的模式技术，熟练使用不同的信息采集方式，能通过不同方式进行新闻表达。

（六）流程再造，建立共享平台

如何将多个媒介进行有效融合，形成一个统一体，从而发挥最大的传播效益，重要的就是流程再造，建立共享的信息采集传播平台。向电子商务方向延伸发展，通过网络传播的平台把传统传媒的广告消息滚动反复播放，做到合理的二次利用。

（七）呼吁加大新闻版权保护，主动增强版权维护意识

互联网媒体不仅蚕食了传统媒体，传统媒体的广告份额，不容忽视的是，互联网媒体海量的新闻内容，很重要一部分来自传统媒体，传统媒体花费大量人力物力生产出来的成果，却被复制或洗稿，甚至是在明文已不允许转载的情况下直接剽窃。一些网络平台、自媒体肆无忌惮地使用，并通过转载这些文章所带来的流量讲故事，从而获得更多的广告收入。传统媒体从业者的原创作品最终为他人做了嫁衣，甚至成为一些互联网平台敲钟上市的资本。

维护传统媒体及从业者的正当权益，挽回部分经济损失是绕不开的话题。传统媒

体与相关管理方应积极作为并争取在内容生产方与使用方之间建立一个合理的对价机制，建设一个良性发展的版权市场，形成一个传统主流媒体与新媒体"共融共生、共享共赢"的新生态。

传统媒体和新媒体在版权保护方面不应该是死敌，良性、健康的版权交易环境需要双方共同建设和维护。各类新媒体必须充分尊重原创作品的合法版权，规范各类转载行为，征得权利人授权，并向其支付合理报酬；传统媒体也应该和新媒体以沟通交流、公平谈判的方式达成合作，让自己的优质内容在网络平台得到更为广泛的传播，使其更有影响力。

五、结　论

从哲学的角度上说，所有的事物从诞生、发展乃至成熟都要经历发展演化的过程，不论是传统媒体还是新媒体都是如此。因此，传统媒体在进行战略性的改革发展的同时，还应该注重事物发展的规律，有策略地进行突围。作为传统媒体的从业者，我们一定要树立坚定的信念，坚守价值理念，拥抱融媒创新，积极顺势作为，定能柳暗花明，成就一番崭新的新闻事业。

参考文献：

［1］强荧，焦雨虹.上海蓝皮书 上海传媒发展报告（2016）［M］.北京：社会科学文献出版社，2016.

［2］曹林.不与流行为伍［M］.北京：中国发展出版社，2013.

［3］韦蔡红，赵海晓.上海传媒人薪水实话实说［J］.招商周刊，2014（30）：55.

［4］武钊.新媒体时代的传统媒体发展之路［J］.科技传播，2015（1）：231-232.

［5］传媒茶话会，李磊.现代快报诉赢今日头条，传统媒体版权保护获得哪些启示［Z/OL］.（2019-01-09）［2021-10-08］.https://mp.weixin.qq.com/s/PVBCkTj_qPwgTjtDK82CIQ.

探讨广播新闻记者在媒介融合背景下的突破

黎子明①

随着时代的发展和舆论监督体制的不断完善，增加了人民对信息的自主选择意识，人民群众对新闻质量要求越来越高，广播新闻记者在其中发挥着重要作用。因此，媒介融合背景下要求广播新闻记者要与时俱进，改变现状，才能改革创新新闻体制，推动新闻行业的持续发展。

一、媒介融合背景下新闻受众群体习惯的改变

媒介融合在极大程度上拓宽了我国新闻受众群体的选择面。个性、趣味性及创新性等因素逐渐成为大众在选择新闻源时的重要影响因素。与其他行业不同，受众群体的审美取向对新闻传媒业的发展方向具有一定的决定作用。因此，我们很难撇开受众群体的习惯来分析在媒介融合背景下广播新闻记者的优劣。在媒介融合背景下，新闻受众群体习惯的改变主要体现在以下几个方面。

（一）信息的获取渠道和获取习惯发生了改变

新兴传媒技术的应用使大众获取新闻信息的渠道和习惯发生了质的改变。从新闻信息获取渠道上来看，大众的新闻信息获取渠道正朝着便捷化的方向发展。智能手机、笔记本电脑等终端处理设备的普及使得随时随地获取最新的新闻信息成为可能。相较于传统的书报而言，互联网新闻载体的"容量"更为可观。通过互联网，大众可以方便地获取各类"文字＋图片＋视频"的新闻资源。另一方面，便捷化的新闻获取方式也使得大众的新闻获取习惯发生了一定的转变。就目前来看，大众更习惯于

---

① 黎子明，广东省云浮市郁南县融媒体中心全媒体制作部部长。

通过手机等便携式终端获取新闻信息，而非通过电视、书报等传统新闻载体获取新闻信息。

（二）大众更倾向于选择开放、具有个性的新闻平台

在媒介融合背景下，新闻已经逐渐由"单向传输"转为"双向传输"。在传统的新闻载体当中，新闻所起到的作用主要是通告、传播，而新闻内容也大多为国家政事、科技动向及地方见闻等。在媒介融合的影响下，评论交流渐渐成为新闻推送中的重要部分。当下主流的互联网新闻平台均设有评论交流模块，大众可抒发自身对新闻事件的见解看法，并就热点新闻事件进行讨论。互联网新闻平台的这一发展趋势在一定程度上折射出了大众选择的变化。随着媒介融合进程的不断推进，大众更倾向于选择开放、具有个性的新闻平台。

二、广播新闻记者在媒介融合背景下的优势分析

媒介融合背景为广播新闻记者提出了前所未有的挑战。在应对这一系列挑战的过程中，广播新闻记者应做到扬长避短。与当下流行的新媒体新闻平台相比，广播新闻平台具有公信力高、传播范围广和受众面广等优势。结合我国新闻业的发展现状，广播新闻记者在媒介融合背景的优势主要体现在以下几个方面。

（一）新闻资源相对优沃

相对于微博、门户网站等新闻平台的新闻记者而言，广播新闻记者具有更加丰富的新闻资源。在报道十九大等重点国家新闻时，广播新闻记者往往能获得第一手的相关资料。此外，在面对广播新闻记者时，采访对象的配合程度往往会更高，拒绝配合及配合态度恶劣的情况更为少见[①]。

（二）广播新闻记者公信力更高

公信力是新闻所具备的重要特征之一，当新闻的真实性与准确性得不到保障时，新闻便失去了最基本的作用。虽然新闻媒体数量和新闻传播途径都在媒介融合背景下得到了显著提升，但与此同时，新闻的真实性和准确性却得不到保障。微博、微信公众号等平台为虚假新闻的传播提供了助力。长期以来，广播新闻虽有着古板、封闭的

---

① 马志霞.媒介融合语境下新闻记者形象的优化路径［J］.西部广播电视,2017（13）:142.

缺点，但其准确性、真实性却尤为突出。因此，与开放的新闻平台相比，广播新闻记者所报道的新闻则更具公信力，其内涵与质量更有保障。

（三）广播新闻记者具有较高的专业素养与社会责任感

除新闻准确性、真实性得不到良好的保障之外，专业素养的缺失也是多媒体自由新闻人的一大弊端。从"标题党"的泛滥便可以窥见，多媒体自由新闻人的专业素养的缺失。"标题党"的泛滥不仅会导致新闻产业的快餐化、空洞化，还与记者的基本职业观相悖。一名合格的新闻人不仅要具备专业素养还应具备强烈的社会责任感。而真实的报道和严格的撰稿使广播新闻记者的专业素养与社会责任感更为突出，这亦为广播新闻记者的突出优势之一。

三、广播新闻记者在媒介融合背景的劣势分析

在媒介融合背景下，新闻传媒已经具备了高速、准确、新颖和生动等特征。对传统的广播新闻记者而言，如何有效地利用多媒体平台、如何增加新闻的点击率、如何找到传统媒体与新媒体之间的平衡都是影响其发展的问题。在媒介融合背景下，相较于其他新闻媒介的工作者而言，广播新闻记者的劣势主要体现在以下几个方面。

（一）不能有效地利用多媒体平台

多媒体平台是当下新闻产业中的重要工具，依托于多媒体平台，新闻信息可以得到更加生动形象的体现。传统的广播新闻记者更习惯于利用文字、语言进行新闻描述，而非利用视频、图片等工具进行新闻编辑。例如，在报道"携程幼儿园虐童"事件时，广播新闻记者则更倾向于利用采访进行报道。相比之下，"视频＋图片＋新闻"的形式则更具说服力，受众也更容易掌握整个事件的最新动向。

（二）存在一定的工作惯性

长期的广播新闻工作难免会给广播新闻记者带来一定的工作惯性。从现阶段的广播新闻特征来看，广播新闻记者的思想意识和意见立场都具有一定的官方性。在新闻报道的过程中，"打官腔"的情况也时有发生。过于官方的新闻报道容易脱离受众根基，从而导致报道的空洞化。另一方面，部分广播新闻记者对自身的工作认知仍停留在过去的阶段。自我认知的偏差在一定程度上会导致广播新闻记者的故步自封。在媒

介融合背景下，广播新闻记者的工作范围已经出现了一定的转变，广播新闻记者不仅要为广播媒体服务，还要为电视、自媒体平台等提供媒体服务。因此，为满足媒介融合背景下的工作需要，广播新闻记者需摒弃固有的工作惯性，力求创新。

（三）与新媒体新闻平台相比广播新闻的舆论冲击力有限

在广播电视新闻时代，以《焦点访谈》为代表的新闻访谈节目使我国的电视新闻舆论冲击力达到了前所未有的高度。然而，随着新媒体新闻平台的发展，《焦点访谈》等广播电视新闻节目逐渐淡出了大众的视野。快速、自由的传播方式使得新媒体新闻平台的冲击力稳固提升，"江歌案""携程幼儿园虐童事件""红黄蓝幼儿园事件"等新闻舆论热点无不发酵于新媒体新闻平台[1]。而当这类事件成为大众的舆论热点之后，部分传统媒体记者才进行跟踪报道。由此看来，舆论冲击力是影响广播新闻发展的因素之一。

四、突破广播新闻记者困境的策略

从上文的分析中可以看出，在媒介融合背景下，广播新闻记者既存在着新闻资源相对丰富、公信力强、专业素养高等优势，也存在着欠缺利用多媒体平台的能力、存在一定的工作惯性、舆论冲击力有限等劣势。放眼于当下媒体产业的发展环境，大多数媒体企业正朝着多元化的方向发展。为迎合这一市场转变，广播新闻记者向"一专多能"的方向进行转型[2]。综合广播新闻记者的优势与劣势，突破广播新闻记者的困境可以从以下几个方面入手。

（一）扬长补短，注重自身能力的提升

广播新闻记者的丰富采访经验与较强的专业素养是其在媒介融合背景的最为突出的优势之一。为突破广播新闻记者现阶段所面对的困境，广播新闻记者在工作过程中应在最大限度上发挥自身的优势，并注重自身能力的培养。丰富的采访经验为广播新闻记者提供了一定的助力，在面对具有一定社会深度的新闻话题时，广播新闻记者即可利用自身的专业优势进行更具内涵的剖析解读。且从现阶段我国新闻产业的发展情况来看，虽然各种新闻媒介都有一定的发展，但广播电视仍为主要的新闻媒介，这使

---

① 魏国茂.基于媒介融合环境下广播电视新闻记者职业的现状分析［J］.电视指南，2018（1）：60.
② 陈漳龙.媒体融合背景下电视新闻记者的转型探讨［J］.西部广播电视，2017（17）：2.

广播新闻记者的长处得以发挥。但是广播新闻记者切不可有故步自封之态，在面对高考、治安和民生工程等社会热点问题时，亦要学会如何利用多媒体技术使新闻内容变得更为生动饱满。例如，在报道高考的实况时，广播新闻记者可以考虑采用视频、图片等形式突显出考场的紧张氛围。

（二）力求创新，提升新闻自身的创新性

在媒介融合背景下，新闻媒介的创新性是吸引新闻受众的重要因素之一。与自媒体平台的自由撰稿人相比，创新能力有限也是广播新闻记者的突出劣势之一。在传统的广播新闻行业，新闻从撰稿到播报都具有固定的流程可参考。然而，在媒介融合的大背景下，广播新闻记者应当力求突破这一桎梏。为实现新闻的创新，广播新闻记者可从新闻内容、报道形式等方面入手。例如，除了社会热点问题、时政消息和科技发现等传统的新闻内容之外，广播新闻记者还可以考虑将一些贴近生活的趣闻、通告等作为新闻的内容。

五、结　语

在日益竞争激烈的媒体行业中，广播电视新闻记者必须不断提高职业基本资格和自身的职业素养，注重自身能力的提升，力求创新，跟上时代的发展进程，才能不断提高工作效率与质量，推动新闻事业建设向前迈进一大步。

南方 Plus 抖音号的运营实践

李　卓①

根据抖音发布的《2019 抖音数据报告》，截至 2020 年 1 月 5 日，抖音日活跃用户数已经突破 4 亿，作为国内最大的短视频平台，继续领跑市场。抖音账号"南方 Plus 客户端"是南方报业传媒集团南方 Plus 客户端在抖音上开设的官方账号，由南方 Plus 客户端团队运营，与《南方日报》采编团队打通做内容供应。该账号于 2018 年 6 月 6 日发布第一条动态，截至 2020 年 3 月 20 日，累计发布作品 828 条，收获 3080 万次点赞、196.8 万粉丝。这一整体数据反映出"南方 Plus 客户端"抖音号蓬勃的发展态势和持续的内容生产能力。

账号运营的前三个月内基本处于探索阶段，作品类型较为广泛，数据发挥也相对平庸。2018 年 9 月 14 日发布的台风"山竹"天气图获得 15.5 万次点赞、1.1 万条评论和 1.4 万次转发，成为账号开设以来的第一次数据小高峰。此后，南方 Plus 抓住立足广东本地的优势，逐渐摸索出了一套有地方特色的内容生产模式，积累了一批忠实粉丝。而 2019 年 2 月 20 日发布的一条佛山民警夫妻元宵执勤相遇的暖心互动视频，获得了 91.2 万次点赞，让该账号真正迎来一个新的转折点。此后，运营团队进一步加大力度生产暖新闻，凝聚社会共识，传递正能量。

"南方 Plus 客户端"抖音账号的定位与《南方日报》纸媒和南方 Plus 客户端的内容生产基调保持一致，以时政类新闻发布为主，兼顾经济、民生、社会。本文就以"南方 Plus 客户端"抖音号为例，从内容生产模式上浅析省级党媒账号在抖音平台上的运营，并分析这套模式背后的逻辑，为国内媒体的融合转型提供借鉴。

---

① 李卓，南方日报社要闻编辑。

一、战略定位：另辟视角，对硬新闻做软性处理

新闻六要素包括时间、地点、人物和事件的起因、经过、结果，一条完整的新闻由标题、导语、主体、背景和结语构成。一个必须承认的事实是，目前媒体账号生产的大量抖音短视频都不能归为新闻，且抖音平台自身短平快的特点，也决定了该平台不能成为新闻传播的主流手段。那么，抖音账号对于一家媒体来说，究竟充当一个什么样的角色？运营的发力点又该在哪里？

笔者参与广东省委宣传部与广东外语外贸大学组织的国际传播青年人才培训班，走访调研南方日报社、羊城晚报社、广东广播电视台等多家本地媒体发现，省级媒体均把融合转型的重点放在客户端的运营上，因为客户端属于自有平台，其容量更大、自主操作的可能性更强。而抖音平台对于省级媒体来说，更多地充当着一个"拓荒者"的角色，目前抖音号的一个非常有效的作用就是引流，扩大媒体的影响范围，发掘潜在用户，帮助媒体将广大抖音用户进一步发展为自家客户端、PC端甚至平面媒体的深度用户。

南方Plus的内容生产者主要是《南方日报》的采编团队，而《南方日报》作为省级党媒，重点关注的领域是严肃政经，正如《南方日报》为自身定位喊出的口号"高度决定影响力"。那么如何发掘广大抖音用户、让时政类的产品引发普通用户的广泛共鸣？为此，南方Plus对硬性内容做了软性处理。

一方面，抓住大事件中的小细节，放大与普通人日常生活息息相关的内容。

南方Plus于2020年2月10日发布的一条视频，内容是民政部基层政权建设和社区治理司司长陈越良喊话腾讯、阿里巴巴等大型网络公司，号召其开发有体温检测等功能的社区公益软件，"比捐十个亿更管用"。该视频获得92.8万次点赞，引发广大用户共鸣。

该视频片段来源于2020年2月10日召开的国务院新闻发布会，新华社也发布了《国务院联防联控机制就加强基层社区疫情防控有关情况举行发布会》报道该事件。对于不关注时政的用户来说，该通稿从标题开始就令人"望而生畏"。南方Plus从发布会中截取了司长的一句发言，经过剪辑加工发布在抖音平台上。出入社区测量体温是几乎每人每天都会经历的事，新冠病毒是否会通过社区传播也是关乎每一位普通人健康和安全的问题，加之名人、企业家捐款一直是备受关注的话题，南方Plus截取的这一大事件中的小细节紧贴普通人的日常生活，让本身不关注时政领域、不看新闻发布会的人也能得到共鸣。

另一方面，聚焦大环境中的小人物，展示其不为人知的一面。

在抗击新冠肺炎疫情报道中，南方 Plus 发布在抖音上的几条关于医务人员的短视频取得了不俗的反响。如 2020 年 1 月 31 日发布的"梅州医生连续抗疫 9 天，每天工作 10 余小时，一提到家人，终于忍不住泪崩了"获得 135.3 万次点赞，10 万条评论；2020 年 2 月 4 日发布的"茂名电白一护士累倒抗疫一线，生命垂危"获得 232.5 万次点赞，14.1 万条评论，网友纷纷留言为护士打气、祈福："姑娘挺住，我们都盼着你回家""为小凤护士祈祷"；2020 年 2 月 19 日发布的"入舱道路显得那么漫长，我们却只能含泪目送，辛苦了！"视频显示一位不知名的医生迈着艰难的步伐走向高压舱，背影显得无比疲惫，该视频获赞 46.6 万次……这些视频展示的都是抗疫医生的日常，拒绝千篇一律的符号化歌颂，而是展示医务人员脆弱的一面，让观众了解到，这群"白衣战士"本质上也是普通人，从而倍加感同身受。

抖音是基于大数据算法进行推荐，用户使用的时间愈长，系统愈能够精准地为用户推荐其感兴趣的内容。因此，媒体作为内容的生产方，可以有意识地打造一些普适化的、容易"出圈"的"点"，让用户因为这个引起了自身共鸣的"点"，而愿意去进一步了解整个事件的"面"，进而将普通用户发展为深度用户；点燃用户情绪，直击用户心灵，让用户愿意去分享，从而进一步扩大媒体的影响范围。

二、运营宗旨：立足本地，增强目标用户黏性

立足一方土地，服务一方百姓，地方媒体的受众范围相对较小，但针对性也更强。在抖音平台上，地方媒体也应发挥本地优势，生产一些具有本地特色、满足本地用户需要的产品，留住目标用户，增强用户黏性。

对于在全国都有一定影响力的省内新闻，省级媒体可充分利用资源，尽量做到独家、首发、权威、全面。

"被梅姨拐卖 15 年的孩子找到了"备受全网关注。2020 年 3 月 7 日上午 8 时开始，南方 Plus 客户端以"寻子 15 年父子将团聚"为主题，对申军良、申聪父子的相见进行了长达将近 10 小时的视频直播，并随时从直播中抽取重要节点和感人画面，经剪辑加工发布在抖音账号。短短 3 天，4 条短视频累计获得 263.8 万次点赞，南方 Plus 抖音账号涨粉 10 万。数据背后是多部门协同作战，本地采编力量充分整合的结果。3 月 6 日晚警方发布案情通报后，《南方日报》、南方 Plus 迅速组建跨部门报道团队，记者连夜赶往广州增城获取一线信息，记者紧盯警方消息，联络梅州站了解落地

情况，音视频部门及时使用资料进行视频剪辑，做到短视频提前运营。现场采访时，前方记者提前完成各自分工和卡位布场，牢牢占据现场主动权，先于其他媒体找到中良军本人，做到独家专访，成为全网独家首发，占尽先机。

关于新冠肺炎疫情的报道，南方 Plus 于 2020 年 2 月 7 日发布"华南农业大学最新研究表明，穿山甲为新冠病毒潜在中间宿主"，这是本地高校关于疫情研究取得的重大突破，南方 Plus 迅速跟进，在第一时间独家首发，视频获赞 248.7 万，评论 21.3 万，转发 13.9 万。以上数据均可体现本地媒体在本地新闻报道中的突出优势。

对于全国性的甚至全球性的新闻，地方媒体则可以放大本地元素，通过特色的呈现角度为本地用户做好"私人定制"。

2019 年 11 月 27 日发布的"国台办新任发言人朱凤莲首次亮相，闽南语、客家话、普通话切换自如！她来自广东梅州"短视频就抓住了全国新闻的本地元素，点明朱凤莲的籍贯，并聚焦方言这一颇具地方特色的关注点，提高广东同乡对她的好感度，吸引广东本地用户积极互动，网友纷纷留言"梅州客家人""美丽有风度"，该帖获赞 75.9 万。

在抗击新冠肺炎疫情的报道中，因为钟南山院士长期在广东工作生活，南方 Plus 也充分抓住这一点，发挥自身作为广东本地媒体的优势，做出广东本地媒体的特色。2020 年 1 月 29 日发布的"钟南山院士亲身示范如何脱口罩"获赞 101.6 万，是独家首发；此后发布的"钟南山：武汉仍未完全制止人传人""钟南山提醒保持下水道畅通""钟南山：有信心四月底基本控制疫情""钟南山：出院重新感染可能性很小"等短视频，都是通过截取钟南山院士的话来报道政府新闻发布会的内容，传递权威观点；而"钟南山院士跳舞视频曝光"等趣味性周边则向用户展示了钟南山院士亲切的、生活化的一面，将院士的形象塑造得更加立体。这一系列关于钟南山的视频发布在抖音平台，把握住了民众对于钟南山院士的信任和依赖心理，均取得了不错的播放效果。钟南山来自广东，但其在全国乃至全球都有足够的影响力，院士的视频能够增强广东本地用户的自豪感和归属感，增强本地用户对于本地媒体的黏性。

三、内容呈现：能短则短，突出重点制造起伏

社交媒体平台的出现带来了一波短视频热潮，微信、微博上出现了大量几分钟的短视频。而抖音平台的出现进一步将视频缩短为以秒计算，这种短超越了新媒体出现之后那种意义上的短，发展成为更加被动的、跟随技术衍变的短。从 4∶3 或 16∶9 的

"宽幅画面"到 9∶16 的"竖屏画面",视频传播的时长逐渐由"长"变"短",镜像画面从"宽"变"窄","网络狂欢"在竖屏短视频的媒介化世界中呈现出愈演愈烈之势,竖屏短视频成为人们新的社交场域。

抖音不是新闻 App,而是各种各样内容聚合的平台。媒体在抖音上生产内容必须要认识到,抖音用户在使用手机时不是为了看新闻,而是在休息时间接收碎片化的信息,从而获得自我身心上的放松和愉悦。再加上字节跳动的核心技术大数据算法推荐以及抖音 App 通过上滑下滑轻松切换视频的 UI 设计,在抖音平台,用户不是被动地接收信息的受众,而是主动选择信息的"甲方"。传统媒体在短平快的信息传播领域优势不再,核心在于供给侧,在于我们原来通过报纸这种载体所提供的信息传播,已经不能满足受众的需求。

站在用户的角度生产内容,这就要求媒体不能照搬传统的新闻生产模式。传统的记者采访撰稿,编辑排版,力求尽可能完整地、全面地还原事实;而适应抖音传播规律的短视频是只拎出最精彩的部分单独呈现。从文字到图片再到视频,从平面到动态,从横屏到竖屏,新闻传播方式的更迭其实是一直在给用户做减法。想要进一步提高阅读完成率,就需要遵循快节奏的传播规律,进一步包装视频的内容呈现。

同样是关于新冠肺炎疫情的报道,南方 Plus 于 2020 年 2 月 25 日发布"让人心疼!让人感动!谢谢你们风雨无阻坚守在防疫一线!"展示各行各业人员的"口罩脸",致敬他们的付出,获得 29.3 万次点赞。视频首帧就是一张侧脸,口鼻等平时会被口罩遮住的部分与眼睛、额头部分的肤色深浅形成鲜明对比,就连口罩挂耳的带子也在脸上留下了明显的痕迹,加上眼角深深的皱纹、嘴角一抹苦涩的笑容,都让画面极具视觉冲击力。观众的耐心只有 3 秒,想要留住观众,就必须做到先声夺人、开门见山,最精彩的一幕或最能体现核心内容的画面就应放在封面图和首帧。在"口罩脸"视频的上方,编辑配以明黄色勾黑边的鲜明字幕"这张照片他不敢让老婆女儿看到",让画面更有故事感,进一步击中观看者的痛点。

2019 年 8 月 30 日发布的"我爱你中国,广州 999 架无人机点亮国旗"也是以恢弘的画面和"高燃"的音乐取胜。画面中的广州塔"小蛮腰"是广州的标志性建筑,无人机在空中勾勒出港珠澳大桥、国旗等图案和"70""我爱你中国""你好新时代"等字样,既抓住本地元素吸引本地用户,又融合新时代主旋律,收获点赞 210.1 万。

南方 Plus 生产的抖音平台的视频拥有一定的共性,整体节奏基本可以概括为:开门见山突出重点,点燃情绪引发共鸣。画幅以竖屏为主,和观众离得更近;画面主体明确,包含的信息量尽量少,重点突出;用色彩鲜明、字体醒目的夸张字幕,帮读者

"划重点"；洗脑的网红流行配乐点燃气氛，更加给人以情绪的带入感；适当运用爆笑、疑惑等音效增加诙谐感和节奏感，极短的视频中也有起承转合。

目前，南方 Plus 抖音内容的生产模式有两种：一是将供客户端或两微的视频产品进行二次剪辑，再发布在抖音平台上，运营人员在加工时，会依据上述特点，将视频包装成有"抖音味"的产品；二是由内容团队直接生产适合社交网络传播的轻量化产品，策、采、编、发全部流程都以抖音平台发布为目标。

例如，2020 年 3 月 5 日"雷锋日"，南方 Plus 抖音号发布了一条广州医护人员带头献血的短视频，其中广州市红十字会医院的一名医生说："虽然我的血里没有新冠病毒的抗体，但我们的目标都是一样的，那就是打败新冠病毒！"这一"金句"令人耳目一新，极富感染力。然而，遇到"金句"并不是靠运气，实际上早在策划环节，记者就已经计划好将"金句"与感人故事作为献血活动采访的重点。因此在采访环节，记者能够精准发力，在与受访者的交谈中挖掘出闪光点。在编辑环节，虽然受访者讲了很多，但最终决定选取最有力量的一句话，用抖音短视频的形式加以包装，果然在发布之后"点燃"了很多人献血的热情，短期内广东献血量大幅提升。

目前，南方 Plus 还没有专门的抖音运营团队，基本上是客户端的编辑在兼职操作，如进一步重视起来，可能会在内容质量、数据发挥和商业价值方面更上一层楼。

四、结　语

从长到短、从横屏到竖屏，抖音这一新兴载体的出现，带来了新闻内容生产的革命。横屏视频，它像是窗户，它的视角是向外的，观众透过这扇窗向外探索；竖屏视频，它更像镜子，它的视角是向内的，观众从屏幕里获得共鸣，找到自己。

参考文献：

[1] 王娜 . 抖音的沉浸式传播 [J]. 传媒论坛，2019（8）：152-153.

[2] 袁雨晴 . 人民日报抖音短视频发展的"4I 模式"[J]. 新闻战线，2019（11）：91-93.

[3] 洪奕宜，刘红兵 . 刘红兵：智媒新时代 智慧新南方 [J]. 南方传媒研究，2019（5）：3-11.

[4] 王琴 . 地市级纸媒抖音号的现状、特征及发展策略 [J]. 新媒体研究，2019（16）：

68-70.

［5］黄鑫.抖音日活跃用户数超 4 亿——更多的人，更大的世界［Z/OL］.（2019-07-05）［2021-10-08］.https://www.xinhuanet.com/info/2020-01/17/c_138712187.htm.

［6］张寅，陈园.围观、模仿与狂欢：竖屏短视频的受众传播行为［J］.当代电视，2019（11）：89-92.

试析媒介转型背景下的媒体人才战略

梁怿韬①

"媒体竞争关键是人才竞争，媒体优势核心是人才优势。"2016 年 2 月 19 日，习近平总书记在党的新闻舆论工作座谈会上，强调要加快培养造就一支政治坚定、业务精湛、作风优良、党和人民放心的新闻舆论工作队伍。人才，成为这支工作队伍中的核心构成。

如今劳动力越来越精贵，不少地方和行业时不时便会闹出为争抢人才而出现的"抢人大战"。作为为社会大众传播信息的行业，媒体业无可避免地需要参与这场"大战"。这场"大战"的"战场"不仅在中国，在国外也在"打响"。从业人员可以获得多少报酬，通过努力工作可以获得什么样的成就等因素，决定了即将步入职场的新人，是否会选择特定的行业工作。新人的不断涌入以及将有实力的人留住，成为任何一个行业均需要面对的生存之道。

受惠于单位和上级业务部门的安排，笔者从 2018 年起，获得对中国和美国媒体走访学习调查研究的机会。通过赴国内外各类媒体的走访学习调查研究，笔者发现无论是中国媒体还是外国媒体，均存在相类似的"如何活下去"的问题，人才问题是"如何活下去"的核心之一。职场新人由于各种原因不选择进入媒体行业或者仅把媒体行业当成职场跳板，部分已经入职的媒体人对前途感到彷徨，部分媒体所呈现辉煌的过去与如今空荡荡人员稀少的办公室形成鲜明对比的景象，无不让人有危机感。相比危机感，笔者通过走访，还是会发现一些让人欣喜的场面，虽然有人离开，但有人加盟并愿意跳槽进入媒体；不少有实力的媒体从业人员，愿意留下继续坚守；总有那么一两家媒体，能够特立独行地看到众多人在办公室办公，且办公人员乃清一色年

---

① 梁怿韬，《羊城晚报》广州新闻全媒体编辑部突发新闻采访室副主任。

轻面孔。这些媒体如何吸引人才加盟并留住现有的核心人才，值得各大媒体去研究和学习。

媒体如何吸引和留住人才？笔者仅从 2018 年至 2020 年对国内外各大媒体和培养专业媒体人院校的走访，谈谈如何将人才吸引住并留下好好为自己服务。

一、无论中外，媒体人都在"阵痛"当中

（一）媒体转型，国外比国内更"痛楚"

在讨论一个地方是否留得住人的时候，我们往往会用"职场环境"这个概念去描述该行业和人才有关的那些事。在探讨中国媒体的职场环境前，我们先看看大洋彼岸的美国境况如何。

2018 年笔者以"羊城晚报美国出版融媒体发展及运营培训团"身份前往美国交流学习时，第一站是位于芝加哥的美国西北大学。该校新闻学院教授里奇·戈登，给我们介绍了最传统的报纸类媒体，如今在美国的发展情况。在给团员们讲课期间，里奇·戈登以广告商投放份额去研究媒体的兴衰。如同国内不少纸媒曾拥有辉煌的过去一样，美国的报纸媒体也同样如此，在 1997 年开始有互联网广告数据统计之前，纸媒始终还是广告商投放广告的首选。从 1997 年起互联网广告纳入统计，其不到 10 年时间，便把过去 50 多年占据广告投放第一名的报纸给拉了下去；从 2005 年到 2010 年，PC 端的互联网广告，成为美国广告商投放的首选。在 2009 年将移动端与 PC 端分开，用了大概 3 年时间，移动端的互联网广告，成为美国广告商的首选。虽然报纸依然排在广告商投放的前 3 名，但投放占比已由最高峰时接近 40%，下降到 15% 左右。根据这一变化，里奇·戈登统计出全美所有报纸的广告收入，在 2000 年曾达到400 亿美元，可 2010 年后每年均在 200 亿美元以下。行业的收入，和行业所能雇用人或者吸引人的能力，在里奇·戈登的研究中得以体现：2006 年，全美报纸采编人员聘用数达 74210 人，到 2017 年则降至 39210 人。

除了拜访学术机构，对当地媒体的走访也是"羊城晚报美国出版融媒体发展及运营培训团"此行的重要内容。在拜访芝加哥市场占有率第三大的《每日先驱报》，以及伊利诺伊州首府斯普林菲尔德市有着 150 年办报历史的《国家日志记录者》，总部设于美国纽约全美华人受众最多的华文报纸《世界日报》时，笔者均看到上述媒体虽然拥有如同不少国内报社般的独立办公大楼，但大楼内较为空荡，不少办公桌空置，

大楼内办公人员年轻面孔较少的现象。在拜访纽约的《纽约每日新闻》时，接待我们一行的首席执行官透露，他们9天前刚刚进行一轮裁员，"我也是刚刚才上任9天，你们不要把我们的遭遇当成新闻写出去"成为他的诉求。

美国媒体从业人员收入是多少呢？在纽约为我们演讲的哥伦比亚大学李沁灵教授，在美国多个传统媒体工作过。自身掌握了多项媒体内容数字制作方法的她，如今选择在大学教书，她坦言还是和钱有关。据她介绍，美国媒体从业人员平均年薪为3万美元，具备多媒体制作能力的从业人员年薪可达到5万美元。这个收入，不及在美国当大学教授可以拿8万美元年薪的收入；根据伊利诺伊州《国家日志记录者》记者克里斯托·托马斯的说法，有3年新闻从业经验的她在斯普林菲尔德有3.4万美元年薪，相同资历在《纽约时报》可以获得2到3倍的收入；根据《芝加哥太阳时报》记者劳伦·菲茨透露，作为种子记者的她年薪为8万美元。

根据上述走访，在"媒体转型阵痛"上，美国不会比中国"舒服"多少，甚至可能"更痛"。

（二）转型中的中国媒体，大学在研究"记者如何转型"

以里奇·戈登的研究为样本，美国在2006年至2017年间，报纸采编人员减少了35000人。回望中国，媒体从业人员的流失，已不是秘密。笔者2019年通过广东省青年国际人才传播班走访国内媒体，以及培养媒体人才的高校时，所遇到的负责人均会开诚布公地谈论人才不愿前往媒体行业工作的问题。

"近年来，新闻学院培养出来的毕业生，只有两成前往媒体工作。"复旦大学新闻学院执行院长、党委书记张涛甫介绍，媒体的光环效应正在消失，不少收入待遇比媒体更高的行业出现，无疑吸引着新闻学院毕业生前往非媒体特别是新闻单位就业。另一方面，一些媒体的招聘手段，也让优秀的新闻学院毕业生未必愿意去。譬如复旦大学优秀的新闻学院毕业生想去上海以外的一些优秀媒体，会遭遇落户难的问题。这会导致一些高校新闻学院的毕业生，从源头上便不愿意到媒体工作。

"澎湃的人员流失率比较高，每年在10%以上。"这是2019年9月17日笔者走访上海澎湃新闻时，政治新闻主编、主任记者陈良飞透露的数据。对于留不住人，陈良飞给出的其中一个理由，是非新闻类的大型企业，同样对新闻类人才有需求，企业的公关岗位和营销岗位，会吸引高校新闻专业毕业生或者在媒体具有一定从业经验的人加入。

"我们从前两年开始，尽量减少招人。"上海东方传媒集团融媒体中心总编室丁琛介绍，受传统广电传媒收视率下滑、总体广告收入减少的影响，集团近年会在人员招聘名额上有所压缩。一些只愿意做传统广电工作的人，会因此而流失。

中国媒体到底流失了多少人？学术界也在关注着。一些高校新闻传播类文献，也将一些曾在网络流传的数据，作为学术数据引用。经常被各种平台转载的一组数据，是广东的南方报业传媒集团 2014 年的一组人员变动数据。该数据显示，当年该集团聘任的员工有 202 人离职，这一数据在 2012 年、2013 年分别为 141 人、176 人。离职员工中以记者、编辑等采编人员为主。与这组数据相结合的分析认为，入职前 3 年最容易辞职，共有 102 人离开，占 2014 年度离职总人数的一半；入职 5～9 年辞职的占到将近 3 成。

在媒体人频频离开的现状下，学术界已经在关注"如何离开新闻行业"这一话题上。曾是媒体人，现广东外语外贸大学新闻与传播学院教授陆扶民，便编写了《记者如何转型——新闻从业者职业生涯变动的动因与路径》一书，书中收录 22 名离职媒体人的采访实录。该书认为当下中国正发生"国内媒体人第 3 次离职潮"现象，但从书中收录的媒体人去向来看，该书把控住了"离职不一定悲观"的基调，并将 22 名离职媒体人去向，归类为"转战网媒""内容创业""跨界创富""企业高管""专业转型"等 5 大类别。

二、留住人才，并非完全无可能

历经两年走访，看起来无论中外媒体都在面临人才流失问题。但通过走访调研，笔者也欣喜地看到并不是所有媒体都在"坐以待毙"。一些积极的做法，一定程度上还是起到了留住人才，甚至让人才获得更进一步发展的作用。

（一）从源头上就要想到留住人才

高校是所有行业的人才库。抓住尚在高校的学生的胃口，行业便可获得人才的输入。受限于调研走访安排，笔者的美国之行并没有较好地发现美国高校有太多行业吸引人才投身媒体，或者媒体干预人才投身的措施。但在中国，具有指标性的高校和媒体，已经紧紧盯着尚在高校中的学生。

在 2019 年笔者到访复旦大学时，已发现这所培养不少传媒类毕业生的高校，不少毕业生已不再选择媒体作为首选就职地，但在校企合作的背景下，一些合作项目得以进入高校课堂，学生在学习期间便有机会接触到媒体的运作。如复旦大学与澎湃新闻合作成立"数据未来实验室"和"镜相工作室"，和网易新闻合作成立"内容创新实验室"，和看看新闻合作成立短视频制作基地等。笔者所在的羊城晚报报业集团，便于笔者曾就读的广东外语外贸大学建立在校学生实习基地。这些校企合作的产物，将对高校学生日后选择就业单位时产生影响。一些积极的招聘政策，也能对高校学生入职媒体起到作用。在 2020 年校招季，《羊城晚报》首次推出实习生直升计划，优秀的大四学生可选择在《羊城晚报》实习，并由资深记者指导下获得更好的就业预习，特别优秀的实习生将可免除部分面试程序直接获得羊城晚报录用机会。

（二）业务和机制体制上的持续创新

人是一种"喜新厌旧"的动物，传统的印刷纸载体和电视机屏幕载体，本身就不吸引人。如何让人看到媒体行业之"新"，同样是留住人才的关键。

笔者在美国走访期间，最大的发现在于美国媒体也和中国媒体一样，意识到光靠纸质平台以及多年的传统经营手段，无法生存下去。几乎所有到访的媒体，笔者均会看到办公区内，有着显示各自产出的新闻稿件，在自家官网的阅读量。有别于国内媒体热衷于将完整的内容完全提供给类似于今日头条这样的第三方平台，美国媒体虽然也会依赖脸书、推特这样的平台，或者谷歌等搜索引擎推荐自己的新闻作品，但绝不把完整的内容免费提供给这些平台。美国媒体在脸书和推特上，会采取诱导手段，让具有诱导性质的标题和简单文字，以及图片发放在社交媒体上；对于谷歌，则采取搜索关键词优化的方式，让自己官网的一些新闻内容通过热门搜索词搜索得到。所有的内容导向，均指向了在第三方平台或者搜索引擎上看到诱导内容者，想看到完整内容均需要点击媒体官网的链接，进入官网才能够看到。相比中国媒体，美国媒体的新媒体转型路，更加注重自己官网的内容包装，而不是直接向第三方输出免费的内容。

光是把传统的文图内容登在自己官网上，难以符合"新媒体"的定义。不少中国媒体，如今已在传统的文图报道中叠加短视频产品。曾在多个美国媒体工作过的哥伦比亚大学李沁灵教授，向笔者和其他访问团成员，展示她在美国新闻周刊官网上，所完成的数据新闻作品。通过与文字记者合作，李沁灵将美国总统选举、涉及数据的调查性报道、添加数据内容以增添可读性的报道，以各种数据动画的方式呈现。让读者和用户在阅读传统的文图报道之余，可以看到由各种数据动画而呈现的新闻。这样的创新，给传统的短视频产品，又提升了门槛。

上述的创新，也许不少中国媒体也在做。除了内容上创新外，美国媒体也在尝试组织架构上的创新。美国之行最让笔者感到惊讶的，莫过于接触到一家名为 ProPublica 的媒体。它不依靠商业广告，也不依靠订阅或者向用户收费，以非营利模式运营的 ProPublica，依靠各种基金会捐款，用户捐款等形式生存；其产出的，为一条条高质量的调查性报道。政治丑闻、食品安全、商业利益等公众关注的点，均为 ProPublica 所涉足的调查点。

回望中国媒体，同样追求创新求变。即使是前文自家人也在吐槽人员流失的澎湃新闻，本身就是由《东方早报》的报纸媒体转化过来的；同样透露引进人才有障碍的上海东方传媒集团，旗下已自有新媒体平台"看看新闻"，通过将新闻短视频化，吸引新媒体平台读者。同样出自传统媒体的广电传媒，广东广播电视台也有新媒体平台"触电新闻"；在北京，近年来众多央媒也采用了新媒体的形式，例如《人民日报》通过《环球时报》和人民网，抢占新媒体平台的话语权；中国国际广播电台和中国国际电视台，分别抢占脸书和推特等国际传播平台，让中国的声音在国际化的平台，特别是新媒体平台上让国际受众获知。

通过这一系列的变化，笔者发现媒体的创新求变，最直接的影响是丰富了媒体的用人。由于众多创新涉及新媒体，不少媒体招聘了计算机、大数据、动画等学科方面的人才进入媒体工作，一定程度上打破了传统媒体用人单一来源自新闻传播学科的贯有途径。

（三）合理的获得

把人留住邀人加盟，"钱"是一个很关键的因素。但笔者相信不是每个媒体人都非常在乎钱，相反可能更多人在乎荣誉感。如果每个媒体都能为从业人员争取普利策奖，争取中国新闻奖等奖项，则即使没有丰厚的收入，也能让从业者感到有收获。

之所以在美国调研期间笔者会对 ProPublica 感到眼前一亮，是因为这家媒体的创新体制，吸引优秀人才加盟之余，还同时满足了加盟者对荣誉和收入的期望。通过自身招募记者独立完成调查报道，或者和传统媒体合作完成等方式，2008 年成立的 ProPublica，10 年内 4 次获得普利策新闻奖。虽然机构属性为"非营利"，但这并不意味着新闻从业者要以"义工"形式服务；相反，ProPublica 向记者给出的薪水，为笔者本次美国之行中所调查到薪酬最高的媒体——收入最高的记者年收入 40 万美元！"为了吸引业内顶尖记者加盟当时还不为人所知的 ProPublica，我们必须付出比市场更高的价格引进人才。"ProPublica 接待人员介绍了公司的理念，同时亦告知了"非营利机构"中人才自身也可"营利"。笔者 2019 年 11 月到访北京时，人民网接待笔者到访的员工齐越便透露了"单位很少有人主动离职",除了央媒在国内媒体的特殊地位外,更重要的是在这一平台上,媒体人更容易获得较高级别的中国新闻奖等奖项。

通过调研,笔者还发现"稳定""正统",一定程度上也吸引人加盟或者留在媒体中。如笔者在访问触电新闻时,便遇上从网络公司转职至触电的职员项曦仪。据她介绍,她看中的是越来越严谨有可能进一步规范化、专业化的互联网媒体发展前景。相比动不动就可能关闭的互联网公司,背靠广东广播电视台的触电新闻,更加"靠谱"。美国伊利诺伊州《国家日志记录者》处记者克里斯托·托马斯透露,虽然自己的薪水不如CNN等美国顶尖媒体记者,但她仍喜欢留在小城市斯普林菲尔德,因为生活成本更低。

(四)"离开后的精彩"也吸引人

通过调研,笔者发现媒体作为"人才跳板",也是一种吸引人先行求职入职的方向。在媒体越来越重视人才的情况下,记者的"跳槽",有的媒体反而能"获利"。

"人员流失虽然多,但出去的通常社会地位和待遇都不错。"上海澎湃新闻陈良飞介绍,澎湃离职的媒体人中,不乏前往阿里、腾讯这些著名企业任职者。从近年人员流向看,不排除有的人本身想前往阿里、腾讯这类企业工作,但在最初应聘时没有成功。如今通过在媒体历练一段时间,成功入职。在调研中,陈良飞表示媒体人从媒体单位离职,有时候可能是遇到了更好的媒体单位而不是彻底离开这一行业,相当一部分人是被界面、红星、上游等国内其他媒体平台"挖"走的;在美国,《世界日报》向笔者介绍情况的华人记者曹杰瑞,便透露了美国华人媒体,有相互挖人的"传统"。

参考文献:

[1] 郭全中. 阵地在, 骨干已不在 [Z/OL]. (2015-01-14)[2021-10-08].https://news.sina.com.cn/m/2015-01-14/095531397568.shtml.

[2] 胡林. 南方报业集团 202 人离职折射下的纸媒转型困境 [Z/OL]. (2015-01-10)[2021-10-08].https://news.mydrivers.com/1/368/368684.htm.

[3] 陆扶民. 记者如何转型: 新闻从业者职业生涯变动的动因与路径 [M]. 北京: 中国社会科学出版社, 2018.

[4] 栾春晖. 传统媒体人那么几次离职潮 [Z/OL]. (2015-02-03)[2021-10-08]. https://www.mycaijing.com.cn/news/2015/02/03/15542.html.

浅谈"大湾区之声"媒体融合传播策略

罗频洋①

粤港澳大湾区包括香港特别行政区、澳门特别行政区和广东省广州市、深圳市、珠海市、佛山市、惠州市、东莞市、中山市、江门市、肇庆市，总面积5.6万平方公里，是我国开放程度最高、经济活力最强的区域之一，在国家发展大局中具有重要战略地位。②根据《粤港澳大湾区发展规划纲要》，粤港澳大湾区是以"深入贯彻习近平新时代中国特色社会主义思想和党的十九大精神，统筹推进'五位一体'总体布局和协调推进'四个全面'战略布局，全面准确贯彻'一国两制'、'港人治港'、'澳人治澳'、高度自治的方针"为指导思想，围绕新发展理念，不断解放思想而展开的大胆探索。

为及时传播粤港澳大湾区国家战略实施进程及"一国两制"事业发展新实践，2019年9月1日，中央人民广播电台推出首个专门面向粤港澳大湾区的电台广播节目"大湾区之声"，并搭配新媒体平台，对于深化内地与港澳合作，增进港澳同胞福祉，保持港澳长期繁荣稳定发挥着重要作用。

"大湾区之声"以国家电台身份融入粤港澳大湾区的多元文化之中，在传递国家政策、立场和态度，以正确舆论引导公众，沟通粤港澳大湾区受众之间的情感等诸多方面肩负着重大责任。"媒体是信息的传播者、时代的记录者、社会的推动者、正义的守望者；建设一流湾区，媒体是不可或缺的重要力量。"③粤港澳大湾区媒体立足本土优势，在大湾区时代顺应潮流，通过学习与创新，在机遇与挑战、竞争与合作中寻求新的发展空间。

---

① 罗频洋，广东广播电视台电视新闻中心《今日关注》主编。
② 详见：中共中央 国务院印发《粤港澳大湾区发展规划纲要》。
③ 详见：《首届粤港澳大湾区媒体峰会倡议书》。

一、定位精准，多种方言播报满足受众需求

"大湾区之声"以"一流湾区、一流生活"作为节目定位，覆盖 9 市 2 区，广播播出频率为调频 101.2MHz、中波 1215KHz，全天播音 21 小时。除广播频率外，还可以通过微信公众平台"大湾区之声"在线收听功能，国内网络音频应用如"蜻蜓 FM"，以及下载"大湾区之声"电台 App 等方式收听节目。作为中央广播电视总台区域特色鲜明的传播平台，"大湾区之声"倾力打造全媒体新型广播，为粤港澳地区受众提供音视频等多元化新媒体服务。

"大湾区之声"广播和新媒体集中体现为 4 大特点：服务大局、满足需求、方言为主、年轻化。在传播国家声音、履行主流媒体职责，服务全国影响全球的进程中，"大湾区之声"借助粤、闽、客三大方言贴近当地人民的生活，满足居民对于时事、财经、科创、生活、就业等信息和政策分析解读的需求，以受众目标年轻化为主趋势，用恰当的方式将体现粤港澳特色的传统文化与新型媒体相结合，不断提高广播频道的受众区间。

二、内容丰富，广播频道社交平台同步运行

"大湾区之声"的传播融合了传统广播频道与新兴社交平台的功能。在内容设置方面，"大湾区之声"现正播出的节目共有 17 个，分为新闻、财经、生活、文化、音乐等五大版块。其中，新闻版块有 5 个节目，包括三档新闻栏目《湾区，早晨！》《湾区速递》《湾区在线》、热点话题评论栏目《"港"清楚》和聚焦引导网络热点的《热搜新视界》。财经版块有 2 个节目，包括《谈股论金》和科创类栏目《科创梦工场》。生活版块有 3 个节目，包含推介青年就业需求、行业资讯和创业达人故事的《揾食大湾区》、畅谈国际旅游生活类信息的《叹世界》、提供心理疏导的《同一星空下》。文化版块 5 个节目中，《风雅东方》传播中华传统文化，《韵味岭南》播出岭南地区受众喜爱的粤剧粤曲、潮剧潮歌等内容，《穿梭体坛》传递体育资讯，《天下潮人》和《四海乡音》则分别以闽、客方言传播相关资讯和当地文化。音乐版块有 2 个节目，主要发布最新港澳原创流行音乐的《华夏原创金曲榜》及经典粤语歌曲赏析的《千千阙歌》。新闻和文化两大版块内容样式所占比重相当，以此为传播主轴，说明"大湾区之声"将信息传递与文化传播并重。

在节目播出方面，21 小时的播出安排中，非正式节目《乐曲、节目预告》《醒晨

好音乐》《节目结束语》为 1 个小时，正式节目为 20 个小时，其中除新闻版块以 30 分钟为一个时段，音乐版块中《千千阙歌》以 2 小时为一个时段外，其他版块均以 1 小时划分时段。在时段分布上，新闻版块为 3 个小时，财经版块为 4 个小时，生活版块为 5 个小时，文化版块为 5 个小时，音乐版块为 3 个小时，生活、文化两大版块播出时长在全部时长中分布最高。在播出频率上，新闻版块新闻评论类《"港"清楚》，财经科创类《科创梦工场》和《谈股论金》，生活资讯类《叹世界》和《搵食大湾区》不同时段均有两次播出安排。以此为基础统计一天的节目安排，新闻版块有 6 次播出频率，财经版块有 4 次播出频率，生活版块有 5 次播出频率，文化版块有 5 次播出频率，音乐版块有 2 次播出频率，说明"大湾区之声"的新闻信息传递仍然占据较大的比重。

新媒体平台与广播电台同步运行。截至 2020 年 3 月 18 日，在"大湾区之声"正式上线的 200 天里，其微信公众平台共推出文章 831 篇，并具有"在线收听"和"粤朗倾听"两个收听广播和倾听朗诵的常用功能，受到新冠疫情影响，后续还推出"疫情防护"功能，通过粤闽客三大方言主播介绍疫情防护的相关知识。除音频传播方式外，信息阅读和视频观看也是"大湾区之声"向外传递声音的重要途径。其中，通过"大湾区之声"发表的针对美国干涉香港事务的相关评论引起境内外媒体的竞相关注。在文章数据统计中，原创文章 38 篇，每日平均推出文章 4.16 篇，与电台节目相对应文章 69 篇，集中在财经、生活、文化 3 个版块，新闻版块因其特殊性，在新媒体平台没有整合成电台播出的节目形式，而是以敏感和及时性作为逐条新闻的单篇报道呈现。69 篇文章中，《韵味岭南》2 篇，《"港"清楚》6 篇，《科创梦工场》3 篇，《叹世界》12 篇，《谈股论金》35 篇，《搵食大湾区》4 篇，《天下潮人》3 篇，《四海乡音》4 篇。除此之外，还有引起较大关注的《大湾区之声热评》7 篇被境外多家大型媒体转发报道。在电台信息传播外，新媒体平台以更加及时、灵活的方式，增加互动交流的可行性，辅助"大湾区之声"的大众传播。

三、媒体融合，集音频、视频、文字、图像的输出

媒体融合是信息传输通道多元化下的新作业模式，是把报纸、电视台、电台等传统媒体，与互联网、手机、手持智能终端等新兴媒体传播通道有效结合起来，资源共享，集中处理，衍生出不同形式的信息产品，然后通过不同的平台传播给受众。"移动互联网已经成为信息传播的主渠道，随着 5G、大数据、云计算、物联网、人工智

能等技术不断发展，移动媒体将进入加速发展新阶段。① ""据第 44 次中国互联网络发展状况统计报告显示，截至 2019 年 6 月，我国网民规模达 8.54 亿，手机网民规模达 8.47 亿，网民使用手机上网的比例达 99.1%。② "用户从过去传统媒体时代在广播、报纸、电视中被动选择信息，到今天在信息呈井喷态势的互联网中可以根据信任程度主动选择有效信息，互联网时代受众的主体性正在不断加强。

粤港澳大湾区的融媒体结构存在部分差异。在传统媒介使用上，内地媒体以广州为例，电视和社交媒体是最常用的信息源，广播和纸媒相对式微。香港除了各大媒介平台外对广播持有较大开发度。澳门兼具内地与香港的媒介使用度，另外境外媒体在澳门也有大量受众。在网络社交平台使用上，内地社交媒体平台以微博和微信为主，而港澳地区则更多集中使用脸书、油管、照片墙进行社交。在语言使用习惯上，内地以普通话和粤方言为主，香港兼用粤方言、英语、普通话，澳门除具有香港语用习惯外，还有一定的葡语使用空间。③ 面对大湾区特殊的历史性和地域性特征，"大湾区之声"在媒体融合传播方式上也呈现出一定的时代性。

在前文提到的"大湾区之声"节目收听方式中，广播频率收听和微信公众平台的在线收听功能以及相配套的公众号文章是传播力度较大、传播效果较好的媒体融合传播方式。首先，将广播频道与社交平台结合是传统媒体与新兴媒体融合的重要方式，同时也兼顾了粤港澳大湾区受众的使用偏好。对于港澳地区将收听广播作为生活习惯之一的居民而言，透过电波里亲切的粤方言语音新闻播报，可以帮助其更大程度接收和理解信息；对于内地将微信社交平台作为生活必需品的居民而言，通过公众号在线收听和阅读相关文章既方便快捷，又可以在朋友圈进行互动。其次，音频、视频、文字、绘画相结合是传统媒体与新兴媒体融合的有效手段。在过去传统媒体中，信息传播功能相对单一，广播只能传递声音信息，报纸只能传递文字信息，电视虽然融合了声音、文字和影像，但是要以编排好的形式呈现，而且与受众的互动较弱。"大湾区之声"电台频率和新媒体平台的同步运用，增强了受众的主体性体验，同时，微信公众平台还连接用方言制作的相关情景剧节目，拉近了受众与平台、不同区域受众的心理距离。最后，加强媒体与受众的互动，通过文化价值观的传导，唤起粤港澳三地人民的情感共鸣是媒体融合传播中极为重要的组成部分。互联网对普通用户的赋权使个

① 习近平.加快推动媒体融合发展构建全媒体传播格局［J］.求是，2019（6）：4-8.

② 严俊，李昊泽.媒体融合发展下主流意识形态的传播路径探析［J］.传媒观察，2020（2）：5-11.

③ 葛思坤，段秀芳，陈晓蕾.融媒体环境下的粤港澳跨境信息传播研究［J］.新闻研究导刊，2019（10）：33-34.

人的能量被激活和放大，个人可以被看作是充满潜力和无限可能的传播节点。"大湾区之声"开播之时，推出了关于来自世界各地粤港澳华人热情推荐的短视频推送《开播啦 | 世界各地小伙伴发来贺电！》，以及由粤港澳大湾区客家人组成的介绍团《大湾区之声客家话节目〈四海乡音〉都有啥？》；在庚子鼠年到来时，其微信公众平台亦推出由5位国家级"非遗"潮剧代表性传承人为"天下潮人"送上独家新春祝福视频的《天下潮人 | 你敢说不认识 Ta？！》，以个体发声的形式，追求群体的情感认同，让更多受众看到这一新平台的传播力量。

四、内外兼顾，鲜明态度引发境外媒体关注

粤港澳大湾区的战略定位是"充满活力的世界级城市群""具有全球影响力的国际科技创新中心""'一带一路'建设的重要支撑""内地与港澳深度合作示范区""宜居宜业宜游的优质生活圈"。在经济规模、人口规模、占地规模等方面可以与世界级三大湾区相媲美。宏远的战略定位、强大的经济实力和"一国两制"的新实践使得粤港澳大湾区作为一个联动的整体获得国境内外的更多关注，"大湾区之声"是建立在这一基础上的大众传播方式，因此，兼顾好对内的信息传递和对外的立场表达，是其在运行过程中的必要环节。

在澳门回归20周年之际，"大湾区之声"推出评论文章《大湾区之声热评："一国两制"的成功典范》指出，"一国两制"是解决历史遗留的香港、澳门问题的最佳方案，也是香港、澳门回归后保持长期繁荣稳定的最佳制度安排。同时，通过采访在澳门生活的葡人、客商以及其他定居于此的人们，将澳门回归祖国20年生活以19篇专题报道（如表1所示）的形式呈现，并以"日新月新"为澳门主旋律，向世界传递澳门声音。

自2019年12月底中国暴发新冠肺炎疫情以来，"大湾区之声"通过及时报道疫情信息，用粤、闽、客方言传播疫情预防方法，及时更新与疫情相关的假新闻，保持对内信息传递的及时与畅通。

表1 "大湾区之声"澳门专题报道

日期	标题
12/5	【日新月新 听·见澳门】访崔世安：国家支持是澳门同胞的最大信心
12/6	【日新月新 听·见澳门】访澳门中联办主任傅自应：积极投身大湾区建设 融入祖国发展大局
12/8	【日新月新 听·见澳门】访澳门特区候任行政长官贺一诚：坚守爱国爱澳核心价值 做好大湾区重要一员
12/9	【日新月新·见澳门】访何厚铧：初心不改 让爱国传统薪火相传
12/10	【日新月新·见澳门】访高开贤：我们要保护国家的安全 这是共同的利益
12/11	【日新月新·见澳门】庆祝澳门回归祖国20周年 广播剧《福满楼》今天上线！
12/11	【日新月新·见澳门】一文读懂广播剧《福满楼》
12/12	【日新月新·见澳门】澳门土生菜——传承家的味道
12/13	【日新月新·见澳门】土生葡人佐治：澳门很温暖
12/14	【日新月新·见澳门】"苦尽甘来"杏仁饼
12/15	【日新月新·见澳门】澳门大学小哥哥用Vlog记录国旗守护者！
12/16	【日新月新 听·见澳门】世遗Vlog："彩虹"导赏团出发啦
12/16	【日新月新｜再访澳门】我们都是护旗手
12/17	【日新月新｜再访澳门】追梦青春
12/18	【日新月新｜再访澳门】幸福澳门
12/20	【日新月新｜再访澳门】多元新动力
12/21	【日新月新｜再访澳门】莲成一心
12/22	【日新月新 听·见澳门】情怀客商
12/27	【日新月新 听·见澳门】回归20年，五湖四海聚澳门、共建设

五、任重道远，要突围而出，需线上线下拓展新渠道

从节目定位、节目类型、媒体融合传播方式以及兼顾内外发声的运行情况可以看出，"大湾区之声"已具备一定的影响力，但是从传播力度、受众普及度等方面来看，"大湾区之声"作为官方媒体平台，在大湾区的知名度和影响力仍然有待进一步提高。

第一，"大湾区之声"的传播渠道略显保守，对年轻用户的吸引力不强。虽然结合了传统媒体和新兴媒体的传播方式，但是新媒体传播局限在微信、微博等平台，在当前较为热门的短视频、弹幕视频网站影响很小。一方面，"短视频作为一种依托社交平台传播、能够拉近线上与线下空间、内容越发垂直细分的传播形态，无疑受到了

互联网巨头以及各家媒体的关注。"大湾区之声"虽然在抖音[①]、快手[②]这类具有较大影响力的短视频平台都注册了官方账号，但是没有运营推广，没有视频作品投放，反而被一些借"大湾区之声"之名，发布日常生活短视频的个人账号所取代。从这个角度来看，"大湾区之声"在短视频平台中的传播力度几乎可以忽略不计。另一方面，"大湾区之声"在以哔哩哔哩（Bilibili）[③]为主要代表的弹幕视频网站没有注册官方账号，仅能搜索到由少数个人账号搬运上传，或由其他官方账号转载"大湾区之声"在其他平台传播的视频内容，可见，"大湾区之声"在媒体融合传播的过程中没有结合用户年龄层的划分进行更有针对性的推广和宣传，对年轻用户的吸引力不强。因此，采用大胆创新的传播方式，可以使"大湾区之声"在稳重之中透露一丝俏皮的个性，增加吸引力。

第二，"大湾区之声"线下的传播影响力有限。一方面，"大湾区之声"是刚开播不久的新广播频率，相比其他深耕岭南地区多年的传统媒体而言，在粤港澳大湾区基层群众中的普及度不够。另一方面，由于"大湾区之声"主要通过传统的广播形式传递各类民生新闻资讯，作为新媒体形式的微信公众平台也主要在线上进行辅助推广，和普通群众的沟通交流受到限制。因此，根据实际情况开展一些地推活动，或者参考"主播、记者走基层"等节目形式进行适当创新，是央视官方媒体与湾区基层群众拉近距离的较好方式。

六、结 语

"大湾区之声"作为中央人民广播电台首个面向粤港澳大湾区的广播节目，在节目定位方面，根据粤港澳大湾区多种方言并存的情况，采用方言语音播报的形式拉近与观众的距离。在内容设置方面，巧妙结合传统的广播频道与新兴的社交平台进行资讯传递。在媒体融合方面，兼顾大湾区内受众的使用偏好，将广播频率、时评文章、

---

① 抖音是今日头条旗下一款音乐创意短视频 App，以 20~29 岁的年轻用户为主，注重音乐视频这一垂直领域。

② 快手是一款具有社交属性的短视频 App，从 GIF 快手发展而来，它将移动社交和视频相结合，主要关注和分享普通人的生活。

③ 哔哩哔哩（Bilibili），简称 B 站，是典型的二次元亚文化社区，以动画、影视、音乐、游戏、鬼畜、科技、生活、娱乐、时尚等为主要内容，81.7% 的用户年龄在 24 岁以下，是一个集中体现当代网络青年个性化与多元化的热门文化社区。

视频制作、长篇漫画多种形式融于一体，是传统媒体和新兴媒体的有效融合。在对外发声方面，不吝于鲜明立场和坚定态度的表达，结合具体时事，代表中国人民强烈谴责干涉中国内政的敌对行为。可以说，这些优质内容的输出正在不断增强"大湾区之声"的官方影响力。

但是，它也存在一定的局限性。在传播力度方面，"大湾区之声"未能进一步探索短视频和弹幕视频的传播方式，传播渠道仍然停留在微信公众平台，对青少年群体的吸引力不够强。在受众普及方面，与线下、基层群众的沟通和互动能力较弱，根据实际情况开展适当的基层地推活动，是官方媒体和基层群众拉近距离的较好方式。

通过打造团队，以人才和技术带动内容创新是"大湾区之声"进一步提升内容创作的重要方式。首先，加强专业人员在粤港澳大湾区之间的流通与合作，打造有竞争力的融媒体团队。粤港澳大湾区中香港、澳门作为成熟的市场经济体，在经济运行、社会治理、规则标准、政府管理等方面与国际更加接轨。具体来说，在金融、基础性科研、生物、医学等方面，港澳地区占有一定的优势。在对相关专业性领域的重大题材进行报道时，浅层次、概述式的报道不能满足受众需求，因此，加强人才在粤港澳大湾区之间的流通与合作就至关重要。

其次，提高技术运用水平，将互联网时代不断发展的5G、大数据、云计算、物联网、人工智能等技术与大众传播联系起来。大数据和云计算等网络技术可以实现抓取用户信息，科学细分用户的媒介使用偏好、精神需求和认识水平，重构内容生产与分发平台，从而有利于对主流意识形态进行精准传播，根据各类目标受众的需求差别化投放传播内容，增加用户好感度。无论是信息生产端，还是内容接收端，都是围绕人展开的，技术的运用也应当更好地为提升受众的使用体验服务。

最后，在人才和技术的基础上，努力实现信息的深度阅读和碎片化传播的平衡，以保证内容质量为基础，在情感共鸣和理性思考中找到媒体融合传播最合适的落脚点。在移动平台作为信息传播主要渠道的今天，内容创作不应仅满足于信息传播的简短快捷，在主流价值观的背景下，如何引导大众在获取信息同时保持独立清醒的思考判断，是主流媒体的担当与责任，也是主流媒体在"大湾区时代"应当努力追求的目标。

参考文献：

［1］钟韵，胡晓华.粤港澳大湾区的构建与制度创新：理论基础与实施机制［J］.经济学家，2017（12）：50-57.

［2］黄楚新.融合背景下的短视频发展状况及趋势［J］.学术前沿，2017（23）：40-47.

［3］揭志刚.助力粤港澳大湾区发展，媒体面临的机遇与挑战浅析［J］.新闻传播，2019（14）：151-153.

航拍在融媒体纪录片创作中的运用

——以羊城晚报社《航拍广东》为例

宋金峤①

2014 年，以大疆为首的一些新兴科技企业陆续推出消费级多旋翼拍照无人机，廉价的定位、简便的操作以及新奇的效果迅速在市场上得到消费者的青睐。同时，无人机也在新闻媒体中掀起一股新的拍摄理念和风潮。短视频浪潮的掀起，又改变了无人机航拍在融媒体中的运用模式。一大批以航拍为视觉主导的视频产品出现了。其中突出的航拍微纪录片，成为融媒体的精品，得到了各家媒体较好的呈现和助推。

航拍，作为影视创作的辅助元素在纪录片中的运用由来已久。近年来，以航拍为主要拍摄手法的纪录片层出不穷，成为一种独特的纪实形态，且与人文类题材密切相关。融媒体也在这种变化中表现不俗，其中《航拍中国》（2017、2019）是由中央电视广播总台推出的航拍纪录片，受到了广泛关注和好评，也为以航拍模式为主的纪录片模式提供了一种非常可行的操作思路。山西晚报社的《千里走黄河》（2018），以历时 72 天走遍沿黄河 19 县市的方式进行了直播报道，并推出了相应的飞越黄河航拍类型纪录片。

羊城晚报社在 2019 年下半年推出的庆祝中华人民共和国成立 70 周年大型策划系列之《航拍广东》，是以无人机航拍作为主要表现形式的融媒体微纪录片。该系列微纪录片由羊城晚报社视觉新闻部作为主创团队，历时半年，对广东 21 个地级市进行系统性的航拍和采访，全方位、多角度地呈现广东城市自然和历史风貌，以 21 部 5 分钟内的短视频在羊城晚报各媒体端口进行呈现。

---

① 宋金峤，羊城晚报社音视频部策划室主任。

一、《航拍广东》的前期策划

过去，航拍更多依托的是通过直升机上人为进行摄像取景完成，高昂的成本使得这种创作方式更多用于电影的应用，加之传统媒体尚未转型，彼时纸媒形态对于高空的影像需求少之又少。进入 21 世纪后，技术上的革新，带来了生产方式的变化。航拍设备的大众普及化，成为融媒体时代媒体的一个有力抓手。航拍加上媒体的传播特性，为融媒体的多样性呈现插上了起飞的翅膀。

2019 年是中华人民共和国成立 70 周年，各家媒体纷纷在 2019 年初摩拳擦掌，准备推出自己的特色产品。《航拍广东》便是在此时应运而生。立足广东，主题鲜明，操作性强，兼顾了艺术性和叙事性。如何利用无人机航拍的特性进行纪录片策划，《航拍广东》为融媒体的实操提供了一个可借鉴的操作范本。

航拍类纪录片通常的拍摄对象是自然景观和人文活动，这也是《航拍广东》在具体操作执行时所侧重的两个基本要素。这种拍摄对象的选择，目的在于最优化无人机航拍的优势。

针对广东 21 座城市的不同特点，《航拍广东》大致将广东分成四块区域，结合不同地方的区域特色进行航拍的文本策划：

第一，广东省是中国海岸线最长的省区，因此海洋城市可以归为一类进行集中类比创作。但如何突出各个海洋城市的不同，则考虑从每个地市的不同特点入手。如茂名强调好心文化、汕尾强调红色文化、湛江强调民俗文化等。

第二，粤港澳大湾区位于广东珠三角地区，经济发达，这些城市群像归为一类进行集中类比创作。重点强调中华人民共和国成立 70 年来，特别是改革开放以来的经济成就，主要通过航拍城市面貌的巨变。

第三，广东历史文化名城，如潮州、惠州、佛山、江门等，这类城市历史文化底蕴强，通过航拍对名城名片进行空中解剖，别具一格。

第四，自然风貌突出的城市，如韶关、河源、清远等，航拍正是突出观赏性的有效方式，难度系数低，不过也较难出彩。

针对融媒体传播短平快的特性，《航拍广东》抛弃大而全，立足于短而精。在传播渠道上，《航拍广东》报网配合，主打羊城晚报新闻客户端"羊城派"、羊城晚报官方微信号等，形成固定专栏推出。每一集产品在网端推出后，在《羊城晚报》头版又推出图文加二维码的形式加推报道。

5 分钟内的短视频，正是时下受众最容易接受的视频阅读时长。每个城市单独成篇，主打每个城市受众人群，由受众人群进行分发引流。将 21 座城市有序分期推出，而不是一拥而上，持续在国庆前保持话题热度。

二、《航拍广东》的拍摄手法

无人机航拍为影像创作，注入了新的叙事诉求和审美意味。除了复制"高大上"的航拍视角，当下更多复杂的近距离移动运镜也加入到了无人机的航拍操作之中，这也为航拍纪录片的创作提供了更多的思路变化。

从美学上来说，高空俯瞰的画面具有把"熟悉景象陌生化"和将"平淡景观奇观化"的审美效果。《航拍广东》系列，将广东 21 个地级市，生活在其中的普通受众熟悉的大部分景象，在空中进行了一次专业水准的记录。

为了做到普通受众的共情，《航拍广东》系列片大部分选取了广东各地级市的城市地标或者山川名胜作为依托。如汕尾篇的红场、韶关篇的丹霞山、肇庆篇的西江等，便是将"熟悉景象陌生化"，为观众带来不一样的视角享受。

将"平淡景观奇观化"，则更多地通过上帝视角，即是垂直视角的观看，对日常城市进行全景式或者局部式的特写扫描。如茂名篇的红树林、佛山篇的心形绿岛、阳江篇的夕阳海滩等，便是通过俯瞰的方式，将地面角度看起来平淡无奇的日常景观，通过空中视觉的再发现，成为令人意想不到的影像符号。

虽然航拍有着天然的优势，但在很多航拍类的影视类作品中，常常会出现由于过长时间的航拍影像而导致的受众审美疲劳。首先无人机航拍更多的在于展现无感情的自然景观或者城市景观，其次无人机航拍时无法收录同期声，这也会让影像所营造的感染力和叙事力大打折扣。

为了解决这个可能存在的问题，《航拍广东》系列在制作时采用了两种方式尝试突围。

首先是航拍手法，一是采用航拍和地面拍摄相结合的方式，以航拍画面为主，地面拍摄为辅；二是发挥当下无人机的灵活性，采用超近距离航拍、延时航拍特写等航拍语言的新手法，通过节奏变幻的方式，从而尽量克服由于审美疲劳带来的画面沉闷感。

其次是主题先行，通过对广东 21 个地级市的资料调阅，归纳每一个城市的特点。考虑到航拍的特点，尽可能往人文类纪录片类型靠拢，提升纪录片的厚度，而不是纯粹的风景类航拍。从城市的人文历史出发，总结中华人民共和国 70 年建设的辉煌成就。

三、《航拍广东》作为纪录片的人文关怀

《航拍广东》系列众多篇章能达到现象级的传播效果，除了航拍精美，关键更在于每一个城市作为章节时的叙事模式，能够带领观众身临其境，引起文化和历史上的共情。它避免了美景画面镜头的堆砌，而更擅长于将航拍画面，通过配合旁白的形式，走向叙述的高度。《航拍广东》的人文内在，与《羊城晚报》作为媒体的基因始终分不开。虽然《航拍广东》离开了地面进行，但最后仍然没有离开地面的"人"这一重要的表达元素。

在《航拍广东》湛江篇中，展现湛江雷州人龙舞的画面则通过航拍与地面拍摄相结合，做到相辅相成。在《航拍广东》阳江篇中，通过现场收录渔歌的方式，使现场音与航拍画面互相搭配。从自然到人文，从宏观到微观，航拍广东系列并没有拘泥于只展现宏观美景，而是深入扎根于每一个城市的地理和文化特性。

在《航拍广东》多个城市的系列片中，可以看到不少精彩的由宏观带入微观的航拍场景，富含了深厚的人文历史深意。

在《航拍广东》梅州篇，在一段黑幕中开篇，伴随着客家山歌缓缓淡入，松口古镇的夕照画面出现。松口古镇作为过去梅州客家人下南洋的第一站，充满了离别的故事。通过选取夕阳下的古镇，画面所表达的离别情感会优于其他时间的选取。紧接着由元魁塔特写镜头带出梅江的重要画面。华侨出洋乘船，必经元魁塔下。这座古塔，其象征家园的意义超过古塔本身，则由旁白结合画面带出。

在《航拍广东》潮州篇，通过两个机位的无人机航拍，只通过空中画面就完成了对广济桥每天最重要的开放和闭合韩江航道的完整叙事。接着从韩愈头像特写，拉伸至韩文公司大景，交代韩愈对潮汕文化的影响。航拍潮汕民居，由大景的龙湖古寨转入民居局部特写，叙述了潮州传统建筑既流行宗族聚居的大型建筑群，又讲究外封闭内通透布局对称，因地制宜的特点。

广东省是中国海岸线最长、海疆最广的省区。在湛江篇、茂名篇、阳江篇、汕尾篇等，航拍叙事则针对不同的海文化展开。湛江篇聚焦在代表海上古文化的人龙舞、茂名篇重点突出每年夏季的开渔节，而阳江篇则对南海一号所代表的海洋文化进行了阐述，到了汕尾篇，则重点通过航拍表现现代化的城市建设与海洋和谐相处的宜居环境。

四、结　语

随着 5G 技术的迅速铺开，短视频产品很有可能成为往后媒体的主要信息呈现。在信息越来越碎片化的时代，受众依然离不开专业的媒体产品。《航拍广东》作为一家省级媒体的首次全视频化尝试，以其独特的艺术表现力，为地方融媒体的新闻策划提供了重要的参考价值。

从 500 米高空的全景俯瞰到超低空飞行的局部特写，《航拍广东》是一次对广东 21 个地级市城市面貌和人文环境的梳理，既有轮廓又可见肌理，既有自然之美又不失历史的厚重。《航拍广东》用 21 条微视频的实践证明，地方融媒体完全可以通过提炼最熟悉的叙事，通过航拍这种新浪潮下的模式，将技术和艺术融合，使高空摄影的美学特征与纪录片的叙事视角相互呼应、相互观照。

可以预见，随着航拍技术的进步、理念的革新和拍摄手法的丰富，纪录片的航拍正"一步步地从对未知世界的宏观性感受，走向更加细腻的微观领域"。这种细腻，将成为一种可以操作的潮流，那就是实现从航拍技术到人文主义叙事的转换。

《航拍广东》的实践，正是融媒体变革下，《羊城晚报》走出的一步坚定的探索。

参考文献：

[1] 张由琼 . 无人机在新闻报道中运用的若干思考 [J] . 南方传媒研究，2017（4）：97-101.

[2] 罗薇 . 航拍在当代人文类纪录片中的运用——以法国纪录片《家园》为例 [J] . 当代电影，2016（1）：162-165.

[3] 赵炳翔 . 影视航拍语言 [M] . 上海：上海文艺出版社，2013：114.

珠海传媒集团融合报道方式创新

宋一诺①

一、跨媒介融合背景下新闻报道现状

习近平总书记强调，推动媒体融合发展，要坚持一体化发展方向，通过流程优化、平台再造，实现各种媒介资源、生产要素有效整合，实现信息内容、技术应用、平台终端、管理手段共融互通，催化融合质变，放大一体效能，打造一批具有强大影响力、竞争力的新型主流媒体。随着媒体融合向纵深推进，市县级媒体在向新型主流媒体升级迭代的过程中，"报业＋广电"跨媒介融合模式诞生出更多案例。2019年以来，珠海、张家口、鄂州、绍兴掀起的市级媒体改革均是采用这种模式。

随着互联网的发展和社会的进步，新闻报道方式也逐渐受到影响，而跨媒介融合正是对新闻报道方式创新发展的有力推动。多种媒介相互融合有助于新闻报道的观点更加多元，呈现更加迅速，呈现方式也更加生动有趣，报道时效性增强了，受众也可以全方位多领域了解新闻事件。然而值得注意的是，跨媒体融合背景下的新闻报道也面临产品同质化明显、新媒体端内容产出乏力等困境。媒体融合后，原本报纸、广播、电视、新媒体等不同媒体的稿件大多由同一个记者采写，个人视角的单一性往往导致稿件内容大体相同，此外，记者承受着多重写稿压力也导致其生产适合新媒体传播的原创稿的积极性不足。

跨媒介融合背景下，报纸、电视、广播、新媒体乃至户外媒体如何实现真正共融，如何通过创新融合报道方式充分发挥"全媒体"的独特优势，是亟待解决的问题。致力

---

① 宋一诺，珠海特区报社记者。

于建设全国一流新型主流媒体集团的珠海传媒集团，为此不断探路前行。2019 年 4 月 28 日挂牌成立的珠海传媒集团，是在珠海市委、市政府大力支持下，以珠海报业传媒集团和珠海广播影视传媒集团为基础，整合市内其他国有传媒类资源，组建成立的国内首家全媒体国有文化传媒企业集团，依托旗下拥有的报纸、电视、广播、杂志、网站、新媒体、户外媒体等全媒体生产链条，在融合质变中不断放大一体效能。

二、跨媒介融合背景下报道方式创新

（一）全流程再造，改变传统生产传播模式

跨媒介融合背景下创新报道方式，首先要打破原有的生产传播模式。珠海传媒集团成立后，把原来的 18 个采编部门融合为"中央厨房"的 7 大中心：总编室、融媒采访中心、融媒编辑中心、新媒体中心、广播节目中心、电视节目中心、纸媒出版中心。同时，"中央厨房"建立了由指挥中心统筹的常态化策划机制，指挥中心由每天白班值班领导与各媒体平台值班主任组成，负责统筹策划媒体的选题。融媒编辑中心则负责落实跟进指挥中心的各个指令，连接采访和后端各中心，推动内容的精准分发。融媒采访中心包含了报纸、广电的一线记者、主播等，通过岗位轮换、加强培训打造"全媒体"新闻人才，接受统一指挥，统一调配。

新模式释放出巨大潜能，带来了全媒体生产力的释放。首先是一次采集多种生成。《湾区会客厅》是珠海传媒集团电视栏目的"拳头"产品之一。这一访谈类节目在电视端的基础上进行制作，随后分别转化成适合报纸和新媒体端的新闻，实现一次采集多种生成，充分利用访谈的新闻价值，以多种形式满足不同受众群体的接收习惯，达到更广的宣传效果。再比如，2019 年 9 月，由珠海传媒集团新媒体中心制作的《他和三只狗出生入死！珠海"犬王"是这样炼成的……》图文、视频稿在新媒体平台推出，同时由该新媒体稿转化的纸媒稿件在《珠江晚报》上登出。2019 年 10 月 1 日晚，珠海市庆祝中华人民共和国成立 70 周年焰火晚会在拱北湾海域举行。在珠海传媒集团派出的众多记者中，其中一名记者和摄像搭档前往澳门采访相关反馈，在完成电视稿件采写的同时，根据不同媒体性质编辑成不同新闻报道形式，相关报道在报纸端和新媒体端实现同步落地。

另一方面是多元采集全息呈现。媒体融合的趋势之一是全息媒体。"可以看视频的报纸"是珠海传媒集团的另一款"拳头"产品。珠海传媒集团成立后，统筹旗下报

纸、电视、广播、新媒体资源，在《珠海特区报》创新推出全媒体版，打造全媒体新闻，为读者提供个性化、差异化、精准化新闻服务，同时加速新技术与报纸的深度融合，为读者提供全新的读报方式，让读者感受全新的阅读体验。在《珠海特区报》全媒体版，基本每个文字新闻旁边都有一个二维码，扫码出现的是同题材的视频新闻、广播新闻或者新媒体产品。这种报道形式的创新，一方面可以使新闻变得"更好看"，像晚会报道、现场建设类题材，纸媒穷尽笔力，也不如视频来得直观；另一方面可以使新闻更"全面"，报纸版面始终是有限的，但二维码可以突破版面限制，提供更多报道空间。

（二）突出移动优先，打造报纸、广电之外"第三极"

随着移动互联网用户规模的不断扩大，移动端的重要性越来越凸显，新媒体在传播矩阵中也发挥着愈加关键的作用。将新媒体打造成为独立于报纸、广电之外"第三极"，是珠海传媒集团融合之路上的一大突破。

新媒体传播有自身内在的规律，在强调"内容为王"的前提下，重视产品的包装、推广、互动，是其区别于传统媒体的新思路。然而，现实中，传统媒体记者在给新媒体供稿的过程中，由于多重写稿压力，容易出现积极性不高、新闻产品同质化的情况。此外，新媒体端多由小编从传统媒体稿件库直接搬运过来，进行形态的简单修改，容易产出乏力。为了改变这一局面，珠海传媒集团在打造"第三极"，实施移动优先战略过程中，首次以公司化的方式整合全集团技术、人才等资源，成立了新媒体运营公司、新媒体技术公司；首次建立了专门的新媒体内容原创团队，做更适合新媒体传播的原创产品。在宣传党委政府工作动态方面，推出了更适合新媒体传播和阅读习惯的《珠海政事儿》栏目，通过"电子地图＋深度分析"，观察珠海政情新走向。在优化本地化民生服务方面，推出了"爆改老屋""逛吃指南"等主题的多款系列原创产品。

在庆祝澳门回归祖国 20 周年宣传报道中，新媒体中心推出移动端报道、创意长图、H5 小游戏、短视频、网络快闪、新媒体直播、多视角视频回放等一系列新媒体产品，通过个性化制作、可视化呈现、互动化传播，实现宣传全方位覆盖、全天候延伸、多领域拓展。其中，联合澳门《商报》《力报》在珠澳两地联动推出的 H5《"澳门回归祖国 20 周年·我的记忆"主题征集》，面向珠澳两地征集 20 年来的照片，通过回忆引起共鸣，点击量超 50 万次。新冠肺炎疫情防控期间，珠海传媒集团发挥视频制作优势，突出短平快广传播的《婚礼爽约！今天，她却是珠海"最美新娘"》（介绍珠海市定点医院——中山大学第五附属医院感染呼吸 ICU 护士王怡然推迟婚礼参加抗击新型冠状病毒阻击战的感人故事）推出后，被人民日报手机客户端首屏选用，总点击量累计超过 460 万次。

在强化新媒体原创生产力的同时，在传统媒体内容生产上提前植入互联网思维，让其在新媒体舞台上发挥新优势，不失为创新融合报道方式、放大一体效能的一种尝试。新冠肺炎疫情防控期间，珠海传媒集团在内容生产上提前植入互联网思维，开设"主播说防疫""主播巡街"等栏目，组织电视主播出境，录制科学防疫短视频，反复多渠道传播，取得良好效果。这种宣传形式具有真实可信、直观快捷的优势。一方面主播作为本地用户熟知的主持人，具备权威以及专业性，易得到用户的信任；另一方面在各种报道漫天飞的互联网世界，短视频以其直观、快捷的方式，可以迅速抓住用户的注意力。

（三）全媒体同频共振，强化重大主题报道

"报纸＋广电"融合的最大优势，在于资源整合后人、财、物可以统筹调度和使用，这为重大主题报道的开展提供了有利条件。[1] 对于地方主流媒体而言，报纸、广播、电视、新媒体同频共振，不同平台的多视角呈现，有利于提升传播效果，做大做强主流舆论。

如 2019 年 6 月下旬至 9 月，珠海传媒集团联合人民网广东频道、人民日报党媒信息公共平台·粤港澳大湾区融媒体工作室（人民日报全国党媒信息公共平台与珠海市委宣传部、珠海传媒集团合作组建），开展"走马大湾区"大型主题采访活动。联合报道组兵分多路，前往广州、深圳、佛山、东莞、中山、江门、惠州、肇庆 8 座城市深入采访。在"中央厨房"的协调指挥下，珠海传媒集团各媒体平台同频共振。珠海特区报推出 32 个整版专题；珠海广播电视台珠海新闻推出 30 余篇系列报道；珠海特报 App（现为观海 App）开设专题对相关报道进行集纳。与此同时，人民网在珠海传媒集团稿件素材的基础上进行深度加工，在人民网广东频道等平台进行了广泛转载和推送，生动展现了湾区城市发展亮点，湾区经验如何互学互鉴。

不同媒介语言风格不同，呈现形式不同，比如传统媒体重在全面和深度，新媒体侧重鲜活快捷、吸引力强。全媒体同频共振不能一刀切，必须尊重不同媒介平台的特点和属性，做到互补性和差异性相结合。在"中央厨房"的统一管理下，珠海传媒集

---

[1] 王锦涛."报纸＋广电"多平台融合的困境与突围——以平潭融媒体指挥中心为例［J］.新闻战线，2018（7X）：52-54.

团针对受众多样化的需求，结合报纸、广播、电视、新媒体等平台各自特点突出内容创新，尽可能避免同质化趋势，同时将图文、音视频、H5 等产品分众化传播，实现不同平台的精准投放。

如在"庆祝澳门回归祖国 20 周年"主题系列报道中，珠海传媒集团在澳门中联办宣传文化部、珠海市委宣传部、澳门基金会指导下，举办了"2019 最美海岸·珠澳同行 30 公里徒步活动"。活动中，珠海传媒集团在广播和新媒体客户端开展了现场直播，并在微信端推出多款新媒体产品，形成了刷屏之势。报纸和电视紧跟其后，分别通过专版图文报道和视频系列报道的形式，对活动的组织、现场的保障、徒步群众的反响、城市精细化管理带来的新变化、市民文明素质的提升等做了全面报道，有点有面有深度，全方位彰显了粤港澳大湾区"澳珠一极"的澎湃活力与独特魅力。这一活动也登上了当晚的《央视新闻》。这种以传统媒体内容为核心，利用多媒体手段呈现新闻事件的报道方式，使主题报道更富有感染力和渗透力。

三、结　语

"报业＋广电"跨媒介融合报道并非简单机械的物理捆绑，各种媒介资源、生产要素之间的有机整合，势必要打破原有的体制机制、思维定式和生产传播模式。珠海传媒集团在创新融合报道方式方面做出了一系列积极探索，不再局限于传统的制作理念和渠道分发方式，但仍面临懂新闻又懂技术的双栖人才较少、新闻产品同质化的情况依然存在等问题，这在一定程度上影响了融合报道的创新发展。在媒体融合不断深入的大环境下，如何在融合报道的初始构思、演绎形态和呈现形式上融入更精细化的设计，进一步放大一体效能，实现"1+1＞2"的传播效果，值得认真思考、逐步破题。

参考文献：

［1］贺小千 . 媒体融合背景下新闻报道如何创新［J］. 传媒，2018（8）：70-71.

［2］康晓华 . 报纸与广电合并之后的融合报道模式——从一次大型采访活动看银川新闻传媒集团如何深化融合［J］. 中国记者，2019（4）：114-115.

浅谈湛江日报微信公众号的运营技巧

苏碧银[①]

一、湛江日报微信公众号的运营背景与现状

互联网正在媒体领域催发一场前所未有的变革，网络平台正在成为信息传播的主渠道、读者获取信息的主阵地。其中微信以其庞大的用户群体和强大的信息传播能力受到了读者的青睐。2012 年 8 月 23 日，微信公众平台正式上线，2014 年，微信在全球已有超过 6 亿的注册用户。微信正在成为一种全新的传播媒介，它构筑的手机社交网络能完成通信、社交、获取新闻等多种功能，使用微信已经成为人们新的生活方式。

随着一系列媒体融合政策的推出，主流媒体加速了融合进程，开始想方设法在微信上抢占一席之地，纷纷使用微信公众平台，利用微信公众号为纸媒的转型探路。

2015 年 3 月 20 日，在微信公众平台上线两年半密集更新升级 7 次之后，微信公众号大规模出现的大背景下，湛江日报社官方微信公众号——"湛江日报"开始正式运营，并在不到 29 个月的时间内，实现了成为百万粉丝大号的质变。

虽然起步较晚，但湛江日报微信公众号发展却突破常规。2015 年 7 月 11 日，粉丝数突破 1 万；2016 年 3 月 19 日，粉丝数突破 10 万；2017 年 8 月 11 日，湛江日报微信公众号粉丝数量突破 100 万。湛江日报微信公众号不仅成为湛江日报社微信矩阵的龙头，也成为湛江乃至广东省名副其实的地级市党媒微信大号。

一个地市级党报的官方微信公众号，能够拥有超百万的粉丝，实属不易。2017 年

---

① 苏碧银，湛江日报社记者。

9月，新榜发布了8月份全国微信公众号月度排行榜，湛江日报微信公众号在全国近2000万个微信公众号中名列第281位，列全省第5位，这也是湛江日报微信公众号第一次进入全国微信月榜500强。2018年6月20日，全国党报网站高峰论坛发布《2018全国党报融合传播指数报告》，湛江日报微信公众号入围全国10强，是全国范围内唯一一个入围10强的地级市党报公众号。

二、湛江日报微信公众号的运营技巧

进入媒体融合纵深期，湛江日报微信公众号的运营基本脱离了早期的"结合思维"，摒弃了机械式搬运报纸内容的做法，主动适应互联网时代的新形势，用"融合思维"开辟了微信传播的新局面，实现了自身的转型发展。

（一）创新报道形式——强台风吹不断8天8夜微直播

读者在哪里，受众在哪里，宣传报道的触角就要伸向哪里。湛江日报微信公众号开通运营后，主打民生新闻。2015年10月，超强台风"彩虹"正面袭击湛江，湛江日报微信公众号围绕民众最关注的话题，开启了8天8夜微直播。

此次湛江日报社全媒体中心的报道形式——微直播，是依托于微信公众平台，通过汇集来自一线记者的实时信息，全方位立体化展现台风进程的直播形式。

这是湛江日报微信公众号第一次实现了创新突破。

2015年10月3日，台风登陆前，湛江日报社吹响了全媒体联动播报的号角。10月4日，超强台风"彩虹"正面袭击湛江。"彩虹"造成全市停水停电、交通通信瘫痪。报社一线追风记者深入各地，逆风而战，深入湛江各县市区，利用手机4G网络，将文字、图片和小视频利用手机实时传回全媒体中心，微信编辑马上编发。湛江日报微信公众号连续192小时进行直播，全方位为读者呈现台风"彩虹"的实时新闻资讯。在自媒体众多的互联网时代，给读者提供关于台风的最权威的信息。

当日上午7时30分，在广播电视台以及报纸还没有发布台风最新报道时，湛江日报微信公众号抢占先机，独家发布题为《强台风"彩虹"正面袭击湛江 预计中午在东海岛登陆》的微直播消息。在网络状况不稳定，通信中断的情况下，微直播同样面临着种种困难。停电时，记者就利用笔记本电脑的电池电量；没有网络，就连接手机上的4G信号，克服困难，继续进行微直播。

强台风来袭，这必定会在群众中引起惶恐、忧虑等不良情绪。湛江日报微信公众号及时汇总各方面资讯，给予广大微友最新的交通、供电、供水等信息，及时有效地发布权威信息进行舆论引导。10月4日，湛江日报微信公众号累计发出16838字，图片近百张，视频若干个，在全城受灾当日，将湛江的声音传了出去，并且传到了世界各地。一位远在加拿大的湛江网友留言：湛江日报公众号成了远在异乡的湛江人了解灾情的唯一媒体渠道。

从10月4日台风正面袭湛，到10月5日至10月11日的抗灾复产，湛江日报微信公众号一直坚持微直播报道，如10月5日的微直播《"彩虹"不美，湛江挺住》，当日阅读量35万左右；10月7日微直播《抗灾复产 众志成城 湛江坚强》阅读量在10万以上。在这8天8夜的微信直播内容里，直观全面地记录并传递了湛江的灾情以及灾情背后所体现出的湛江正能量。

（二）做出特色——把区域稿写活

越是和群众利益关联度高的报道，越能牵动群众的心，其辐射面越广，影响力也越大。

近年来，关于微信公号红利期结束、淘汰期已至的论调不绝于耳，公号文章打开率和粉丝活跃度双双下降是业界常态。成为"百万粉丝大号"以来，湛江日报微信公众号逆势发力，在微信公众平台每日仅能一发的情况下，日均总阅读量接近20万，品牌效应不断彰显，活跃粉丝持续增多，独创的"县区体"更是成为本地爆款。

2018年3月全媒发布中心做出内部结构调整，组建原创部，以专门采编团队专门运营公众号，紧跟新闻热点、及时发声、持续创新文风以及跟用户积极互动，强调用户体验，迅速形成独有的风格，在内容同质化越来越严重的公众号竞争中脱颖而出，"湛江第一大号"江湖地位越坐越稳。

与传统媒体不同的是，湛江日报微信公众号在没有由头、没有时效、没有热点的情况下也能创造"爆文"。湛江日报微信公众号采编团队主动策划话题，"县区体"由此诞生，并成爆款王牌。"县区体"凝聚了一群核心粉丝，提高了用户粘性。

"县区体"成爆款，关键是做到了本地化、"皮一皮"、形式新颖、内容实在。

本地化——百姓最关心身边发生的事，作为一个地市级官媒官微，要想抓住读者的眼球，内容必须本地化，与百姓息息相关。在"本地化"的基础上再分化细化，细化到每个县区，每个乡镇街道，把触角延伸到每个用户的门前。除了地域上的"本地化"，还有语言思维、风俗文化、情感情怀上，做到"本地化"。用当地人的视角行文，把当地的特点用当地人的话讲给读者听。

"皮一皮"——在坚守党性原则的前提下，制造小"冲突"。湛江日报微信公众号积极调动各个县区粉丝的好奇心和好胜心，引起话题、发起投票，吸引更多的读者参与互动。在一个区域稿件里，把其余地域的读者也吸引到一起，比一比"谁的家乡美""谁的家乡更具发展潜力"等。这既提高了文章的话题度，也增强了用户的黏性。而小编们在评论区妙语连珠地回复粉丝，积极互动，不错过每一次与粉丝互动的机会。

形式新——读者喜欢看简明易懂的文章，所以要求标题要"短点，再短点"，内文要"简练""有趣"，要求编辑做一个"有趣的灵魂"。简洁清晰的页面排版、自制gif表情包、风趣幽默的语言……这些形式的改变，增加了读者的阅读兴趣，提高了公众号的打开率，评论里"要求给小编加鸡腿"的评论几乎在每篇推文里都能看到。

内容实在——除了注重标点、错别字、空格、措辞等细节，湛江日报微信公众号更注重资讯内容的质量。每一篇县域稿件，内容都丰富扎实。从一个县（市、区）的概况、历史文化、民俗风情、美食美景、经济生态等方面给读者提供了满满的精神食粮。

"县区体"让湛江每个县市区的人都能在湛江日报微信公众号这里找到情感共鸣，让思乡的情绪找到归宿。而今年广东发布微信公众号推出的介绍广东各个地级市和人民日报微信公众号推出的介绍中国各个省份的系列推文，更说明了"县区体"行得通。

（三）发挥优势，主打时政——报道"上接天线，下接地气"

对任何新媒体来说，公信力是建立在可信赖的内容之上的。内容永远是根本，是决定其生存与发展的关键所在。在媒体环境发生巨大变化的当下，时政报道，是党报新媒体的优势品牌和核心竞争力，是读者在微信上铺天盖地的新媒体号中做出选择的权威标准。

2019年，湛江日报微信公众号转型主打时政，特别是重大时政报道的趋势更明显，抓住重大新闻节点，积极谋划，趁势而为。湛江两会、市里重点项目落地、湛江境内高速高铁机场最新动态、纪念五四运动100周年、"不忘初心、牢记使命"主题教育、中华人民共和国成立70周年……只要是读者关心的，只要是湛江地区的重要时政新闻，湛江日报微信公众号总会第一时间进行深度解读，以最新鲜的资讯、最权威的解读、读者最喜闻乐见的形式准确呈现。

《湛江发展前景如何？要在全国火了》《湛江上榜中国产业竞争力百强城市》《湛

江这 6 个海岛被点名了！将纳入世界顶级海岛休闲旅游集群》《湛江交通有大动作！
大桥、机场、高速、高铁传来新消息》…… 一条条关于湛江的权威发布，一条条在湛
江人的朋友圈疯狂转发的时政爆款稿件，赢得了广大微友的积极反响。"从湛江日报
微信了解家乡的变化发展，让我们在外的游子感觉离家特别近。"一位微友如此留言。

这些时政稿件实实在在做到了"转文风"，内容"上接天线，下接地气"，在一篇
稿件里，既有对政策的深度解读，也有与老百姓生活息息相关的民生资讯，语言用网
络体"娓娓道来"，一气呵成，让读者都能看得懂，引发读者的思考和共鸣。

此外，时政稿件也能做趣味创意，与读者玩起互动。文字、图片、视频等多形式
的融合报道已成为常态，湛江日报微信公众号在时政稿件里不仅做好融合，而且在融
合中融入创新和创意：H5、条漫、VR 全景、投票、问卷、答题、小游戏、自发研制
的互动系统……湛江日报微信公众号用新媒体技术赋能，做出了一篇又一篇出彩的时
政文章，让时政稿件变得好看又好玩。

（四）抓住"升级"契机——与自发研制的创新互动系统相结合吸粉

2017 年，湛江最热的一个词语，一定是"魅力湛江"了。"魅力湛江"一词源自
中央电视台 2017 年 4 月至 2018 年 1 月间推出的大型综艺节目《魅力中国城》，该节
目选取全国 32 个地级市，通过城市之间文化旅游竞演及线下投票，促进各城市跨屏
融媒体创新互动。

湛江日报社抓住湛江作为参赛城市的机会，创造性地把宣传任务与节目最为关键
的城市线下投票结合起来，开发研制出利用湛江日报微信公众号进行投票的魅力中国
城自助投票指挥系统，零投入零成本，仅用 20 天时间便吸引微信粉丝超过 100 万，
这样快速成功的吸粉速度在全国官微中极其罕见。

和很多大型活动举行线下互动参与一样，中央电视台《魅力中国城》节目最初竞
演规则中专门设立了城市之间线下投票比拼环节。这个线下投票作用巨大，32 个参赛
城市对网络投票的重视程度盛况空前，想尽各种方法，引导全市甚至各种力量来为各
自的城市投票。

在湛江市全民参与的这场竞演和线下网络投票活动中，湛江日报微信公众号一方
面完成湛江参加魅力中国城竞演的各项宣传发动和舆论引导；另一方面，突破常规和
传统思维，抛开制作宣传产品促使市民投票的固化思维，运用互联网新媒体思维和互
联网方法解决现实问题，提出了运用互联网技术手段来解决湛江全民投票统计问题。
通过技术开发和线下落地，建成了一个全市人民可通过湛江日报微信公众号平台进行

投票的信息入口系统，从而最终为党报新媒体带来大批量本地优质粉丝。

这种成效也使湛江日报微信公众号在 2017 年 8 月粉丝量突破 127 万，在当时地级市媒体和副省级地市党报中排名全国第一。最重要的是，这些粉丝都是湛江本地的目标用户。

基于这样庞大的粉丝基数，在影响力、传播力方面，湛江日报微信公众号实现了质的飞跃。2017 年 9 月国内权威网站"新榜"发布了 8 月份全国微信公众号月度排行榜榜单，湛江日报微信公众号以单月 538 万次的阅读量和单条平均阅读量 3.36 万次，在全国近 2000 万个微信公众号排名中位列第 281 位，列广东省公众号第 5 位，在全国地级市媒体中排名第 3 位。这是湛江日报微信公众号第一次进入全国微信公众号月榜 500 强，也是广东省内非珠三角地区唯一一个进入 500 强排名的公众号。

在 32 个参加竞演魅力中国城的地级城市中，只有湛江日报社唯一一家媒体通过创意建设系统平台，使自己的微信公众号粉丝实现井喷式增长。实践证明，运营地市级官媒微信公众号还要运用互联网思维突破自我、突破常规。

三、湛江日报微信公众号运营存在的不足和思考

在湛江日报微信公众号的运营中，依然存在着不足，最明显的是缺乏用户运营，没有深挖用户资源，反哺内容生产。在今后的运营中，亟须依托线上社群搭建内容平台，可根据行业分类建立学生、教师、公务员、企业等微信群，也可根据地域建立相关微信群，粉丝可在群里就湛江日报微信公众号的推文或时下热点等相互交流、各抒己见，还可提供新闻线索。此类线上社群不仅能加强平台与粉丝之间的联系，提升读者黏性，还能帮助运营者更准确地掌握用户阅读习惯，为内容的精准推送奠定基础。

参考文献：

[1] 朱明光 . 拥抱"微时代"地市级党报大有作为——以亳州晚报微信公众号为例 [J] . 中国报业，2015（14）：40-41.

[2] 国务院新闻办公室 . 习近平：受众在哪里，宣传报道触角就要伸向哪里 [Z/ OL] .（2015-12-28）[2021-10-08] .https://www.scio.gov.cn/37231/37251/ Document/1603597/1603597.htm.

[3] 王晖 . 得力 得当 得法 [J] . 新闻战线，2009（12）：30-31.

当报纸"遇上"互联网"新贵"

——关于新旧媒体机构合作的探索

谭　铮[①]

一、融媒体时代，新旧媒体的"携手并进"

（一）传统媒体的"求生"

根据中国互联网络信息中心（CNNIC）2019 年 8 月 30 日在北京发布的第 44 次《中国互联网络发展状况统计报告》显示，截至 2019 年 6 月，中国网民规模达 8.54 亿人，较 2018 年年底增长 2598 万人；互联网普及率达 61.2%，较 2018 年年底提升 1.6%。

随着网络时代的到来，一张报纸、一个局限于无线电的频率、一家播放时间有限的电视台，已经难以满足广大网民对信息的需求。传统媒体的市场占有额和受众数量被互联网媒体"碾压"已经成了不争的事实。

与互联网媒体相比，传统媒体具有真实性强、权威性高的特点。当前，官方口径的发布依然通过传统媒体的渠道，大部分互联网媒体的从业人员也没有获得记者证的资格，这意味着在重大事件的权威发布上，依然需要传统媒体，即报纸、电台和电视台的存在。然而不可否认的是，互联网媒体具有发布时效性强、共享性强、互动性强的特点，比传统媒体更具有传播优势。

传统媒体要与网络媒体平台结合，依靠网络媒体来传播新闻，利用网络新闻媒体的互动性来弥补传统新闻的短板。另一方面，网络新闻的互动性很高，但是权威性不

---

① 谭铮，羊城晚报社政文编辑部记者。

足，民众对于网络媒体传播的新闻，不少时候都抱着半信半疑的态度，这对于新闻传播也会产生负面影响。因此，网络新闻媒体则需要邀请传统媒体入驻，构建多屏互动、实时评论等多种合作模式，开创新闻传播的新模式，给受众更好的体验，创造出最大的新闻价值。

作为一张有着 60 多年历史的报纸，如何在互联网时代找到自己的定位与发展方向也成了"羊晚人"近年来一直在讨论的话题。

在 2017 年《羊城晚报》成立 60 周年之际，"羊晚人"推出了"从纸开始，向云出发"的口号。《羊城晚报》的掌舵人刘海陵也在多个不同的场合提道：当前，《羊城晚报》是"联结再造价值"，探索"园区聚要素""产业促融合"。

《羊城晚报》从一张单一的报纸向多元集群和平台转变。内容上，融合《羊城晚报》、金羊网，官方微博、微信以及"羊城派"客户端，并联通户外多屏、手机报等多种新兴媒体形式的立体传播平台；渠道和技术上，链接聚合新用户、孵化新技术新应用、新运营模式等，实现价值再造的拓展平台；产业上，依托创意园区，实施产业生态重组和再造，探索园区为主体的复合型产业运营模式的平台。

（二）合作对象的选择

羊城晚报报业集团通过近几年的媒体融合实践，实现了几个方面的观念转变：由单一的传统报纸向立体的互联网平台转变；由单向的灌输式传播向多极的互动传播转变；实施双轮驱动，在做精传统媒体同时，做大做强新兴媒体；立足文化资讯主业，拓展关联业态产业。做大活动平台，有力提升品牌影响力。

羊城创意产业园经过 10 多年开发建设，已形成媒体融合与产业聚集的文化传播创新驱动平台。整个园区包括黄埔大道的主园区、东风东园区、广州东园区和南沙园区，初步形成一园多区的架构。园区总运营面积近 14 万平方米，其中主园区 10 万平方米，东风东园区近 4 万平方米。

目前，两大园区中主园区已经成为广州首批"互联网＋小镇"的核心区，并成为国家级音乐产业园区；东风东园区引进腾讯众创空间（广州），成为城市移动互联网创新综合体和城市创新地标。据统计，2010 年主园区入驻企业产值超过 7 亿元，2013年产值达到 50 亿元，2014 年产值达到 70 亿元，2015 年产值达到 90 亿元。

荔枝 App 的开发商广州荔枝网络技术有限公司正是创意园内的企业之一。2020年 1 月 17 日，荔枝（LIZI.US）美股首次公开发行确定发行价为每股 11 美元，共发行410 万份 ADS（美国存托股份），首次公开募资额为 4510 万美元（未包含超额配售权部分），正式成为中国音频行业第一股。

截至首日收盘，荔枝报 11.63 美元，涨幅 5.73%，市值达 5.32 亿美元。值得注意的是，荔枝上市开盘后，盘中股价在波动中上涨，一度涨至触发停牌，上市首日，荔枝最高价达 15.25 美元 / 股，涨幅达 38%。

根据荔枝 App 上市后公布的首份成绩单来看，拼接器 UGC（用户原创内容）模式的优势，荔枝在月活跃用户数量、月付费用户数量、月活跃内容创作者数量等用户生产原创模式下的关键指标均保持着可观的增长势头。

与荔枝 App 的合作，首先依托的是地缘优势。荔枝 App 在羊城晚报创意园内，属园区企业，从某种程度上而言"同气连枝"，两家媒体在合作的内容、模式以及最终产品上有更多商榷的余地。

其次，从受众优势而言，《羊城晚报》看到向年青一代传播时政内容的必要性。21 世纪是科技高速发展的世纪，是新旧知识剧烈碰撞的世纪，更是考验一个民族底力的世纪。新时代的青年在用知识与技能武装自己的同时还要有思想、讲政治，因为一个人的智慧决定了人生的宽度，思想决定了人生的高度，而是否讲政治则决定了对国家的爱有多深。

青年一代不断提高思想政治素养，增强道路自信、理论自信、制度自信、文化自信，要做到以上几点，必须得了解时政，懂时政。和荔枝 App 的合作，也是基于其庞大的 90 后、00 后的年轻用户群体。

再次是其财务表现。从当前荔枝 App 对外公布的数据来看，其 2019 年第四季度营收 3.65 亿元人民币，同比增长 52.2%；2019 年全年营收接近 12 亿元人民币，同比增长接近 50%。其中音频娱乐版块 2019 年第四季度营收同比增长 51.7%，变现能力进一步增强。对于需要实现长久合作的媒体而言，雄厚的经济实力是实现可持续发展的重要因素。

二、寻找双方合作的"契合点"

一张报纸，要与产业进行合作，所能依托的核心必然是内容。而作为新闻报道的重中之重——时政报道，由于其严肃性和局限性，一直难以拉近与"90 后""00 后"的距离。当互联网浪潮袭来，当"90 后""00 后"成为网络受众的主体时，传统媒体中的时政报道如何借互联网媒体这条"大船"出海，《羊城晚报》与荔枝 App 不断地在此道路上探索。

（一）自有平台启用学生记者首次尝试"撬动"时政音频节目

2018年全国两会期间，《羊城晚报》首次组织学生记者"羊小记"制作音频节目《羊小记播两会》，这是该报首次在重大时政报道中，采用"音频＋学生记者"的模式，对融媒体产品进行探索。据当时播出平台"羊城派App"（羊城晚报客户端）统计，截至2018年3月21日，《羊小记播两会》系列的15期节目总阅读量超过400万，在两会期间"羊城派"的两会新闻推送中，《羊小记播两会》的每日阅读量排名多次位于前三。从数据上而言，在单一的客户端中，达到了不错的传播效果，也带来了一定的社会影响力。但局限于一个平台的传播，其受众始终是受到限制的。当时这一系列虽然也有通过第三方平台进行播发，但由于前期没有基于合作项目的模式，就其内容进行沟通，所以在第三方平台"激起的水花"不大。

（二）拓展渠道，借助音频"巨头"力量

在此基础上，《羊城晚报》政文编辑部继续在时政报道上，对融媒体产品进行尝试，并于2018年国庆节推出《我对祖国说》系列音频节目。这一系列节目，由《羊城晚报》政文编辑部与羊城创意园内的互联网企业——荔枝App进行合作，这也是《羊城晚报》与荔枝App首次在内容及传播平台进行明确的官方合作。羊城晚报社发挥采访资源丰厚的优势，联系包括"亚洲飞人"苏炳添，科大讯飞副总裁杜兰，全国人大代表、广东粤剧院书记曾小敏等在内的嘉宾，进行节目录制。随后将《我对祖国说》系列音频节目放到荔枝App这一新型互联网声音互动平台上播放，同时，将其转化成"声音明信片"的实体产品，向受访者寄出，开创媒体报道新模式。

"声音明信片"的出现，让这一系列的受访者获得了全新的受访反馈，也拓宽了《羊城晚报》政文编辑部在音频节目制作上的思路。

2019年全国两会期间，考虑到两会报道拓宽传播渠道的需求，且互联网平台也有需要完成的任务，《羊城晚报》再次携手荔枝App，以资源互换的方式合作，推出《追梦两会 一起读报》音频系列报道。

该系列报道由两个部分组成。一是邀请荔枝App的当红主播，在其个人频道中刊播《羊城晚报》在全国两会期间的报道，并结合个人成长，分享对这期报道的感受。录制的内容由羊城晚报社提供及把关，录制完成后，由羊城晚报社审核后在荔枝App平台上播放。

此系列报道的第二部分，则由前方记者在全国两会现场采访的代表及委员精彩语

录组成。经羊城晚报全国两会报道团队制作后，将成品内容提供给荔枝 App 刊播。在两会期间，这一部分内容也由荔枝 App 制作成声音明信片，及时作为采访反馈给受访的代表及委员。

（三）合作频次与参与人群再扩大

经数次合作，《羊城晚报》与荔枝 App 之间已经形成了较为通畅的沟通渠道。2019 年，也是中华人民共和国成立 70 周年。在这一特殊节点，结合当前的时政背景，《羊城晚报》再次与荔枝 App 合作，在 2019 年国庆期间推出《今天，我为祖国读一封信》的音频报道。《羊城晚报》特别邀请来自香港、澳门、台湾以及广东的青年学生一起，翻开前人的书信或诗集，请四地青年以朗诵的形式，感怀中华儿女的爱国之情，展现当代青年之志。其中，还邀请四地青年讲述自己所能看到的港澳与内地、台湾与大陆之间的关联。

这一系列推出时，正值中华人民共和国成立 70 周年，同时也是香港"修例风波"期间。羊城晚报社选择的录制对象是来自港澳台以及内地的青年，虽然不能成为群像，但能作为其中一个角度，让年轻人从自己的角度出发，去谈谈对祖国的感受。

与此同时，这一系列音频也以"抛砖引玉"的姿态，融入《羊城晚报》与荔枝 App 在国庆期间合作的"诵红色书信，传红色基因"这一主题活动当中。这一朗诵大赛，由广东省网信办指导，荔枝 App、广东省文化学会及《羊城晚报》特别策划，邀请大家一同"诵红色书信，传红色基因"。通过荔枝 App 的声音互动平台，与广大青年网友一起重温革命先烈写给至亲、战友、国人的书信。

经统计，《今天，我为祖国读一封信》系列节目在荔枝 App 点击量为 1500000+。

在 2020 年新冠肺炎疫情防控期间，《羊城晚报》政文编辑部再次与荔枝 App 合作，推出《听见，战疫的声音》栏目。通过《羊城晚报》在武汉前线的记者联系广东驰援武汉的医生进行录制。在此期间，各家媒体都做出了歌颂一线医护人员的融媒体产品，《羊城晚报》另辟蹊径，虽然选择的也是同一批医护人员，但录制的内容并非他们在前线的"战疫故事"，而是他们最想对家人说的话，是一封封有声音的"家书"。这些"声音家书"里，表达的是他们对家人最真挚的情感，最"不设防"的心里话。他们不是知名的主持人，他们的普通话里带着乡音，有些甚至是用乡音录制的，他们用最朴实的声音，讲述着自己的故事。这一项目也经由荔枝 App 播出，同时纳入广州市为宣传部主办的"我们的心声"线上朗诵活动。

就"我们的心声"这一活动来看，已不仅仅是《羊城晚报》一家传统媒体在与荔枝 App 进行合作，电台、电视台、《南方都市报》等媒体也参与其中。

（四）"新鲜血液"注入双方合作平台

在 2020 年全国两会报道中，《羊城晚报》在与荔枝合作的基础上，融入了暨南大学口语传播系声海工作室的同学，"新鲜血液"注入双方合作平台。

在此期间三方联手打造"两会声音日记"栏目——《不一样的两会》。通过此项目扩大信息的有效传播面，打破时政新闻的传播壁垒，让年轻人关心时事、了解时事。

此项目基于今年全国两会报道记者人数锐减的现实情况，同时希望突破以往两会报道多由记者呈现的传统，经前期协商与沟通，《羊城晚报》邀请全国人大代表谢坚"亲自上阵"，每天录制两会见闻；《羊城晚报》北京前方特派记者董柳则提供日记文字版本，交由暨南大学口语传播系的同学录制后，由《羊城晚报》进行声音包装；荔枝 App 也邀请暨大的学生录制《羊城晚报》见报或新媒体平台中呈现的内容。

这是在常规报道之外，通过代表的声音日记，让受众直面两会；通过记者采访的感受来记录两会，开创"两会 Vlog"的新模式，这意味着全国人大代表与普通大众直接对话，记者从侧面展现两会见闻，更直接、更民生，也更接地气。这也是在融媒体时代不同平台与资源合作的新尝试。

同时，此项目除了涉及人大代表、记者等角色外，还加入了高校的学生。暨南大学口语传播系的学生参与此项目，既是一次在专业媒体呈现学习成果的机会，又是一次对中国时政潜移默化的了解，让他们深切地感受到，其实时政离他们并不遥远。

三、互联网传播数据喜人，未来合作空间待拓展

如前文分析所提，与荔枝 App 最初的合作，一是基于园区企业的地缘优势，二是考虑到互联网受众庞大的青年团体。就现实情况而言，传统媒体大多都意识到，传统媒体做 App，无论如何努力，在用户基数上都是无法与腾讯、百度等互联网头部企业的用户基数媲美的。而荔枝 App 的出现，在很大程度上弥补了羊城派 App 用户基数不足，传播渠道不广的劣势。

经过数次合作，荔枝 App 也始终将合作的项目推至其客户端首页。根据荔枝 App 提供的数据，2019 年国庆期间朗诵大赛的页面曝光量达 24000000+，点击量达

19920000|，参与录制人次达 1700+。而《今天，我为祖国读一封信》特别节目，在 9 月 28 日至 10 月 8 日期间，曝光量达 14000000+，点击量为 1500000+，播放量为 362300 次，评论量为 271 条，收藏量为 20000。而《不一样的两会》专题播放量在双方平台也突破百万次。

此外，在多个合作项目中的声音明信片，已成为园区文创产品的一个方向。

当然，由于荔枝 App 本身作为大型用户原创内容的音频社区，其产品当前以音频为主。但从融媒体的发展方向而言，传统媒体除了听觉外，也需考虑受众视觉上的满足，包括媒体产品的海报设计、短视频产品的传播、动漫产品的呈现…… 一个"融"字意味着更多的产品样式与可能性。有着 400 亿元品牌价值的《羊城晚报》，要想在新媒体时代的市场占有一席之地，需要拓展更广阔的平台与合作空间，当前产业园内包括"酷狗"在内的互联网媒体、动漫公司等，也有许多待合作的空间。但如何实现公平的资源互换，需要进一步探讨。传统媒体要走向融媒体，不仅在内容的创新，跨界合作的创新也可以带来更多不同的玩法。

发挥媒体融合力量 讲好湾区故事

——以《飞越广东》为例

张 巍①

随着粤港澳大湾区的快速建设，形成了加快推进媒体深度融合的新形势，也为大湾区媒体带来了前所未有的发展与机遇。媒体天然具有信息传递功能，如何通过多渠道、多形式、多角度的信息传递，助力增进"9+2"城市之间的了解与联系，进而有利于推进相关问题的解决，成了湾区媒体推进自身融合改革需要重点思考的问题。在粤港澳大湾区的语境下，媒体融合已经上升到国家战略层次，在社会各界引起了广泛关注。

一、广东媒体融合的现状

美国学者尼古拉斯·尼葛洛庞蒂最早提出"媒体融合"的理念，其最终的目的，是要求不同媒介的媒体最终打破固有形态差异，形成包括媒介功能、传播手段、所有权等要素在内的大融合。

随着互联网和新科技的飞速发展，自2014年以来，广东省内多家媒体机构的媒体融合步伐逐渐加快，收获颇丰。在2016年8月，由国家新闻出版广电总局公布的"全国报刊媒体融合创新案例30佳"名列中，就有5家广东媒体入选②。此外，像《南方日报》《羊城晚报》《广州日报》等传统纸媒先后建设的"南方+""羊城派""广州参考"（现已改名"广州日报"客户端）全媒体采编大平台；广东广播电视台与扎客（ZAKER）合作打造的"触电频道"；以及近年来全省各地出现的县级融媒体中心等，

---

① 张巍，广东广播电视台电视新闻中心记者。

② 张雪莹."全国报刊媒体融合创新案例30佳"公布［N］.光明日报，2016-08-05（8）.

这些都代表了广东在媒体融合发展道路上取得的成绩①。

然而随着粤港澳大湾区的快速建设，加之 5G、4K、AI、VR、大数据、区块链等一系列新技术的应用，形成了加快推进媒体深度融合的新形势。这意味着媒体融合已从形态融合的"上半场"，进入生态融合的"下半场"，在内容领域"发力"成为主流媒体推进深度融合的重点②。

二、《飞越广东》传播特征及优势分析

（一）突出"平民化叙事"强化内容为王

融媒体时代，既要避免"受众过了河，媒体还在摸石头"的尴尬局面，也要避免落入自说自话、自娱自乐的误区。从叙事学的"故事——话语"理论模型角度上看，"叙事模式"探究的是讲述故事的不同方式，关注的是话语③。现如今，随着媒介技术的发展，每个人都能是传播者，传统媒体以往惯用的"宏大叙事"受到了冲击，"平民化叙事"逐渐占据传播舞台。在此形势下，记者讲故事的意识得以强化，形成了"小叙事"模式，尤其是在新媒体语境下，受众更愿意接受这类贴近平民生活，更加真实的信息传播。此次《飞越广东》的重要理念之一，就是打破宏大叙事的模式化创作，找准群众有兴趣看且看得懂的兴趣点，让平民叙事同样可以反映时代大主题。

比如《飞越广东》中山篇（2019 年 9 月 15 日播出），一档 60 分钟的直播节目，有航拍音乐短片给观众带来"伟人故里新活力"的直观印象；有"数说全民＋"把宏观数据、政策与烟火气的百姓生活通过视觉特技有机结合；有新媒体风格的 Vlog（视频日志），通过记者体验来展示中山"蜡像"文创产业的发展；还有江湖体风格的短片，通过讲述一条脆肉鲩鱼的前世今生，反映"中山一镇一品，打造地域名片"的特色。在新闻特写《中山器官捐献》一篇中，讲述了一名器官捐献协调员的职业历程，片中展示了一整面墙上贴着的器官捐献患者信息的细节，打动了不少观众。整一篇幅

---

① 蔡国兆，陈宇轩.广东："矩阵"迈向"融媒 2.0 时代"［Z/OL］.（2016-08-23）［2021-10-08］.
https://www.xinhuanet.com/mrdx/2016-08/23/c_135625949.htm.

② 杨琦钜.推进媒体深度融合的路径探析——以"人民号"内容生态的搭建为例［J］.今传媒，2019，27（8）：84-87.

③ 张新军.数字数代的叙事学——玛丽-劳尔·瑞安叙事理论研究［M］.成都：四川大学出版社，2017：36.

通过顺畅的过渡，精心寻找的故事，转入新闻大主题，层层递进，步步升华。不仅如此，整期节目还从一开始便以 4 名记者连线贯穿，分别从博爱、湾区、创新、宜居 4 个维度，用 4 个篇章对中山城市发展、湾区定位等方面，进行了展示。

与以往大主题报道相比，包括中山篇在内的整个《飞越广东》系列节目，都在保证主流价值取向正确的基础上，尽最大可能做到从受众思维出发，从用户角度主导内容生产与叙述，再通过讲故事、展细节、设悬念、尾升华等方式，达到最佳的传播效果。

（二）搭建内容生态 提升话语权

《飞越广东》在整体议题设置上，一方面突出献礼中华人民共和国成立 70 周年的主题；另一方面紧紧围绕身处粤港澳大湾区这个区位优势，展望未来湾区发展的时代蓝图。在 23 期节目中，每期都通过版面的精心布局编排，有效引领主流思想和社会舆论，这对于"一个国家、两种制度、三个不同法域"的粤港澳大湾区来说，尤为重要。比如在《飞越广东》国庆特辑中，90 分钟节目以"创新、协调、绿色、开放、共享"5 大版面关键词，通过 15 路记者连线，从海陆空全方位报道广东省的发展与变革。在《飞越广东》深圳篇，版面结合当时刚刚印发的《关于支持深圳建设中国特色社会主义先行示范区的意见》，把意见精神贯穿节目始终。

为保证主流媒体在当今互联网时代拥有话语主导权与竞争优势，搭建属于自己的内容生态同样重要①。其中，设立融媒体工作室，是粤港澳地区融媒体发展战略的重要布局。在此次《飞越广东》节目中，常设了由融媒体工作室出品的专栏《小强观察》，采用虚拟现实和多机位跟拍技术，通过对时政新闻的"知识生产"，硬新闻软解读；《超级访问》专栏，侧重在访问粤港澳大湾区背景下，谋求高质量发展，力求崛起的本土企业。其中《小强观察》共推出 21 期，全网总阅读量148.2 万；《超级访问》共推出 20 期，全网总阅读量157.6 万。可见这些融媒工作室专栏的创新传播手段，不但提升了节目的权威性，提高了传播率，还很好地抢占了网络舆论场、传播正能量。

---

① 杨琦钜.推进媒体深度融合的路径探析——以"人民号"内容生态的搭建为例［J］.今传媒，2019，27（8）：84-87.

（三）加快技术创新 服务"新闻大片"

在融合传播途径中，最重要策略之一，是打破其相对严肃的刻板印象，推出融合形态的内容产品[①]。此类产品应该在视觉听觉上，能给观众带来丰富和极致的感官享受，而这必须有先进的技术支撑。

在此次《飞越广东》项目实施过程中，"5G+4K+AI"等新技术手段的运用，成为系列的一大亮点。每一期节目中，都至少有4路记者使用5G设备进行与演播室的连线；使用了4K设备进行航拍等。在"深圳篇"当中，导演组甚至还将AI机器人请进了演播室，成为嘉宾主持人。另外值得一提的是，该系列中还大量使用了演播室虚拟场景切换的呈现，如"江门篇"中出现了"冯如飞机""高铁列车""小鸟天堂"等虚拟场景，既丰富了主持人的播报方式，也让观众更有体验感；"中山篇"通过虚拟技术将4个剪纸道具连成一幅壮阔的巨幅画卷，把热烈气氛推向高潮。此外，虚拟现实技术支持的《小强观察》专栏，5G+GoPro移动拍摄的《超级访问》，还有各种动态水下拍摄展示，以及Vlog、H5等互动体验等，在这些种种新技术的支撑下，《飞越广东》成了名副其实的"新闻大片"。

广东广播电视台党委副书记、总编辑郑广宁曾表示："融媒体丰富了传播形式，拓展了传播渠道，这将很好解决以前粤港澳三地广电媒体之间在传播中存在的障碍。"

（四）多渠道平台传播 拓展影响力

随着粤港澳大湾区的建设，区域内媒体合作逐渐加深，这也令各家媒体的"朋友圈"变得越来越广泛。湾区时代下的媒体融合，要求传统媒体不单单在内容传播模式和运用技术手段上的创新，同时也要兼顾内容发布渠道的创新，从传统单向传播，向跨媒体、跨介质、跨形态的多元传播方式变革，从而促进传统媒体与新媒体内容多元共享，提升传播效率，提高新闻影响力[②]。

此次《飞越广东》项目，除了在传统电视端以固定版面时间段播出外，还实现了网络移动客户端实时直播。同时还利用触电新闻自有传播平台，整合资源、平台再造、二次分发，在手机App端设置了"21地市大型融媒项目飞越广东"总专题，每

---

① 张志安，黄剑超.融合环境下的党媒情感传播模式:策略、动因和影响［J］.新闻与写作,2019(3):78-83.

② 黄应来，李凤祥，黄叙浩.讲好大湾区故事 融入大湾区发展［N］.南方日报，2019-5-22（4）.

个城市开辟了分专题，聚合各市广播电视台的新媒体集中推送。此外，相关短视频还通过抖音、微博等平台，进行全网分发。

截至 2019 年 12 月 11 日，《飞越广东》电视直播观看量为 164 万，网络直播全网观看量为 1966 万；触电新闻站内视频专题，全网总阅读量近两亿；短视频站内总播放量 740 万次，全网合计总播放量 8963 万次；相关内容微博平台累计浏览量为 7040 万。有了多平台多渠道的传播，无疑全面提升了主流新闻的影响力。

三、融媒传播在大湾区时代下的发展思考

粤港澳大湾区的建设，为三地媒体带来了新的活力、新的方向，以及新的机遇，然而由于三地存在政治、经济、文化、社会等方面的差异，现今的媒体融合仍需面对挑战。湾区媒体如何从以往的"记录""传播"角色，转变成三地的信息连接纽带，成了媒体融合创新的关键。

（一）以互联网为枢纽 强调内容价值

"平民化叙事"模式，在新媒体语境下，尤其接近平民生活，更易让人接受，有利互联网传播的优势，但同时也存在一定短板。"平民化叙事"大多记录和表达的是生活化、具象化的内容，所体现出来的大多是新闻人物事件娱乐、生活化的元素[1]。由此一来，很容易造成传播内容与新闻主题原本意义产生割裂，从而无法起到硬核的传播力量。因此在这种情况下，更应该强调内容价值。

在进行"平民化叙事"前，首先需要对大主题事件的传播文本进行解码与再编码，结合从人物到故事再到节目立意的综合考虑，搭建出既能让用户喜闻乐见，又不显艰涩、琐碎的内容生态。力求在保证互联网传播力优势的前提下，寻找到轻松生活化呈现与严肃宏大时政话题之间的最佳平衡点。

（二）培养多元化思维 提高舆论领导力

加大舆论引导力度的主要表现之一，就是培养主流意见。一方面作为传统媒体，即便在融媒时代下，也应坚守原则，保持媒体自身的客观性与公正性[2]。而另一方面，谁能做好党和国家政策宣传工作，创作出更"接地气"的产品，谁就能让广大用户接

---

① 孙荔 . 融媒体坚守"内容为王"的策略分析［J］. 今传媒，2019，27（6）：18-19.

② 曾祥敏，刘思琦，唐雯 .2019 全国两会媒体融合产品创新研究［J］. 新闻与写作，2019（5）：22-29.

受，牢牢占领舆论阵地。因此媒体可以通过打造融媒体工作室，培养带有主流意见的IP，充分发挥时评带领作用，起到引导目的。但往往对于任何一个新闻事件的理解，从事件本身，到记者的表达，再到受众的接收，都会不可避免地出现理解上的差异，而作为以打造主流意见IP为特色的融媒工作室，稍不注意就会传递出带有个人倾向性的价值观。

因此融媒工作室需要提倡的是开启民智，提供多元化的思维，培养受众从多个角度去思考问题，成为更高层次的舆论意见领袖。同时工作室也能更积极将融媒产品融入传统节目，共同发力，形成矩阵，多种媒介全方位覆盖推广，形成规模效应。

（三）利用技术赋能 提升传播水平

在语音识别、人工智能、大数据、区块链广泛应用的今天，新技术与新闻行业之间的关联越来越密切，虽然从一定程度上来说，新技术与媒体行业的融合，会挤占部分媒体人的生存空间，但只要善于利用，就能使新技术变成事业上的"贤内助"[①]。无论是从十九大报道，还是到《飞越广东》，新技术都在以一种质量更好、速度更快、现场感更强的形式，将内容与用户连接起来。同时利用好技术赋能，还能帮助媒体更精准地了解用户需求，挖掘潜在性和多样性，从而进一步提升大湾区内媒体产品的传播能力和水平。

（四）搭建共享平台 打破传播壁垒

此次的《飞越广东》，是一次大统筹，打破传播壁垒的实践。除了统筹省市电视台节目资源，统筹高端技术手段外，还统筹了各种渠道。除了自有传统分发渠道外，还有学习强国、触电新闻，以及抖音微博等商业渠道分发。这就如同一个平台整合与重构的过程，重新汇聚信息，重新聚集受众，通过传播方式的变化，再造新的舆论生态。

然而这在粤港澳大湾区时代下还远远不够。在探讨粤港澳三地媒体融合方面，可以尝试搭建新闻生产共享平台，使优质的信息要素得以在三地间共享，无障碍地流动，同时还可以向产业链上下游领域拓展，一次采集、多种形态、多渠道发布，促进传播效果最大化。

---

① 刘峣.技术创新为内容建设添翼［N］.人民日报（海外版），2017-11-01（8）.

四、结　语

2019 年 2 月 20 日，北京市新闻工作者协会及社会科学文献出版社共同发布了《媒体融合蓝皮书：中国媒体融合发展报告（2019）》。蓝皮书认为，我国媒体融合已由形式融合、内容融合一跃而升级至以体制机制融合为主要特征的融合 3.0 时代①。而此次《飞越广东》项目的推出，无疑是在媒体融合 2.0 时代下，对于如何讲好湾区故事的一次很好的实践。在此过程中所总结出来的强调内容价值、培养主流意见、利用技术赋能以及搭建共享平台，都是未来媒体融合发展借鉴的一个很好的案例。而对于粤港澳大湾区而言，粤港澳三地间的媒体合作才刚刚开始，在媒体融合 3.0 时代，该如何以内容生态建设为根本、以高新技术为支撑、通过多渠道经营管理、全方位机制体制合作创新，是目前三地媒体都在探索与尝试的方向。相信未来随着粤港澳大湾区的加快建设，粤港澳大湾区媒体间也将通过不断加强加深合作，从多维度出发讲好湾区故事，进而进一步提升粤港澳大湾区的影响力。

---

① 常红，赵芮.中国媒体融合已进入 3.0 时代 呈现四大新特征［Z/OL］.（2019-02-20）［2021-10-08］.https://world.people.com.cn/n1/2019/0220/c190972-30808295.html.

浅析地市党报新闻客户端需推开的"三重门"

——以西江日报新闻客户端构建为例

周永龙①

一、地方党报新闻客户端运营的更多社会效益

2018年8月21日，习近平总书记在全国宣传思想工作会议上强调，"要扎实抓好县级融媒体中心建设，更好引导群众、服务群众"。

2019年1月25日，习近平总书记在中共中央政治局第十二次集体学习中指出："推动媒体融合发展，要坚持一体化发展方向，通过流程优化、平台再造，实现各种媒介资源、生产要素有效整合，实现信息内容、技术应用、平台终端、管理手段共融互通，催化融合质变，放大一体效能，打造一批具有强大影响力、竞争力的新型主流媒体。"

郡县治，天下安。和县级融媒体改革一样，地市党报依托新闻客户端作为转型融合的重要载体，也是提升地市党报传播力、引导力、影响力和公信力的大势所趋。

地市党报新闻客户端作为一种新型媒介，兼具了微信公众号快速的圈式传播特性，更具有信息容量巨大、采编功能齐全、运作稳定安全的特点，其运营具有三个方面的社会效益。

一方面，更好更快地把地市党报的权威内容传播给广大受众，占领主流舆论阵地制高点，以新冠疫情为例，权威快捷地发布各级防疫指挥部的疫情信息，地市党报新闻客户端发挥了不可代替的作用。

---

① 周永龙，西江日报社采访部副主任。

另一方面，更新更多地把地市党报的采编内容传播给广大受众，让党的路线方针政策深入民心，新闻客户端本身具有 H5、互动游戏等新型的传播手段，可以通过多种形式让党报内容鲜活起来，让民众喜闻乐见。

再者，更准确更有效地传播到广大党员干部和群众当中，让主流媒体的声音实现最大范围的覆盖。在地市行政区域内，地市级党报新闻客户端的安装数量和覆盖范围一般是最广的，不仅各级干部需要安装当地党报新闻客户端，而且通过各种形式及渠道的推广，各行各业各阶层的人民群众安装数量也会相对较多。因此，其影响力和社会效益不言而喻。

二、地市党报新闻客户端目前运营存在的问题和挑战

纵观传播史，技术的每一次发展都带来传媒大变革，给传播生态带来变化。

马歇尔·麦克卢汉提出的"媒介四元律"核心观点认为媒介发展是一个多螺旋无终点的变化过程，有一个提升、过时、再现、逆转的过程。媒介四元律很好地阐释了伴随科技发展而导致的媒介更新换代和形态演化。

事实上，地市党报新闻客户端在提升传播力的过程中，也面临着 3 个方面的问题和挑战。

（一）制度改革力度不足

以《西江日报》为例，作为地市级党报，《西江日报》早在 2004 年开始就建立了一套有效调动记者工作积极性的绩效考核制度，并在实践中不断地完善。在这样的绩效考核制度之下，记者的辛勤付出与工资收入成正比，多劳多得，也形成了为报纸供稿而获取可观收入的惯性思维。

由于转型的大势所趋，2019 年 8 月 18 日，西江日报新闻客户端正式上线。报社对于采访部门的记者采用报纸分数和新闻客户端分数 8∶2 的比例进行考核。也就是说，一名记者 1 个月采写发表的稿件得分中，80% 是来自报纸，仅有 20% 来自新闻客户端。

这样的考核制度下，产生了 3 种明显的问题。一方面，由于收入大部分依然来源于报纸，记者采写新闻时，首先考虑的是如何完成报纸的发稿任务，写法上固守在"日报体新闻"的范式中；另一方面，记者采用一稿两投的方式，把投往报纸的稿件同时投给新闻客户端，如此一来，新闻客户端就形同于第二张日报；再者，很多记者

存在等报纸先见报后发稿给新闻客户端的情况，影响传播时效。

此外，人员配备不足也是一个问题。地市党报新闻客户端的编辑，工作量巨大。以西江日报新闻客户端运营的第一个月为例，每位编辑每个月平均编辑稿件400多篇，从早上8点左右开始，到晚上12点半左右，均为编辑工作的时间。纯编辑为两人，另外一位编辑为兼职编辑，加上把关的编辑部主任，一共就4个人。编辑分为白班和夜班轮流，但周六日和节假日均没休息。

这样一来，编辑工作负荷太重，把关的主任更是"车轮战"，无论哪位编辑值班，主任都要审稿，可谓昼夜兼程。长此以往，大家都感觉不堪重负。

（二）意识更新不足

地市党报是传统媒体的典型，转型融合以后，从事新闻客户端的采编人员依然是原来从事报纸采编的队伍和人员。一些老记者和老编辑，存在因循守旧的现象，在文章的采写和编辑上，停留在办报纸的旧思路。这种现象在地市党报转型的初期尤为突出，一些老记者写惯了深度文章，遇到题材就从报纸维度去想问题，很少会想着用视频、图片等新媒体手段来表现，从而引起了转型的局限。形式转过来了，但是意识还一时跟不上。

（三）技术运用不足

改革需要一个适应的过程。从单一的文字采编，到运用图片和视频和后期编辑手段的变化，对于每一个传统党报记者和编辑来说，都是一种挑战，这也成了媒体转型升级以及提高地市党报新闻客户端运营能力不可绕开的一道难题。

三、地市党报新闻客户端需要推开的"三重门"

（一）推开制度支撑之门

地市党报新闻客户端的制度支撑主要体现在两个方面，一是科学考核制度，二是人员匹配制度。

1. 关键抓考核制度建设

要让记者全心全意发力在新闻客户端，形成强大战斗力，最关键的就是抓好考核制度。在新媒体较之纸媒呈现压倒性优势的今天，记者绩效考核的权重应该是新媒体占绝大部分，纸媒只能占少部分。这样才能使记者采写新闻的重心转移到新闻客户端之上，把记者的水平和精力运用到创新新闻客户端作品之中。因此，记者在新闻客户端和报纸的绩效考核比例为 8∶2 左右，才顺应融媒体发展的规律，才能因势利导地调动起记者对于新媒体转型积极性，从而形成强大的融媒体力量，在新的竞争中立于不败之地。

2. 要重视人员匹配制度

现状告诉我们，问题的症结在于，人手配备不足。对于很多地市级党报来说存在两个难点，一是转型的步伐不可能一蹴而就，纸媒部分的任务量变化不会太大，人手自然不能被抽调太多到新媒体；二是大多数地市党报的经营收入仍主要依靠报纸载体实现，新媒体存在投入多与产出少问题，因此，人力精力仍相对偏重纸媒。但是，新闻客户端容量巨大，时效性特别强，这是客观事实，需要更充足的人力，才能实现客户端科学、良性、可持续的发展。

事实上，新闻客户端编辑部，起码要配备 4 名专职编辑，让周六日适当轮休，与此同时，配备至少一位副主任，与把关主任形成把第二道关的轮值，这样才能形成良好循环，真正提高地市级党媒新闻客户端的质量，打造出响亮的新媒体品牌。

在人员的匹配中，地市党报新闻客户端的编委会配备也相当重要，但据了解，很多地市级党报新闻客户端的编委由该单位的新媒体部主要负责人来担任。事实上，无论从级别还是水平上，作为整个党报的新闻客户端，就应该要从日报的编委中，抽调一部分来担任新闻客户端的编委。只有这样，在新闻客户端的三审制度中，才能更好地把好最后审阅关。

推开制度支撑之门，地市级党报新闻客户端才能从记者供稿的质量、编辑水平的提高以及把关水平的严谨上，形成强有力的融合力量，奋进新时代。

（二）推开意识转型之门

意识决定思路，思路决定出路。意识转型是媒体融合转型的先决条件，这就需要彻底抛弃之前在传统媒体的固有思维模式，一方面，要适应新媒体发展特点，树立时效优先意识；另一方面，要一切从用户出发，树立简易精短意识；再者，根据内容为王特点，树立标题精彩意识。

1. 树立时效优先意识

在大多数微信公众号日推送次数受限的情况下，地市党报新闻客户端发文无限制时，成了竞争的最大优势之一。因此记者和编辑都必须具备时效优先意识。

其一，以 2019 年 10 月 12 日晚广西地震波及广东的消息为例，新华社发布快讯后 3 分钟，很多省级媒体都还没推送的情况下，西江日报新闻客户端就立刻转载推送了这一消息，并连续进行消息的更新推送，引起了社会广泛关注，点击量很高。

其二，2019 年 10 月 1 日上午 12 时左右，在举世瞩目的中华人民共和国成立 70 周年大阅兵即将结束前，西江日报新闻客户端紧抓重大时间节点，推送了《英姿飒爽，四会姑娘亮相国庆阅兵方阵》，讲述了四会姑娘继承父志从军报国，作为女兵方阵成员经过天安门广场接受检阅的故事，以她家人观看现场为切入，加上及时的推送，让这条新闻点击量一下就突破 10 万次，这对于一个新生的地市级新闻客户端来说，已经很成功。

其三，2020 年 1 月 31 日，在新冠病毒形势十分严峻的时刻，肇庆首例患者治愈出院的新闻，当患者走出住院部的 1 分钟后，西江日报新闻客户端作为第一个发布这条消息的媒体，点击量高达 20 多万次，创下了历史新高，其关键处就是时效优先意识。

2. 树立简易精短意识

对于很多地市级党报的记者来说，以往发表在报纸的文章一般几百字、上千字甚至数千字，但新闻客户端作为手机端的新媒体，受众的阅读习惯一般刷 3 下屏以内能阅读完一篇文章。因此，新闻客户端的文章除了重大题材或者专题外，一般应该在 300 字以内最好，顶多不超过 1 千字，而且要多配图和多配视频。

在西江日报新闻客户端，曾有这样一个事例，一位记者想趁着国庆期间采写一个新闻，关于一所大学的国旗队队员到山区小学传授国旗护旗升旗技巧的故事，这位记者觉得题材难得，文章写了 3000 多字，并一再请求编辑不要删改。结果这条新闻的点击量只有 100 多次。

而纵观运转半年多的西江日报新闻客户端，点击量排在前 10 位的新闻，都具备精短的特点，最多也不超过 1 千字。这是由新闻客户端受众阅读习惯决定的，因此，记者必须转变观念，适应新形势要求。

3. 树立标题精彩意识

地方党报新闻客户端的标题兼具微信标题活泼型和党报标题端庄型于一体，一要有文采，二要吸引人，三要分割适合，四要字数适中。

言之无文，行之不远。地方党报新闻客户端代表一份党报的形象，其内容离不开时政新闻，标题应该要在精练基础上有文采。事实证明，有文采的标题很能吸引读者点击进去读下去。如西江日报新闻客户端中秋夜推出的一篇登山赏月的新闻《登高望，朗朗皓月照湖山》，标题有文采，点击量很高。

社会民生新闻也是出彩的重要部分，因此吸引人的标题十分重要。如一些警方提供的通讯员稿件，在地市级党报中通常都只会以豆腐块形式出现。然而，在新闻客户端中，这类新闻通过修改出生动而吸引人的标题，也会很受客户的欢迎。如西江日报新闻客户端曾推送一条这样的新闻《劝酒被拒，3人怒砸朋友"路虎"被抓》，由于标题形象生动，十分吸引读者，点击量在当月新闻中排第二位。

新闻客户端的新闻推送后，主要还是通过朋友圈传播。而发送出来在朋友圈的推文，除了前面显示一张图片外，后面就是标题的位置。这样的位置大概容纳 12 ～ 14 个字左右，也就是标题最佳位置。标题太短不好，信息表达难以清除，标题太长或者断行也是不太好。因此，党报新闻客户端的标题字数自述最好在 12 ～ 14 个字之间。

在此基础上，标题的分隔适中也很重要。可以模仿骈文的句式，最佳是前 4 字、后 8 字或者前 6 字、后 8 字。这样的标题层次感分明，比较接近黄金分割的观感，因此更具有吸引力。

（三）推开技术创新之门

融媒体技术的丰富应用，给受众更广泛的体验认识和释放更强大的效能。文字、图片、声音、图像等信息交叉综合，更丰富、更立体、更全面；移动化、分众化、碎片化融合传播，使获悉信息的途径更加便捷；优秀的平面设计在融媒体的运用，将使媒体传播效果较过去更全面、更有体验感、更有获得感。

1. 多运用 H5 技术

在地市级党报新闻客户端中，H5 技术的运用，效果良好。随着现代新媒体技术的快速发展，三维立体交叉的画面已成时尚，设计人员根据新闻素材特点，融合音乐、交互、体验、排版等能力于其中，让读者在新技术的作用下，产生如沐春风般的阅读享受，从而提高受众的关注度和喜爱度。

H5 的优势在于，不必担心色调的输出问题和色差问题，空间表现力很强，如果 H5 再配有 3D 软件，就更加如虎添翼了。

2. 多运用高清海报

海报是设计师以视觉图形作为载体的一种传播相关信息的艺术设计形式，图形作为海报的主体，担负着与广大客户沟通交流的任务。具有形态人性化、样式多样化、富有趣味性的特点。

高清海报的作用在此次抗击新冠疫情战役中尤为明显。以西江日报新闻客户端为例，在疫情十分严峻的时刻，急需媒体传播强大的正能量，通过大量的高清海报，以特写镜头配以特效文字的形式，让医务人员、社区干部、党员志愿者等新闻主角形象更加鲜活感人，让新闻效果更具冲击力。

特别是西江日报新闻客户端推出了医院感染科护士长的工作海报，以及金利镇冒着暴雨坚守阵地党员干部的海报，一经推送，很快就刷爆了当地人的朋友圈。

3. 多运用互动游戏

2020年正月十五元宵佳节，正是抗击疫情的非常时刻，国家提倡不出门、不聚会。很多居家的市民已经开始感觉很闷，西江日报新闻客户端推出了一组以肇庆市名胜古迹为主题的猜灯谜互动游戏，并设置了分数排名，肇庆市民在朋友圈看到后，立刻通过推文的二维码下载 App，参与到游戏之中，居民居家猜灯谜，也成了抗击疫情过程中的一道美丽风景线。

通过这样的互动游戏，不仅能提高客户端受众的关注度和互动效果，也能扩大新闻客户端的推广范围，让更多的读者客户下载安装自己的新闻客户端。

四、结　语

时移世易，斗转星移。当前，广大地市级党报不可避免地面临从传统转到新型、从报端转到客户端的历史课题，这是大势所趋，也是发展必然。只有勇迎挑战才能化危为机，只有把握关键才能行之有效，因此，地市级党报在构建新闻客户端平台过程中，必须精准发力，科学运营，推开制度支撑之门、意识转型之门、技术创新之门，迈入融媒发展的新的春天。

参考文献：

［1］胡兵，刘利湾.畅想与思考：传统媒体如何迎接5G时代［J］.南方传媒研究，2019（6）：37-51.

［2］黄红鹰.浅谈南方日报融媒体产品的视觉设计优化［J］.南方传媒研究，2019（3）：135-140.

大型体育赛事报道中主流媒体的情感传播探究

——以新华网"全景冬奥"专栏为例

叶康铧①

随着数字媒介技术的发展以及传播渠道的不断拓展，用户对个性化表达的追求日益强化，②人们更加倾向于跟随情感进行自我表达。2022年2月，第24届冬季奥林匹克运动会在北京召开。北京作为历史上第一个"双奥之城"，主流媒体对冬奥会进行持续报道，利用国内民众对冬奥会在地缘和情感上的亲近感，激发了并调动他们关注冬奥会的积极性，主动与冬奥会相关的内容进行互动。在互动的过程中，民众增强情感"浓度"，产生了"集体兴奋"，从而实现了传播范围的扩大。

新华网作为新华社主办的新闻门户网站，是我国最具影响力的网络媒体，也是全球具有一定影响力的中文网站。在本次冬奥会中，新华网开设冬奥专题，设立"全景冬奥"专栏进行报道，并同步到新华社官方App，各大媒体、平台进行转载，平均浏览量为89.59万。本文以新华网冬奥专题中的"全景冬奥"专栏为研究对象，并对专栏中发布的232篇报道进行分析，以期探索大型体育赛事报道中主流媒体的情感报道策略。

一、情感唤醒：奥运会"仪式"与爱国情怀

情感在人们的社会交往中发挥着巨大作用。社会价值观、组织结构、个人认知都受到个人情感的驱使，而个人情感的私密性、主观性、易变性决定了情绪的唤醒离不开社会互动。互动仪式中，期望和奖惩就是带来唤醒情感的最基本的原因。

---

①　叶康铧，广东外语外贸大学新闻与传播学院研究生。

② 隋博.融媒体时代体育新闻报道娱乐化分析［J］.中国有线电视，2019（12）:1372-1374.

奥运会作为四年一度的大型体育赛事，是世界规模最大的综合性运动会，是世界上影响力最大的体育盛会，本身承载的情感便与其他体育赛事有所不同。它作为一种文化符号，在奥运会期间所呈现的口号、仪式等作为主体间交流互动的渠道，不仅在国际交往中发挥着重要作用，也在国家中成为凝聚民族力量、培育民族精神的媒介。

具体到北京冬奥会中，在全球化、现代化社会快速发展背景下，北京冬奥会作为文化符号，进一步成为传播中国声音、推动国内外文化交流、建构现代化国家认同的渠道。而中国对奥林匹克的情结，自近代以来便长期存在。从 1910 年国民提出的"奥运三问"到 1932 年中国第一次参加奥运会，再到 2008 年成功举办第 24 届夏季奥运会，其间虽有波折，但不变的是中国的奥运情结中所蕴含的民族尊严、自豪感和国家认同。这种认同感不但体现在面对运动员获得奖牌后的集体荣誉感，还体现在民众个体内心产生的国家认同感。本次冬奥会在北京举办，使得北京成为目前为止唯一的"双奥之城"，新华网开设的全景冬奥专栏从 2022 年 1 月 20 日开始，对冬奥赛事、开闭幕式、运动员、工作人员、吉祥物和冰雪运动等多个内容主题（具体分类见表 1）进行为期一个月的报道，为大众传递本次北京冬奥会的各类消息，全方位激发大众的爱国情感。

表 1　全景冬奥报道内容主题

报道内容主题	篇数	百分比
冬奥工作人员相关	46	19.83%
冬奥赛区相关	36	15.52%
冬奥运动员相关	31	13.36%
冬奥赛事相关	27	11.64%
冬奥吉祥物相关	24	10.34%
冰雪运动知识普及	20	8.62%
冬奥开闭幕式相关	16	6.90%
冬奥知识普及相关	13	5.60%
冬奥美食相关	8	3.45%
其他	11	4.74%
总计	232	100%

此次冬奥会的报道中，新华社将宏大主题通过细小的细节进行呈现，通过刻画人物、场景细节反映新闻背后深层次的寓意，传播爱国主义思想。在专题中，对冬奥工作人员的报道占总数的 19.83%，其次为对冬奥赛区的报道，占比为 15.52%。2022 年 2 月 7 日发布的《从西陲牧区到冬奥赛道，这位"95 后"试滑员不简单》对赛事官方

试滑员吐尔松江·布尔力克进行报道，将其跨界成为越野滑雪运动员，但落选冬奥会代表名单，到成为一名官方试滑员的过程呈现在大众面前。报道以单个运动员个人经历作为切口，表现其对中国冰雪运动、对中国的热爱的同时，也传达本次中国为选拔更多冰雪人才而进行的各项努力，再次宣传中国代表团将"跨界选材"工作落到实处。此类以小见大的报道，将冬奥会的爱国主义思想融入到更为平民化的叙事表达之中，让弘扬主旋律以更巧妙的方式和隐蔽的形式对主流价值观进行传播与诠释，消解了主流价值观在大众传播场域之中的距离感，达到更好的传播效果。

二、情感互动：身体在场与网络互动

身体在场传播是互动仪式链的重要一环，它主要适用于小范围、面对面的情境，而具体情境中的个体之间，通过局部的、反复的、不间断的互动，最终形成不同情境下的团结性、流通性、成员身份归属性、情感共鸣性。[①] 随着现代媒介的发展，网络为即时的远程交流提供了条件，互动不再受限于时间、地点范围的限制。网络将基于现实环境的社会群体连接起来，为远程交流提供仪式参与感，进而在共同话题中实现情感互动。

在冬奥会这一媒介事件之中，互动贯穿整个事件发生、发展的全过程。它包括网民与事件之间的互动、网民之间的互动、媒体之间的互动、网民和媒体之间的互动等多个层次。冬奥会作为舆论热点，媒体的集中报道激起了网民的关注和讨论，引发社会的全面互动和情感连带，从而产生集体认同感。

当下，主流媒体通过融合各类传播符号，以全媒体呈现的方式，激发和满足受众的情感体验，从而引导社会舆论，塑造社会共识。随着传播技术的发展，新闻传播方式不断更新换代，以图片、视频为代表的视觉性新媒体产品愈发受到用户的喜爱。如表 2 所示，在本次"全景冬奥"专栏中，新华网受限于网站设置，并没有推出 H5 的报道，而是由大量的视频报道和图文报道组成了本次专栏的新闻内容。专栏中，"图片＋文字"类的报道仍为主流，占比超半数，含有视频的报道总占比 34.49%；纯文字类的报道共 13 篇，主要以评论、快讯为主；图集类的报道共有 7 篇，以阶段性总结的内容为主，如冬奥会开闭幕式精彩瞬间等。

---

① ［美］戴扬，卡茨.媒介事件［M］.麻争旗，译.北京：北京广播学院出版社，2000.

表 2　全景冬奥报道呈现形式

报道呈现形式	篇数	百分比
图集类	7	3.02%
纯文字类	13	5.6%
纯视频类	58	25%
视频＋文字类	22	9.49%
图片＋文字类	132	56.90%
总计	232	100%

在此类高强度的集中报道背后，新华社为大众打造了一个虚拟的共同空间，使得冬奥会成为大众关注的重点。民众情绪也随之受到感染，形成情感纽带，实现情感共识。受众在关注"全景冬奥"的报道时，身体的共同在场也会让其自然代入到冬奥会的现场之中。

北京冬奥会是中国在新冠肺炎疫情暴发后举办的首个国际性的体育赛事，其开幕式作为重大媒介事件，为观众构建了一个"影像共同体"，让来自各个时空、处于各种社会关系的各种社会角色的人聚集在一起，人们通过共同观看、讨论开闭幕式，"置身于一种面对面的直接联系，并沉浸于集体的兴奋状态，这种时刻激发鼓动了群体成员，而对这种时刻的记忆则促进了社会的凝聚力"[①]。在这起媒介事件中，新华网通过在开闭幕式前后进行相关内容的报道，以第一视角走进开闭幕式幕后故事，利用图集报道，营造身体在场的场景，延续大众的集体记忆，加深由冬奥会开闭幕式带来集体认同。

由于本次冬奥会全程采用闭环管理，民众无法前往现场为运动员加油鼓劲，感受赛场氛围。因此，"全景冬奥"专栏通过对多个主题内容的报道，为大众构建冬奥会的"场景"，如通过多篇对奥运村美食的报道，以视频、图集的方式为大众揭秘运动员每天的饮食和运动员喜爱的食物，力求实现受众的"在场感"。同时，在报道标题中多次采用"在现场见证""沉浸式观察"等词语，激发网民对赛事的关注和互动，实现二次传播。

与此同时，在本次新闻叙事中，感性的微观叙事成为了报道的主要方向。从个体成长、家庭生活、运动经历等多角度进行切入，将运动员、志愿者、幕后工作人员等

---

① 薛文婷，张麟，胡华.仪式·意义·认同：北京冬奥会开幕式与中国形象塑造［J］.中国广播电视学刊，2022（4）:8-12.

主体的形象刻画得立体生动。例如，在运动员苏翊鸣成为中国单板滑雪首枚冬奥会男子奖牌获得者的当天迅速抓住受众的求知情绪，发布《今日主角｜"横跨 CCTV6 和 CCTV5 的男子"》，利用短视频结合文字的方式描述这位"横空出世"的运动新星，使受众好奇心得到满足。随后第二日发布《漫话冬奥｜少年梦！冬奥梦！——单板新星苏翊鸣这样横空出世》一文，通过漫画的形式讲述苏翊鸣与滑雪运动结缘的全过程，拉近运动员与大众的距离，增加大众对运动员的认同感。此系列文章的阅读量均达到 100 万以上，被各大平台转发，实现多次传播。各个平台的用户通过报道了解苏翊鸣，利用平台发表自己的意见，或根据报道进行二次创作。在此类情境中，个体不断进行互动，在互动中积累情感能量，将原本"分裂"的情感发展为了大众"共同"的情感。

三、情感共鸣：集体认同与情感话语

在过往的媒体叙事中，大型体育赛事的报道主要从国家、民族、社会等议题进行宏大叙事，宣传说教意味浓重。而随着移动智能终端和移动互联网的普及，平台使用门槛不断降低，越来越多的用户涌入各类平台，占领平台话语空间，媒体传播对象不断"草根化"。[①] 说教式的宏大叙事不再适用于当今受众，感性的微观叙事方式更为受众所接受。

由此，新闻传播不再是"高高在上的新闻仪式的展演，而是通过情感话语的输出，以更加接地气的方式实现于用户话语的共振及情感上的认同"[②]。情感话语输出包括词汇、标点符号、人称视角、话语风格等多个方面。

首先，本次"全景冬奥"专栏报道选择在标题当中融入情感词汇的方式，进行情感话语输出。报道除了以"骄傲""自豪""泪目"等带有直接表述情绪、情感词汇的明显情态信息为直接抒情式标题外，还通过标点符号表达情绪。在 232 篇报道中，23 篇文章的标题选择采用感叹号、问号和省略号等标点符号抒发情绪。

其次，"人称视角"的"直接或者间接引语式标题"，在本专栏中作为情感传播实践中反复使用。新华社在进行人物专访时，多次采用受访者话语的方式进行标题制作，如《"服务冬奥，我们在！"走近北京冬奥会张家口赛区志愿者》《北京冬奥会是

---

① 詹金斯.融合文化：新媒体和旧媒体的冲突地带［M］.杜永明，译.北京：商务印书馆，2012：56.

② 常媛媛，曾庆香，仇筠茜.新型主流媒体新闻中军人身份认同建构的情感化——基于《人民日报》微博与主报军人报道的对比分析［J］.新闻爱好者，2020（4）:5.

我必须抵达的一站——专访国家越野滑雪中心加拿大籍摄影经理阿诺德·林》等。此类标题创造出受众与志愿者、摄影师的对话场景，能够让其建立角色代入感，进而产生与媒介文本相似的情感体验。

最后，情感话语的输出还表现在整体话语风格的搭建之中。近些年来，主流媒体通过调整自身话语风格，不断向民间话语风格靠近，以求打造一个亲民有温度的媒体形象，弥合主流媒体与受众的鸿沟。① 例如，专栏中《追光 | 堪称最精彩的比赛，居然不给奖牌？小编看不下去了》一文，运用口语化的表达报道北京冬奥会花样滑冰表演滑，在报道中运用表情包和对话式的文字内容实现与受众的情感沟通，收获共情效果。《追光 | 〈千里江山图〉在冬奥会随处可见？哪儿呢，哪儿呢？》一文以同样的方式，为受众揭秘北京冬奥会核心图形的构成元素，增强受众的情感体验。而《一组数据带你了解被称为"冰雪F1"的冬奥会雪车项目》《科画 | 人少的冬奥代表团为什么偏爱高山滑雪？》等科普性报道，以通俗、简单的文字为受众解说冬奥赛事、科普冰雪运动，从而达到宣传冬奥会和冰雪运动的目的，激发大众参与冰雪运动的热情，为实现"三亿人参与冰雪运动"的目标迈进。

四、结语：利用好情感传播抢占话语权

情感传播的本质是建立集体记忆和文化认同，在本次"全景冬奥"专栏中，新华社采用了多样化的情感传播策略，实现情感的唤醒、互动与共鸣。利用好情感在新闻传播过程中所发挥的作用，能够在一定程度上改善主流媒体在大型体育赛事报道中生硬、严肃的话语模式，提升大众对新闻内容的认可，激发大众的互动热情。

首先，主流媒体在进行大型体育赛事报道的内容生产时，应该根据赛事特点和受众喜好倾向，选择传播形式，利用文字、图片、视频、H5等多种方式，激发受众参与感，让受众主动参与传播过程之中。与当受众开始参与到传播过程时，新闻内容便能更快抵达各个圈层，满足不同层级受众的需求，新闻内容中所包含的情感也能通过内容传递到各个阶层之中，达成社会共识。

其次，主流媒体应提高采用情感共鸣和价值共享为特征的传播方式的比例。媒体在大型体育赛事的报道，是体育文化传播不可忽略的重要组成部分。媒体在报道中传递的信息内容、价值取向，能够在一定程度上满足大众的精神需求，缓解社会中的焦

---

① 王伊如.媒体融合语境下党媒新闻报道的情感传播模式探究——以对中印边境冲突中成边英雄事迹的相关报道为例［J］.科技传播，2021（13）:3.

虑情绪，营造更为积极向上的舆论环境，从而实现个人话语体系和主流价值观的统一，促进两个舆论场之间的融合与价值共享。

最后，主流媒体应利用好大型体育赛事的新闻报道，推动主流媒体重新抢占公众注意力，提升官方话语权的影响力。主流媒体可以通过运用情感传播，对大型体育赛事进行报道，将宣传话语融入到新闻报道之中，将"硬新闻"进行"软处理"。让受众在关注体育赛事的同时，增加受众对主流内容的关注度和参与度，进一步传递爱国主义情绪，强化民众对国家的归属感和认同感。

全景冬奥专栏，是我国主流媒体运用情感对大型媒介事件进行报道并传播的又一实例。我国的媒体工作者可以从中发现传播规律和传播技巧，认识到情感发挥的巨大作用，利用好在新闻传播中的情感元素，发挥情感的社会属性，升华受众的情感体验。进而，提升我国大型媒介事件的新闻内容的传播效率，增强我国主流媒体的社会影响力，讲好中国故事，传递中国梦，促进社会大众对国家的认同感，维护社会稳定发展。

参考文献：

［1］张志安，黄剑超. 融合环境下的党媒情感传播模式：策略、动因和影响［J］. 新闻与写作，2019（3）：6.

媒介融合的"另一种路径"：粤港澳三地广电媒体融合发展研究

王秀娟　康　兀[①]

粤港澳大湾区是习近平总书记亲自谋划、亲自部署、亲自推动的国家战略，也是推动"一国两制"事业发展的新实践。互联网信息技术飞速发展，粤港澳大湾区的传媒行业不仅是推动大湾区发展战略稳步前进的重要推手，其自身的发展也将为粤港澳大湾区的经济、社会、文化发展积极赋能，成为大湾区未来发展不可或缺的"加速器"。[②] 粤港澳大湾区建设的大潮为三地传媒行业融合发展提供了重要机遇。2022 年 7 月 29 日，大湾区卫视、珠江之声正式开播，推动粤港澳三地广电媒体协同合作、融合发展步入新台阶，也为实现三地媒介融合发展提供了更多可能性。

一、媒介融合研究回溯

伊契尔·索勒·蒲尔（Ithiel De Sola Pool）是较早提出媒介融合这一概念的代表性学者，他在《自由的科技》（*The Technologies of Freedom*）一书中首次提出"传播形态聚合"（the convergence of modes）的观点，[③] 之后不断有学者通过实证或经验研究试图对"融合新闻"或"媒介融合"的内涵与外延予以丰富。在不同的研究语境下，西方学者从所有权融合（Ownership convergence）、策略性融合（Tactical

---

① 王秀娟，广东广播电视台电视融媒中心时政部记者；康兀，广东广播电视台电视融媒中心时政部记者。

② 汤景泰，王子明.讲好湾区故事，推动协同发展：粤港澳大湾区传媒业展望［J］.南方传媒研究，2019（4）：9.

③ 章戈浩，张磊.物是人非与睹物思人：媒体与文化分析的物质性转向［J］.全球传媒学刊，2019（2）：103-115.

convergence）结构性融合（Structural convergence）、信息采集融合（Information-gathering convergence）、新闻表达融合（Storytelling or presentation convergence）等角度，表达出对媒介融合内涵与外延的不同理解视角。

在建构与丰富媒介融合的内涵与外延方面，国内学者与西方学术界的研究在一定程度上保持同步，从初始阶段介绍西方传统媒体在产业融合、顶层制度设计的调整到结合产业的切实变化描述国内传统媒体组织融合、资本融合、传播手段融合，以及媒介形态融合的实践。国内学术界普遍认同对"媒介融合（Convergence）"的内涵与分类并非固定。

随着国内学者媒介研究纵深的推进，"万物皆媒""社会系统发展视野""未来媒体视野"等研究视角相继丰富了学界对媒介本质的定义。[①]有学者提出既要重视媒介，又不偏向媒介中心论。媒介融合的研究也随之有了更广阔的研究路径，但讨论媒介现实变化的研究框架仍是媒介融合研究的主流。

在既有的研究框架下，地方传统媒体在技术浪潮下的转型是国内媒介融合研究的焦点之所在。在媒介融合过程中，尽管传统电视媒体相较于新媒体而言存在诸多劣势，但也存在着重大转型机遇。与新兴媒介和新型内容生产机构相比，地方传统媒体长期积累的媒介资源存在明显优势。地缘相连、文化相近的传统媒体通过内容生产模式互鉴、资源互惠、传播渠道互用的方式彼此合作、协同发展不失为媒介融合的"另一种路径"。

二、粤港澳大湾区广电媒体融合发展的现实基础

粤港澳三地山水相连，人缘相亲，语言相通，为广电业的合作、发展提供了独特的土壤。广东广播电视台与港澳媒体的合作由来已久，从1979年的省港杯足球赛开始就与香港的电视媒体合作，先后制作播出了《省港杯歌唱大赛》《羊城贺岁万家欢》《唛王争霸》《一个美国制片人眼中的粤港澳大湾区》《十三行》等节目，还与澳广视、澳门有线电视在新闻直播、节目交换等方面的长期合作，这些都获得了良好的社会效益和经济效益。广东台制作的粤港澳大湾区宣传片《未来等你来》《湾区无限可能》以及一批粤语节目如《美丽西江》《我们的家园》等也通过香港、澳门的电视平台在黄金时段落地播出，取得了良好的传播效果，达到了共赢的目的。

---

① 龙小农，陈林茜. 媒体融合的本质与驱动范式的选择［J］. 现代出版，2021（4）：39-47.

近年来,随着粤港澳大湾区建设不断推进,粤港澳三地电视媒体的交往合作也越来越频繁,广东广播电视台在香港设立了办事处(记者站),在澳门设立了播报站,还和 21 家大湾区广电媒体共同创办了粤港澳大湾区广电联盟。联盟集聚了湾区广电最强阵容,共同推动粤港澳三地广电媒体更高层次、更高水平的合作。

三、粤港澳大湾区广电媒体融合发展的具体举措

新开播的大湾区卫视频道和珠江之声频率是三地媒体搭建合作平台、创新协作机制、共谋创新发展的一次积极探索,推动广东广电与粤港澳三地广电合作迈上新台阶,也必将能肩负主流媒体的职责和使命,传播好中国声音,讲述好湾区故事,助力"一国两制"行稳致远,共谱湾区发展新篇章。

(一)加强节目创新,做好粤语传播这篇大文章

大湾区卫视频道和珠江之声频率在版面上和节目内容上进行了全面升级。版面编排突出湾区特色,开设新闻、资讯、生活服务等多个特色板块,上线一系列全新节目,如《湾区最新闻》《湾区财富通》《老倌有戏》《老友剧场》等。其中,大湾区卫视以"活力湾区,文化中国"为定位,目标是打造成为与世界级城市群相匹配的国际一流粤语综合卫星频道,为粤港澳大湾区建设提供展示窗口。频道的龙头融媒体日播节目《湾区最新闻》每天晚上 8 点直播连线香港澳门直播室,45 分钟的版面聚焦大湾区的新闻资讯、财经要闻、社会事件、人文交流,力求打造成为传递大湾区资讯、传播粤语文化、增进湾区居民沟通联系的主流新闻栏目。

珠江之声频率定位"声动大湾区",大幅增加粤语节目播出的比重,打造《凤凰 U 资讯》《想唱就唱》《粤听粤爱》等品牌节目,联合珠三角九市电台,联同香港、澳门友好电台,开设 20 多个栏目连线直播,全天候 24 小时唱响新时代的乐章,为大湾区内移动人群、城市精英及青年人提供优先资讯、优质生活和优品音乐。在表达方式和艺术表现上,以更贴近港澳的语言表述方式和艺术风格传播国家的声音,宣传中央的政策,讲述大湾区建设日新月异的变化,描述港澳受惠国家政策和大湾区规划发展的真实图景。

（二）加强落地覆盖，让更多市民都听到大湾区的声音

大湾区卫视在南方卫视的基础上进一步扩大全球第一粤语频道的优势，通过卫星、无线、有线覆盖境外的传输优势，依托长城平台和卫星覆盖海外，面向全球超 1 亿的粤语观众进行传播。在香港，通过香港有线电视平台和香港 Now TV 网络平台，实现对全港 240 万网络用户的全覆盖，并积极推进对港澳酒店的全覆盖。

南粤之声广播频率升级调整为珠江之声广播频率后，在总局和省局的大力支持下，信号覆盖将扩大到香港、澳门全境，以及广州、深圳、珠海、佛山、东莞等珠三角区域，并可通过手机 App、境外社交平台实时收听，制作更多富含湾区特色的主旋律作品"破茧""出圈"，实现传播力影响力最大化。

（三）加强阵地建设，构筑广东国际传播全媒体矩阵

全新的大湾区卫视与珠江之声与四大海外社交媒体账号和多个中外网红号一起，打造"1+1+4+N"国际传播融媒体矩阵，积极发声国际舆论场，奏响粤港澳共识、共情、共鸣的湾区"最强音"。

四、粤港澳三地广电媒体融合发展的建议与展望

在大湾区建设的国家战略推动下，粤港澳三地媒体不仅服务于大湾区的产业创新、人员往来、沟通互鉴，也在不断与外界进行着资源、信息和能量的交换，承担着多重功能使命。[①] 三地广电媒体的合作还需要以国际化的视角来调整节目形态，构建合作机制，加强文化交流，守正创新，讲好新时代湾区故事。

（一）创新节目形态讲好湾区故事

在报道中要把握好时、度、效，做到平实、自然、不扩大、不拔高，不生搬硬套。要注意尊重港澳地区的传播规律，善用"港人港语"，定制与此相符的外宣产品。如广东广播电视台的《蛋挞 TV》通过港人生活化的口吻，以对话形式探讨社会热点及生活关注点，通过幽默的语言和演绎，将硬性新闻话题以软性对话的形式在境外社交平台进行发布，获得良好的效果。

---

① 田香凝，赵淑萍.中国特色大区域传播的创新与开拓——基于对粤港澳大湾区传媒新动能的前沿考察［J］.现代传播（中国传媒大学学报），2021（10）：6-10.

在"互联网+"的背景下，强化技术赋能，创新节目形态，提高传播信息的质量，才能获得更多的关注。要综合运用当下流行的短视频、vlog、网络直播、情景剧等节目形式，多开发融媒体产品，加强与用户的互动、引导用户转发，强化媒体的议题设置功能。

（二）三地协同构建广电合作机制

三地广电媒体协同发展还需要构建合作机制，要推动粤港澳媒体异地设置办事机构和制作机构。首先，三地媒体需建立交流合作机制，加强日常沟通互动，促进大湾区内各媒体生产要素协同配合和信息共享；建立大湾区各媒体节目素材的合作交流机制，推动新闻、纪录片、综艺节目、电视剧等节目资源的交换共享，构建大湾区媒体间的合作合拍的合作模式，共同选题，共同投资，统一制作，各自播出，让各台投入最小化，影响最大化，实现大湾区内媒体资源共享，推动大湾区内电视业水平的共同发展。其次，三地媒体间要共同推动大湾区媒体的人才交流，加强人才沟通交流，推动内地、港澳各媒体之间的人才交流使用、劳务聘用等合作。最后，三地媒体需共同努力，推动大湾区各媒体播出资源的共享，如大型活动直播，推动文化交融，共推中华文化走出去。这要求媒体之间加强技术合作与设备设施等资源共享，推动大湾区内媒体+产业资源集聚共享，发挥技术设备的使用效用；要共同推动大湾区内电视节目版权资源开发、引进、版权孵化和版权制作，进一步激活电视节目的版权价值。携手在大湾区开拓影视产业和影视项目，围绕影视产业开发影视产业园，打造影视产业链。

（三）加强文化交流提升国际传播力

发挥岭南文化特色，多方面运用好岭南文化的文化背景、语言习惯、生活习俗，以此为桥梁建立共情作用，加强湾区生活圈的感召力。如深圳卫视系列纪录片《潮流》，以潮汕地区的传统工艺为切入口，围绕潮绣、潮塑、潮剧和"功夫茶"等潮州非物质文化遗产，讲述岭南文化的喜人发展，搭建起粤港澳三地的民心之桥。

广电媒体要善于统筹频道频率和小屏端、以及海外社交媒体端，以融媒体的方式向海内外充分展现总书记大党大国领袖、世界级领袖形象，向港澳和海外民众讲好湾区故事、传递中国声音，在国际舞台上巩固壮大奋进新征程的主流舆论，推动粤港澳三地的人文交流和民心相通。比如广东广播电视台在脸书上推出了二十四节气+美食的外交官访谈节目《二十四食者》、港澳高端访谈节目《可看香港》、在优兔上推出了时事热点评论节目《蛋挞 TV》、港澳青年创业节目《新妮在湾区》，在推特上推出了时事评论节目《Jerry 中国说》等，这些节目在互联网端取得了较好的效果，受到中宣部和省委宣传部的发文肯定。其中经典美食节目《老广的味道》在优兔上的粉丝超过 20 万，总播放量超过 4000 万。

加强三地媒体协同合作，将岭南文化精髓、湾区新闻精品、中国方案、中国道路、中国实践传递给地处欧洲、亚洲、非洲和拉美的葡语系九国的两亿多观众，不断扩大知华友华的国际舆论朋友圈，将"中国故事"传播到更广更远的地方。

重大国家战略中大湾区新闻媒体矩阵报道分析

——以深圳卫视新闻矩阵报道粤港澳大湾区发展为例

赵　畅①

随着国家不断发展，重大国家战略不断推出、施行。近年来，我国陆续推出京津冀协同发展、长三角一体化发展、粤港澳大湾区建设，打造引领高质量发展的重要动力源；长江经济带发展、黄河流域生态保护和高质量发展，探索协同推进生态优先和绿色发展的新路子。而诸如此类的重大国家战略，不仅引领着全国经济的发展方向，还事关相应区域乃至全国人民的生活福祉。

"粤港澳大湾区"对应的区域概念由来已久，"湾区"在世界范围内有十分典型的案例，如纽约湾区、旧金山湾区、东京湾区等。而放眼国内，"粤港澳大湾区"从学术界的概念到地方政策的考量，再到国家战略层面的提出和执行，经历了20年的岁月。推进粤港澳大湾区建设，是以习近平同志为核心的中共中央作出的重大决策，是习近平总书记亲自谋划、亲自部署、亲自推动的重大国家战略，也是推动"一国两制"事业发展的新实践。2019年2月18日，中共中央、国务院印发《粤港澳大湾区发展规划纲要》（简称《规划纲要》）。按照《规划纲要》，粤港澳大湾区不仅要建成充满活力的世界级城市群、国际科技创新中心、"一带一路"建设的重要支撑、内地与港澳深度合作示范区，还要打造成宜居宜业宜游的优质生活圈，成为高质量发展的典范。以香港、澳门、广州、深圳四大中心城市作为区域发展的核心引擎。

2021年5月31日，习近平总书记在主持中共中央政治局集体学习时指出："要下大气力加强国际传播能力建设，形成同我国综合国力和国际地位相匹配的国际话语

---

①　赵畅，深圳广播电影电视集团新闻中心记者、编导。

权"。时任广东省委书记李希在省委常委会传达学习习近平总书记重要讲话精神时指出，要充分发挥广东特色和优势，努力讲好中国故事、大湾区故事、广东故事。

为贯彻落实中央精神和省委要求，聚焦粤港澳大湾区城市形象国际传播，探讨新时代和新媒体环境下大湾区城市形象国际传播的策略、技巧与效果，政府信息发布、舆论引导等城市治理相关的现实问题，具有重要的理论和实践意义，是摆在我们面前的重要课题。①

《粤港澳大湾区发展规划纲要》颁布三年多来，从中央到广东，一系列支持大湾区建设的政策举措相继出台，这个中国开放程度最高、经济活力最强劲的区域之一，正铺展出一幅高质量发展的时代画卷。中国发展研究基金会日前发布的报告显示，粤港澳大湾区经济总量今年有望达到 14.76 万亿元，成为世界经济总量第一的湾区。

粤港澳大湾区在多领域的交流合作取得新发展、进入新阶段、获得新关注，这其中少不了每一位奋斗者的辛勤付出。而如何让越来越多的奋斗者了解大湾区？如何让奋斗者的成果让更多人看到和了解，从而获得更多支持？这其中，主流媒体发挥的作用不可或缺。

深圳作为粤港澳大湾区的核心引擎，是这一重大国家战略棋局上的重要落子。深圳和香港作为粤港澳大湾区的一大发展极点，它的发展与相关的新闻传播报道则尤其具有特别的重要性。从 2017 年粤港澳大湾区首次被写入政府工作报告，到《粤港澳大湾区发展规划纲要》落地、实施，深圳本地主流媒体深圳卫视在不同阶段推出了一系列亮点报道，对大湾区发展进行全方位报道。因此，本文选择以深圳卫视的新闻矩阵对于粤港澳大湾区发展的报道为案例进行分析和研究，对于大湾区媒体在类似重大国家战略如何有效作为，带来一定的参考意义。

一、争取时效：新闻报道的第一要务

时效性是新闻报道的生命，也是提高观众兴趣、促进制作团队紧密配合的促进力量②。主流媒体不仅在信息发布方面具有权威性，而且受众面广、影响力大，这为国家形象等方面的有效传播提供了客观保障③。而对于媒体自身的发展来说，大力加强新闻

---

① 侯迎忠.粤港澳大湾区发展研究［J］.城市观察，2021（4）:5-6.

② 杨晓鸣.关于电视新闻时效性的探讨［J］.记者摇篮，2019（5）：36-37.

③ 哈艳秋，齐亚宁.试论中国主流媒体重大事件报道的国家形象传播策略［J］.中国广播，2017（2）：95.

报道数量和质量特别是深度报道、独家报道，才能在新媒体一日千里、媒体融合的大趋势中，守住"内容"这块最重要的阵地。[①]

每次重大国家战略的提出和发布全过程的重要节点，许多媒体都立刻做出响应，在发布权威文件、通知的同时，争取更具时效的报道。2019 年 2 月 18 日下午，中共中央、国务院印发了《粤港澳大湾区发展规划纲要》，并发出通知，要求各地区各部门结合实际认真贯彻落实。对于大部分卫视新闻媒体来说，由于每天的时政新闻主要会排期在 18 点 30 分左右播出，重大国家战略在下午这个时间段发布，往往更考验媒体的快速反应能力。

《粤港澳大湾区发展规划纲要》发布，恰逢深圳卫视代表性新闻栏目《深视新闻》即将播出，栏目迅速响应，将新华社的报道整合播发一条口播消息，并采取预告的形式，联动同频道的《正午 30 分》《直播港澳台》等栏目，提醒观众关注后续栏目对详细内容的报道和解读。

随后，当晚 22 点 30 分播出的《直播港澳台》栏目分别播发条目《中共中央 国务院印发〈粤港澳大湾区发展规划纲要〉》《习近平擘画粤港澳大湾区建设蓝图》《粤港澳大湾区：全力打造科创引擎》《〈粤港澳大湾区发展规划纲要〉发布 深圳将继续发挥核心引擎作用》《港澳欢迎〈粤港澳大湾区发展规划纲要〉》《郑永年：粤港澳大湾区的意义重大！》等，从消息播发到条目分析，从历史沿革到未来展望，从各界反响到专家解读，从深圳机遇到港澳欢迎……涵盖了新闻报道的多个层次。

效果上来看，尽管深圳卫视并非专门播报新闻的卫视频道，但在《规划纲要》发布首日，就能够几乎在第一时间，做到完成消息发布，释放相对丰富的信息，实现了非新闻频道对于重大国家战略报道覆盖的最大化。而这一切的起点，就得益于快速响应，多点发力，实现新闻报道对时效的争取。

二、新闻视角：赋予重大国家战略新闻报道更高站位和吸引力

新闻媒体的视角直接或者间接地影响人们在事件中的思想和行为[②]。一个媒体的新闻视角，也决定了媒体的思想高度以及影响范围。在重大国家战略报道当中，如何将新闻报道覆盖得更广、满足不同受众的不同需求，甚至开发受众的新关注点？此时，

---

① 刘康杰，朱颖.新媒体背景下海外华报的功能研究——以《星岛日报》澳洲版重大事件报道为例 [J].广东外语外贸大学学报，2015（5）：20-26.

② 陆璐.新闻媒体在突发事件中的舆论导向作用 [J].西部广播电视，2017（21）：76-77.

新闻报道的视角以及触角就影响着新闻媒体的受众和传播效果。

在完成《规划纲要》发布当日报道后，仅仅在第二日即 2 月 19 日，深圳卫视各栏目还分别推出了《【实施大湾区发展规划纲要　增强核心引擎功能】深圳各界：蓝图已绘就　奋进正当时》《粤港澳大湾区基础设施建设呈现新风貌》《外交部：欢迎外企参与粤港澳大湾区建设 共享机遇》《10 万亿粤港澳大湾区规划出炉　央视：2030 经济总量将超英国》《将粤港澳大湾区建设成世界级城市群》《陈冰连线：大湾区是全面开放新举措和"一国两制"新实践》等报道。

以深圳卫视新闻矩阵的新闻视角为例，在对于粤港澳大湾区最新政策的报道期间，深圳卫视的各档电视新闻栏目，基于平日的栏目报道分工，对新闻报道视角再做了区分——《深视新闻》聚焦报道本地时政和市政动态，通过时政系列报道第一时间传递和解读政府和各职能单位落实有关政策的具体举措；通过"实施大湾区发展规划纲要 增强核心引擎功能"系列报道聚焦全市各部门对于推动大湾区发展的最新动态，以及社会各界对于政策的积极反响；通过"'湾区人'的深圳故事"系列新闻特写，聚焦在大湾区生活的奋斗者……深圳卫视新闻矩阵利用本地新闻的报道视角，充分发挥媒体对于本地新闻报道的最基本职能，满足对深圳地域内的新闻有需求的受众。

现场报道是电视新闻的重要体裁之一，在提高新闻时效的同时，还可以使受众产生与事件进展的同步感、身临其境的现场感、亲信感和参与感[①]。在现场报道中，记者的作用不可或缺。深圳卫视日常设立驻京记者站，在此特殊时刻也充分发挥前方记者在各部委发布会的现场优势，关注外交部对于《规划纲要》的有关表态。通过记者的现场报道，观众更快速、更直接了解现场情况，跟随记者视角一起代入思考，了解部委最新发布中和自身息息相关的内容。

而《直播港澳台》平日聚焦对中国港澳台地区、以及国际时政新闻报道，该栏目也充分站稳平日的新闻视角，并在此基础上进行延伸——分别关注港澳社会各界对于《规划纲要》的看法和反响；采访国际商会代表，推出《【美商会看好粤港澳大湾区投资机遇】华南美国商会：深圳等城市知识产权保护取得长足进步》等报道，这些都充分发挥了深圳媒体自身在地域、报道领域等所具备资源，为受众提供丰富的观察角度，满足对港澳新闻报道的需求。

此外，《直播港澳台》《正午 30 分》等栏目将新闻报道视角转回国际，对内汇总各部委表态情况，对外传递中国声音，做到内宣外宣两手抓。北京语言大学新闻与传

---

① 张骏德.论电视新闻现场报道［J］.现代视听，2003（12）:28-29.

播学院院长云国强对深圳卫视对的评价中"深圳卫视在新闻报道方面能够在外宣和内宣这样的整体的尺度的把握上，处理得比较平衡，在国内属于做得非常好的。"也印证了深圳卫视在新闻视角的选择上所取得的积极效果以及实现的更高站位，区别其他地方台做出自身特色。

立足本地、拓展现场、放眼全球。深圳卫视将电视端的数档新闻栏目进行细化分工的同时，又做到新闻视角的互补，通过不同栏目对于不同新闻报道领域和视角的选择，提高了新闻媒体的站位和覆盖面，进而提高了媒体影响力。

三、丰富报道形式：注重国家战略新闻报道引导舆论

新闻报道形式的革新，能够解决新闻报道的多种需求与供给之间的矛盾[①]；对于宣传报道来说，丰富的新闻报道形式能够有助于引导社会舆论。粤港澳大湾区相关新闻媒体的舆论引导不可或缺。

而在众多新闻手段当中，新闻评论基于自身特性，具备能够引导舆论这一功能[②]。深圳卫视的电视新闻栏目中，就设有例如《余治国观察》《直播港澳台》嘉宾连线等新闻评论板块，以及三档周播节目的嘉宾讨论等环节；在粤港澳大湾区建设的宣传报道中，深圳卫视的新闻矩阵加大了新闻评论对于政策分析的力度和密度，通过评论员对于公众关注的相关政策进行点评，从而指导、疏导和引导舆论向正面的方向发展。

在做好新闻评论的同时，如何丰富其他的报道手段？深圳卫视《深视新闻》的"科学说"板块，以及《直播港澳台》的"讲述"板块或许是一个很好的答案。板块推出系列专栏"大湾区规划纲要十一讲"，将《规划纲要》的内容按章节进行拆解，通过记者对于政策相关方面的知识进行解读和展示，并充分运用演播室的虚拟现实动画包装，用更直观、更有趣味的方式让观众了解政策信息等。此类报道尽管内容依然是权威部门发布的相关消息，但通过对报道方式的丰富，将演播室变成用虚拟现实打造的场景，达到了更加吸引受众，使得权威的消息更容易被接受的效果。该板块时长在一分钟左右，成品视频符合短视频传播规律，可以在今日头条、抖音、微博等网络平台上广泛转载，强化了传播效果，进一步让舆论引导走得更远。

---

① 胡晋瑜. 媒介融合背景下的新闻报道方式创新研究［J］. 新闻研究导刊，2018（1）：233-234.

② 李丹. 新闻评论的舆论引导［J］. 青年记者，2006（6）：40-41.

四、全媒体布局：拓展和延伸重大公共事件新闻报道的触角

新媒体时代，媒体融合发展成为必然趋势，如何通过融合，构建优势互补的媒体发展格局，成为主流媒体需要认真思考和探索的深刻命题[①]。而不管新闻媒体的报道平台、内容形式怎么变，最核心的始终是满足用户的需求，关注百姓关心的内容[②]。

在上一部分当中，笔者提到新闻板块通过丰富报道形式，推动生成的短视频在全媒体平台上被广泛传播；那么在本环节中，笔者将分析在粤港澳大湾区相关宣传当中，深圳卫视新闻矩阵如何进行全媒体布局。

前文聚焦深圳卫视在电视平台的节目设置，然而电视新闻有着从多方位对重大事件进行立体式报道的优势[③]。因此，在做好电视新闻的内容生产后，充分利用全媒体平台进行报道布局，能够有效拓展和延伸新闻报道的触角。

首先是内容在新媒体平台的播发。深圳卫视新闻矩阵下有"壹深圳""直新闻"两个客户端，并且各栏目在公众号、头条、微博等各平台分别有自己的账号，将举全集团之力生产的新闻报道在更广泛的平台上分发传播，覆盖更多受众。

但对于电视媒体来说，全媒体布局绝非简单意义上将电视播出内容机械搬运至不同平台。在这方面，深圳卫视新媒体也在宣传报道期间进行发力。除了每条报道均单独从节目中拆出上传至各网络平台上以外，各栏目在自己的新媒体矩阵上均进行了大量符合网络风格的原创内容——例如，深圳广电集团在《规划纲要》发布后的几日后，即当月22日，与香港大公文汇传媒集团，签署战略合作框架协议，当天，两大媒体集团合作开展的5G移动直播《飞阅大湾区》大型报道活动同步启动。两大媒体集团将走访粤港澳大湾区的各城市，展现粤港澳大湾区建设欣欣向荣的景象、为粤港澳大湾区各市协同发展带来有益启示。

此外，在全媒体布局的形式还包括文字报道、话题短视频、特约点评等在新媒体上的独家内容。若选择一条最具代表性之一的新媒体作品，《香港市民隔岸观赏深圳烟花："香港和祖国是连在一起"》值得一提。2019年恰逢中华人民共和国成立70周年，而当时香港社会正经历小部分群体的波动。如何将香港社会的积极爱国等主流声

---

① 孙瑞蓬.广播媒体融合发展的分析与思考——以中央广播电视总台大湾区之声为例［J］.中国广播，2022（4）：48-50.

② 李素卿，张婧.融合背景下主流媒体讲好湾区故事策略——广州市广播电视台的实践与思考［J］.新媒体研究，2021（13）：61-63.

③ 刘朝霞.全媒体时代电视媒体和电视新闻的发展［J］.中国广播电视学刊，2013（6）：65-67.

音进行传递？同时体现大湾区地区各城市群之间的团结？深圳卫视记者在国庆期间前往了香港元朗地区，用镜头记载香港市民隔岸观赏深圳烟花，并采访了香港市民，将大家"香港和祖国连在一起"的心声进行传递，登上热搜榜前列，获得上亿点击量，取得了十分理想的传播效果。

深圳卫视各矩阵通过全媒体布局，对于重大国家战略报道的触角进行了有效的拓展和延伸。

五、结　语

时效、视角、形式、全媒体手段等方面，均属于新闻报道的组成要素。本文通过对深圳卫视新闻矩阵的四个方面进行解析，以探求媒体的实践路线。深圳作为大湾区中有代表性的城市，其主要媒体深圳卫视作为大湾区媒体中有代表性的媒体，对于它的新闻矩阵进行研究，可以为其他大湾区媒体提供启发性的借鉴——例如，如何站在大湾区视角联动港澳等。尤其是对于现实中需要及时传递各方声音的大湾区媒体来说，媒体需要通过最基本的新闻报道要素出发，来寻找大湾区媒体所能触及和加以利用的独特条件，从而达到对重大国家战略更加有效地传播。除此之外，对于时效、现场、视角和形式的选择，又可同样供大湾区之外的媒体所参考，并运用在重大国家战略的报道当中，实现有效作为。当然，这些见成效的举措离不开深圳卫视对于其新闻矩阵多年来的打造与积累，但对于新闻报道来说，做到寻求时效、视角、形式、媒体布局的每一步，都是朝着有影响力的优秀媒体前进的关键一步。

下　篇

其他类型

南派纪录片发展脉络及近五年特点与趋势研究

陈乾章[①]

南派纪录片以岭南社会现实和历史文化为主要题材，传播中华文明和岭南文化，在表现内容和制作手段上，积极填补中外纪录片的鸿沟，凸显现实关怀、地域特色和青春气息。虽其内涵至今并未清晰，然而外延基本涵盖两广纪录片创作的精粹，形成独特风貌。至 2019 年，南派纪录片进入发展调整期，需要对整个形成过程、情况及趋势做出适当分析，为将来概念明确、风格研究做垫石之用。笔者从 2007 年亲身参与了南派纪录片创立，亲眼见证其发展的整个历程，并在 2015 年至 2019 年，以中国（广州）国际纪录片节"广东日"活动会务总负责人的身份，统筹南派纪录片优秀作品评选，拥有第一手资料。作为南派纪录片发展的亲历者、创作者、操办者，笔者试梳理南派纪录片的创立、发展脉络、近五年来的特点以及提出对未来趋势的一点判断。

一、南派纪录片的发展脉络

（一）1997—2007 年：开始孕育

1997 年，广东电视台对外部成立，专门承担外宣的拍摄任务，以纪录片的拍摄为主，从 20 世纪的 90 年代开始，就出品了《珠江情》《大潮涌珠江》《超越故土》《龙舟》等一批在全国有一定影响的纪录片作品。到了 2001 年，广东电视台对外部改为广东电视台海外中心，继承了对外部的传统，纪录片制作和对外宣传是其立身之本。

---

① 陈乾章，广东广播电视台惠州记者站站长。

但随着泛娱乐化的影视风气日益弥漫，在当时频道制、娱乐化、以收视为取向的风潮中，纪录片没有地位，海外中心总是处于"被裁撤"的悬崖边缘。2007年，广东电视台珠江频道正在改版，为了求生存，时任海外中心副主任的施燕峰向台领导提出了在地面主频道，创办一档纪录片栏目的设想，得到时任的主管副台长蔡照波的支持。很快，在施燕峰领导下，郑晓旭、卢镇平和笔者等导演组成骨干制作团队，在2007年7月份，创办了《珠江纪事》栏目。栏目先是在中午时段试播，发现收视不错，就调整到在晚间次黄金时段22：30试播了1个月，收视率出乎意料地超过同时段包括电视剧在内的大部分其他节目。台领导很快就拍板决定在晚间的21：30专门开辟出20分钟时间播出《珠江纪事》。在黄金时间，在粤语频道开办一个纪录片栏目，当时是一个非常大胆的设置。原拟试播3个月，后来直到2019年才结束播出最后一期，《珠江纪事》栏目整整存活了12年，比一般的电视栏目都要长寿。正因为有了《珠江纪事》这个阵地，海外中心的原创纪录片，以及由此而引领的整个南派纪录片才有了播出的平台，才能与观众见面。

（二）2007—2014年：初步形成

2007年12月，中国（广州）国际纪录片节前身——广州国际纪录片大会的"广东日"活动上，广东电视台蔡照波副台长在发言中提出：广东电视台在纪录片生产上要打造凸显"南派"特色的纪录片，并倡议南方纪录片创作者把它当成共同追求的目。他的想法很快得到中国电视艺术家协会、中视协纪录片学术委员会支持。第二年，也就是2008年10月8日，中国电视艺术家协会授予广东电视台"中国南派纪录片创作基地暨中国电视纪录片南方创作培训中心"的称号。自此，在概念、艺术风格还未清晰的争议声中，广东纪录片创作，率先树起了南派纪录片的旗号。

施燕峰曾在一次论坛上阐释过其对南派纪录片的定义：有当代岭南文化风范的、有鲜明地域特色的、思维开放的、真实地反映华南社会生活题材的纪录片；或者是由华南纪录片人生产的代表岭南审美关照的全国性、国际性题材的纪录片。这般描述性的概念，内涵和外延并无准确界定，一方面可伸展自如海纳百川兼容并包，但也容易造成分辨不清个性不明的结果。在实操中，特别是每年一度的中国（广州）国际纪录片节"广东日"活动的南派纪录片优秀作品评选，不管是创作者、被拍摄人员，抑或是故事发生地、资金来源等方面，只需与华南（两广地区）有一定关联度的纪录片，都可归为南派纪录片报名参加，因而参评作品的来源遍及全国甚至海外。艺术风格上，南派纪录片至今尚未与别家纪录片泾渭分明，但得益于"敢为天下先"、对外来文化先知先觉的地缘优势，华南两广地域的人民对时尚潮流总有敏感把握，而且因比邻港澳地区，较为接受普世价值观，重视个体权益和思想独立，更能记录并展示基层生活细节。这样的纪录片很容易超越地域，在创作者有意无意或不知不觉中，贴近了国际风格。

施燕峰曾表述过，南派纪录片是一个口号、一面旗帜、一个愿景，是号召广东 19个地级市电视台和广州、深圳两个副省级城市电视台加上广西的所有纪录片制作力量，形成合力打造一个品牌，经营一个产业。因此，南派纪录片的创立，是一个概念草创，实践先行的过程，"干了再说"，颇具广东人敢闯敢拼闷头做事的行事风格。经过十多年的打造、发展，南派纪录片已经演变成一个创作团队集群、一系列作品、一个知名品牌、一个合作平台的统称，虽然至今仍被纪录片业界质疑其概念，但作为中国纪录片版图中不可或缺的存在，已是不争的事实。南派纪录片代表着中国南方区域性的纪录片发展，是国内纪录片界创作的一股极为活跃的力量。

（三）2014—2019 年：蓬勃发展

2014 年，广东广播电视台挂牌成立，系由原南方广播影视传媒集团、广东人民广播电台、广东电视台、广东南方电视台、广东省广播电视技术中心整合组建而成。海外中心更名为对外传播中心，并联合广东 21 个副省级、地市级电视台，以及广西电视台（后更改为广西广播电视台）成立了南派纪录片联盟，形成南派纪录片创作集群。这个集群以广东广播电视台为龙头，深圳、广州、中山、佛山、清远台为重要羽翼，为形成雁阵排列，齐头并进开拓发展。从 2009 年至 2018 年，中山、佛山、清远、肇庆、顺德、梅州、江门、韶关等南派纪录片创作基地相继成立。截至 2019 年统计，广东广电系统专职纪录片创作队伍约 300 人，本科以上学历占 95% 左右，50% 以上来自影视编导专业，其他来自法律、金融、电子等多种专业领域，极大丰富了创作群体的专业知识空间的深度和广度。南派纪录片起步 10 年后的 2017 年，马志丹、曾伟文、申晓力、于海滨、宋璋、喻峰等 6 位导演被评选为"南派纪录片领军人物"，以表彰他们在纪录片创作上的贡献，这是首度树立起南派纪录片的标杆人物。

据不完全统计，在南派纪录片发展的 10 多年当中，广东全省播出《珠江纪事》《经历》《北江纪实》等超过 16 个纪录片栏目，广东地区 21 个广播电视台的纪录片生产制作量总时长超过 20 万分钟，《美丽西江》《味道中山》《老佛山新天地》等精品纪录片获得省部级以上奖项超过 600 项。

时至今日，南派纪录片的发展已经具备良好的生态基础。国家级纪录片专业节展——中国（广州）国际纪录片节每年都会在广州隆重举行，这是现在中国官方唯一认可和支持的纪录片节展，来自国际的纪录片人每年都到访广州，参与纪录片的信息发布、版权交易以及融资投资。而在公开播出的窗口方面，除了广州院线大力支持搞展映活动外，以纪录片和资讯为主的广东国际频道在海外的影响力越来越大，2017年11月落地广东省有线网络播出，被打造成准专业的纪实频道。广东特别是广州市已经形成了从纪录片提案、创作、交易到播出的完整生产链条。

南派纪录片的发展，和广东的对外传播事业紧密相连。广东省委宣传部一直有扶持对外传播的传统，踏入21世纪，广东省每年召开一次外宣工作会议，到2007年，把这个外宣工作会议正式命名为"广东日"活动，设置成为广州国际纪录片节中的一个环节，每年，政府都拿出80万元来举办"广东日"活动，用于支持南派纪录片评优、表彰，南派纪录片论坛，业务培训等活动。10多年来，总共超过1000部作品送评，评选出100多部优秀南派纪录片。"广东日"活动成为南派纪录片创作人年度最重要的聚会。

这就是南派纪录片从初创时的一个口号、目标，演变成一个创作群体、一系列代表性作品、一个创作品牌、一个合作平台，层次更丰富，吨位更硕大的基本过程。

二、南派纪录片的传统内容形态分析

10多年来，南派纪录片的类型与目标受众进一步明晰，在创作题材选择上出现了一系列展现中国传统文化的优秀作品，以文物、美食、信件等为线索，将家国情怀与工匠精神融入其中，成为讲述中国故事和记录"中国梦"的最佳载体，完成了打造国家共同记忆影像的历史使命。南派纪录片的口碑传播都绝不是偶然事件，而是我国纪录片产业不断发展成熟的必然结果。

（一）时政纪录片人文情怀浓郁

时政纪录片作为党和国家意识形态的重要载体，承载着对内传递"中国梦""中国精神"、宣传"社会主义核心价值观"，对外讲好"中国故事"、联通中外友谊的历史使命。表达国家意志，是南派纪录片重要主题。在改革开放40周年、中华人民共和国成立70周年之际，南派纪录片的优秀作品都从不同维度展现当中的发展历程。近年来，南派纪录片的时政纪录片品格高远、立意深刻、制作精良，不但能够圆满完成引导主流价值观的社会责任，而且成为世界了解中国的窗口，创作中还展现了更为精妙的人文表达。

例如《风云四十年》，这部纪录片作品着眼人民群众，用普通人的小故事去诠释大时代，以改革开放中的人物专访为主要方式，尽量以一个个真实的小故事为切入口，展开多组矛盾和问题，以此来说明这场伟大的时代变革为什么必须始终坚持党的领导和紧紧依靠广大人民群众。不仅品格高远、立意深刻、制作精良，同时还非常接地气，为这一历史进程留下了具有文献价值的影像资料。

（二）历史文化纪录片拍摄手法精进

南派纪录片的类别里，历史文化纪录片尽管处于创作弱项，每年可见的优秀作品并不太多，但产量和品质在逐年上升，表现仍然可圈可点。历史文化纪录片提取本地文化与历史资源，承载着观史知今的重要使命及对传统文化的传承与弘扬的社会责任，既有对重大历史事件的回溯警醒，又有对家国情怀的关照，通过高科技拍摄手段与多种叙事手法的运用，其拍摄手法日益精进，呈现出较高的质量与水平。

战地摄影师沙飞（广东省开平人）为中国摄影史留下了《战斗在古长城》《聂荣臻与日本小姑娘美穗子》《白求恩医生》等一千多幅珍贵的照片，是中国抗日战争极为珍贵的影像史料。纪录片《寻找沙飞》，用时空交错故事化的结构形式、调研式、情节化的表达方法讲述历史，还原沙飞带着强烈悲剧色彩的 38 岁的传奇人生。摄制组踏着沙飞行走轨迹，以略显粗糙的影调和品质，让现实与历史重叠对照，将文献、历史影像恰到好处地与叙述相融合。为今天的人们留下了十分珍贵的记忆。"沙飞印记"，已经成为中华民族精神不可或缺的一部分。

（三）社会现实纪录片彰显现实主义价值

南派纪录片最核心最深层的底色，是用现实影像展示地域特色，深藏导演的世界观、人生观、价值观。南派纪录片自发起之日开始，就一直提倡并扶持本土现实类题材纪录片创作。从早期的《志愿者》，到后来的《再见脚手架》《医院的故事》，无不聚焦社会现实热点问题，直面当下民间疾苦，精细刻画普通人的生活的同时，展现的是个体背后需要被记忆的时代特点，为当代社会提供了多维度、近距离观察的可能，既反映了时下热点的社会事件，又同样关照了社会的各阶底层群体，引发社会广泛关注和思考的佳作频现。

《档口生存记》是一个关于生存和梦想的故事。两个在广州做生意的 70 后中年人，都想让自己的外贸生意更上一层楼，但没有捷径，只好捧起从来没有碰过的英语书，从 ABC 学起。两人学习英语的小细节妙趣横生，令人忍俊不禁，而结局也不尽相同，一人凭借英语水平的突飞猛进，在与外国客商的生意博弈中，最终取得了胜利，然而整体经济大环境的变化，这个胜利到头来并不能给自己带来实际好处。另一位则学习英语，不小心跨入电商时代，原来的档口也面临关张。有此而引申出作者的观点，即中国高速前进的车轮下，有许多普通人的阵痛和努力。

《平安的守候》则聚焦了交通警察的故事，紧扣和谐与平安的守护者这样一个主题，多角度、多层次地反映交通警察的工作和生存现状。在 2018 年世界杯期间，交通警察罗晓严查酒驾。在执法过程中，他碰到了各式各样性格的司机，有的激烈反抗，有的狼狈逃跑，有的冷漠对峙，而他的考验却不仅于此。他两岁的儿子在家里闹腾，不断打扰着工作着的爸爸，孩子也的确需要父亲的陪伴。工作和家庭，似乎对于一个交通警察来说，从来都无法很好调和。而像罗晓这样的交警，仅仅是广东佛山就还有 1500 多位，在全国就更多了。从纪录片中观众得以了解一个有血有肉、可敬、可亲乃至可爱的交通警察，同时也要让观众感知到平安和谐生活的背后，人民警察的辛勤付出。将警察这一群体摆脱了固有的形象概念，拉近了心理距离，通过描绘警察这一职业的辛勤与坚守，给予观者更深的情感共鸣。

《粤港澳大湾区》《制造时代》《企业变形记》《中国梦创新动力》等等这些社会现实纪录片，是南派纪录片优秀作品的主要成色，经过统计，100 多部获奖作品中，可归类为社会现实类纪录片的占比超过 40%。从十几年来的趋势可见，南派纪录片的创作者已不再"语不惊人死不休"，纠结于那些刁钻与新奇、悲情与乖张，而是选择一种冷静的旁观视角，让现实主义的价值与魅力直达人心，回味无穷。

（四）人文艺术纪录片风格化趋向明显

人文艺术纪录片是以文化与艺术为主要表现内容，通过展现颇具时代特点的人文艺术活动或作品，实现引领社会主流价值取向与审美的社会使命，充实人们的精神文化生活，满足观者艺术审美与文化欣赏的需求。人文艺术纪录片创作素来以高规格的艺术格调为准绳，难免显得有些"曲高和寡"，近年来，南派纪录片无论从选题还是叙事手法上都显得日益亲和动人，纪录片也越发显现出风格化与品牌化的创作初衷，呈现出繁多样式的同时也博得了观众更多的喜爱。

纪录片《三月的召唤》是个很好的例子。广西"三月三"极具民族风情，不但被本土的壮族人视为过年一般的节庆，还因其中蕴含丰富的民俗文化与内涵，吸引了三个外国青年人到来。越南歌手杜氏清花的心愿是唱好每一首中国民歌，做中越文化交流的使者；美国青年约翰想破解广西民歌这种东方文化蕴藏的古老密码；南非人伊恩痴迷保护传统的民族建筑，他最希望成为当地人的一员，结婚生子，传宗接代。三月是播种的日子、唱歌的日子、祭祀的日子，三月召唤着各种身份的人，拉近人与人的距离，促进人们的相互了解和心灵融合。人们在三月里播撒幸福的种子，等待收获的喜悦，不仅突显中外文化的深度交流与技艺传承，更是展现世世代代中华文明的精神动力和文化自信，凝结成一部珍贵的历史档案，更具时代魅力与特色。

（五）自然探索纪录片逐渐涌现精品佳作

随着航拍技术、3D 影像技术、夜视低照拍摄技术等纪录片拍摄技术的成熟和国际合作的日益密切，南派纪录片的自然探索类型逐渐走出摄制人才不足、拍摄资金短缺等困境，克服了拍摄难度大、时间跨度长等现实困难，从 2016 年的南派代表作《美丽西江》开始，逐步涌现了一批记录南方自然风貌、凸显中国特色、与国际接轨的高水准自然探索纪录片。

《萤火虫》是一部十分纯粹的自然类纪录片，没有使用搬演与摆拍的手段，实打实地奔赴中国的广西、云南、江苏以及泰国的安帕瓦等多个地区的山间野岭艰苦拍摄。同时还借助先进的弱光摄影技术，拍摄萤火虫和其他共生生物在暗黑当中神秘而奇特的微观世界，讲述这些小生物的生命故事。通过戏剧化的叙事手法，展现壮美自然风光与微观昆虫世界的有趣对照，也将人对自然环境的保护与思考融入其中。体现了中国近年来环境保护的成效，同时也反映出创作者对于人与自然似乎难以和谐共处的深层忧虑。

（六）持续增长的跨国联合制作，聚焦着人类共同关注的议题

"立足国际传播，跨国联合制作"也是南派纪录片较为成规模的创作方向。顺应着人们对环保、美食、文化等资讯越发强烈的需求，纪录片所蕴含的高浓度知识、深层次内容的价值被进一步挖掘。《方舟东黑冠长臂猿》《家在青山绿水间——志同气和》《大漠绿色梦》等纪录片作品，聚焦中国动物保护、环境培育、沙漠治理的成功案例，倡导尊重自然、顺应自然、保护自然的环保理念。《童唱岭南》《金山客》《鳗鱼的故事》《一个美国制片人眼中的粤港澳大湾区》《斐济"一带一路"故事》等纪录片，用大量的细节和国际视角，记录了中国与别国的民间友谊，也反映了此时华人在世界各地的幸福生活，侧面印证了祖国的繁荣强大。

三、融媒背景下南派纪录片的创作新变化

纵观近 5 年来的参评作品，既有由两广省级、地市级广播电视台制作播出的时政专题、人文历史等传统优势的纪录片，也出现了来自全国的影视制作公司所制作的迎合受众喜好的新媒体纪录片；既有篇幅宏大、格式规整的大型系列纪录片，也有短小精悍、开放亲和的微纪录片。在融媒体不断发展的时代大背景下，南派纪录片人坚持不懈的创作与实验，客观上扩展着纪录片概念的内涵与外延，呈现出新时代的特点。

（一）微纪录跟随新媒体短视频浪潮发展，地位日益显赫

2017 年，中国（广州）国际纪录片节"广东日"活动，南派优秀纪录片评选，特设最佳微视频特别奖，为 5 分钟以内的微信纪录片提供竞赛交流及登台亮相的机会。仅仅过了 1 年，2018 年，"广东日"活动主办方广东省政府新闻办公室及广东省广播电视局一致同意，正式把"优秀微纪录片"列为南派纪录片优秀作品评选的常规奖项。新媒体对纪录片的影响可见一斑。

《改革开放 40 年系列微视频》以改革开放 40 周年为创作背景，用微纪录的方式反映 40 年来，尤其是党的十八大以来的变化，同时反映变化当中不变的精神源泉。整个系列共 40 集，内容聚焦广东，从城市的改变和人们生活的改变两方面展开。小视角、大情怀、正能量，合理运用适当的历史影像，且和现实景象进行了一定解构式对比，40 年的变化故事在短时间内被浓缩在微小人物与时空里，凝结成代表时代缩影的作品。

还有像近几年获得"最佳微纪录片"荣誉的《一辈子只做一件事》《不可能的声音》《大桥之最》等，和传统纪录片比较已经有了迥异的风格。笔者也曾导演过 3 分钟的微纪录，尽管制作上还是原本的纪录片操作模式，但因为篇幅减少，从制作策划到最终成品，全套思维都和 10 分钟以上 30 分钟以内的纪录短片大相径庭。这些优秀的微纪录作品如是单集，5 分钟以内的信息量会极为密集，节奏也十分明快，而如是多集系列，则会采用巧妙的主题区分设置，努力让受众被牵引，以多角度、多维度、多时长地接受单集无法承载的复合信息。如此一来，就很适应了移动互联网时代，青年人思维活跃、喜欢接受碎片化信息的传播特征与节奏。特别是微纪录片《大桥之最》，以港珠澳大桥的鲜明特色，展现我国当代社会发展进程与繁荣开放程度的纪录片，突破了以往宣教形纪录片的固有模式，通过极为简短的篇幅，以国际化的视角，向世界讲述大桥的故事，展现了一个改革开放的中国，传播了中国的国际形象。

体量短小威力强大，微纪录片成为争夺年轻人注意力的生力军。多方数据证明，现在观看纪录片的人数还在继续增长，在线视频与短视频成为主流观影渠道。年轻人不但主导着网络视频内容的关注度，在社交媒体时代下，他们的观影时长也进一步碎片化。而南派纪录片以其接地气、擅机动、周期短、有韵味的特质，紧扣当下年轻人有较好审美基础，以及对世界充满好奇求知的特点，创作了一批既叫好又有流量的精品。

（二）纪录片＋综艺等多手段糅合呈现创新美学

自从《爸爸去哪儿》真人秀的出现，"纪录片＋综艺"的节目模式近年来越来越受年轻观众喜欢。随着制作水平与理念的不断成熟，纪录片有很多颇具创新精神的尝试，很多过往被视为雷区的夸张方法手段不断出现。

比如《技行天下》系列纪录片中，挑选了20多位叙述者，以群像记录的方式，铺叙了广东健儿们从国内选拔，直到阿联酋阿布扎比参与第44届世界技能大赛争金夺银的全过程以及相关工作人员的辛勤付出。同时，主人公们还分享可各自的人生故事，聚焦人的生活、人的状态、人在生活中碰到的各种难题和遭遇，讲述普通人微小的人生故事来观察人间百态、记录感人瞬间、传递善良、温暖与积极向善的正能量。力图让观众在观赏节目的同时跟随纪实影像来一场"不一样的旅行"，足不出户也能体验他们在国外比赛中的奇妙乐趣。

而2020年的南派纪录片《十三行》，虽然是以广东十三行历史为蓝本，追寻"一口通商"时期广州十三行的对外贸易足迹，但其艺术手段已经彻底模糊了纪录片与综艺的界限。不但摒弃传统历史题材纪录片的再现方式，而且采取非常讨巧的"真人体验式"方法，参考两百年前历史记载的实景，邀请当今有较高知名度的年轻人进行实景体验，开启全新的"历史体验式纪录片"模式。同时专门设计了一个形象代言吉祥物"猫十三"，以动画形式带领观众走进十三行的故事。这般开先河式的融会多种表现手法，把客观纪实、动画搞笑、真人体验杂糅一体，使得综艺段落与纪实段落同等比例，严肃与活泼、教育与娱乐有机结合。

可见南派纪录片正展现出蓬勃的生命力去适应当今时代的审美与传播方式的转变，并用强有力的纪实魅力去感染受众。

四、南派纪录片创作者趋向多元

"一枝独秀未必好，百花齐放才是美"，南派纪录片创作集群，逐渐从少数先锋，转变为大部队跟进。很长一段时间内，广东广播电视台（含前身广东电视台）、中山广播电视台、佛山电视台3家单位长期处于先锋位置，人才、资源、政策倾斜较多，南派纪录片领军人物这3家合在一起，6人中就占4个，可见实力之强。而随着纪录片日趋市场化，过往靠政府来单定制，允许创作者慢慢熬制精品的时光已经一去不复返了，有的南派纪录片的领军人都已离开体制自谋生路。这样一种环境下，很多以往并不起眼的地市级电视台和社会制作公司，正在努力从以往的低调态势中强势突围，体现出一股百舸争流的竞争势头。比如从梅州广播电视台创作的《回到围屋》和《"百变"少女施宇羽》、河源台的《生命至上》、惠州广播电视台的《梦想带我前行》等作品溯源，都可见创作者极为贴近生活本真，愿意为品质花费资源与心力，使得这些纪录片值得一再品味。经过南派纪录片12年的发展培育，这些后起之秀已站在了第一阵列，齐心协力、齐头并进。

五、结　语

总的来说，南派纪录片的提出，未经过周全的准备、学理的考究，但也已有了十几年成长发展，逐步形成了"一个创作群体、一系列代表性作品、一个创作品牌、一个合作平台"的现状。理论是灰色的，现实如蓬勃的野草，尽管生猛存在，却混沌不清，整体状况堪忧。直到现在，南派纪录片仍未真正完成广东省内以及两广纪录片力量的整合，南派纪录片联盟仅仅停留在口头与纸面，实操层面还是依托于各自的行政机构与上级单位，缺乏统一战略部署。每年一度的"广东日"南派纪录片活动，受政策影响，许多活动及计划无法施行，参会人员被限制在一定数量和行政级别内，影响力近两年在不断减小。在移动互联网的金元紧逼下，纪录片人才流失比较严重，南派纪录片6位领军人中有半数已离开体制，迎接市场的洗礼。多个地方台裁撤了纪录片创作部门，将导演分散安置，或者要求纪录片人到市场去挣钱养活自己。个别优质纪录片项目虽有政府财政资金支持，但更多是给予制作费用扶持，实际落在人头上的稀少，一旦用来发绩效就属违规，资金的使用也被设置苛刻限制，或增加烦琐的报销手续，不能适应纪录片创作灵活机动的实际需求。为求生存，近年南派纪录片大部分的品相已经越发"唯上"，选题和主题更加集中于容易获得扶持资金的主流宣传指令，而对不太能赚钱但贴近生活本真现实的内容不得已放弃。以上这些都是南派纪录片人不得不经受的凛冬，也不得不披荆斩棘砥砺前行。南派纪录片亟须找到一条合理的盈利模式和项目运作规律，彻底扭转精品南派纪录片创作长久以来的拖拉松散、缺乏成本概念的老毛病，建立完备的商业化、产业化纪录片生态体系，是除了解决好持续输出精品艺术创作之外，南派纪录片的创作者们更需要思考和解决现阶段生存与理想之间的平衡难题，以避免品牌旗帜自高处滑下。

参考文献：

［1］谭天，杨俊君.犹抱琵琶半遮面——南派纪录片的理论分析与现实判断［J］.中国电视，2010（6）：34-38.

［2］黄文峰，郑伟.十年一剑 南派初成——南派纪录片研讨会综述［J］.新闻战线，2017（6）：75-78.

［3］高峰.2017—2018:纪录片主流话语回归之年［J］.吉林艺术学院学报，2018（3）：6-14.

新媒体时代党建舆论引导创新探索研究

陈明朗[①]

伴随着时代的发展，新媒体在媒体格局中的地位显得越来越重要，已经演变成了舆论宣传工作的重点。当今人们使用智能电子产品就可以足不出户便知天下事。微信、微博被人们广泛利用，在新媒体环境的大背景下，加强党的建设舆论宣传和引导，认真深入总结党的建设的新成绩、新举措、新经验、新典型，使其逐渐成为党建中能够提供正确政策指导和正确舆论导向的目标，为了能够推动党的建设而不断地发展和创新。

一、新媒体时代宣传与舆论特征

在新媒体时代的今天，对加强党建舆论引导和宣传的工作有着更高的要求。如茂名市文化传媒集团有限公司通过开通党建微博、微信、QQ 群等，搭建党建交流与互动平台，为基层党员设立一个网络服务窗口，服务于基层党员，倾听基层党员的诉求，在基层党组织之间、基层党组织与党员之间搭建起一座网络上的联系桥梁。旨在获取广大党员的认同和支持，树立党组织的良好形象，营造聚集正能量的舆论和环境，建立通畅的沟通渠道，拓宽信息传递的通道，促进和加强党的思想建设。

新媒体具备如下特点。

1. 内容更具广泛性

新媒体终端带来了海量信息，信息内容可覆盖各种兴趣领域且具有显著的碎片化特征，加之用户可以更便捷、精准地加入兴趣集体，在互动中产出更多信息，使

---

① 陈明朗，茂名市文化传媒集团新媒体运营中心主管。

得有用信息的筛选更加困难，这就要求宣传工作提高信息过滤与内容整合、梳理能力。

2. 互动更具自发性

在传统媒体的互动关系中，信息传播者与接受者是单向交流、彼此分割的，而在新媒体平台中，受众有条件自主筛选信息，他们的互动也很少突破自己的兴趣社交圈，对信息质量和用户体验要求更高，注意力多集中于与自身情感诉求、生活经验、信息需求相关的领域。发布、评论、反馈等环节均具有较强的主动性、主观性、自发性特征。每位新媒体的使用者都可成为信息传播主体，对新闻等宣传内容的反馈也多基于对自身情感体系的投射，大规模、高关注度、效果显著的宣传事件普遍基于受众群体的集体意识反馈与情感表达，具有较强的时代性特征，触动人心、贴近生活的宣传内容更能收获良好的宣传效果。

3. 参与更具灵活性

新媒体背景下，信息互动的参与载体与内容形式均更加灵活、丰富，具有个性化特征。应用软件、微博、公众号、自媒体、有声媒体等均可以成为信息载体，企业、社团、个人均可以借力各种终端随时随地表达观点、吸引关注、参与信息循环。且新媒体平台在展现宣传内容时，可以整合电子期刊、内嵌链接、电子相册、短视频、内置音乐等灵活多样的内容模式，极大地提升了用户体验和宣传内容的吸引力、感染力、传播力。

21世纪是新媒体时代发展最快的一个时代，时刻影响着人类社会的生活，新媒体技术对党建科学化也有着十分重要的作用。要想使新媒体技术能够有效地管理和应用，并在新形势下从根本上对党建科学化水平进行提高。为了使党的形象能够在人们心中高大地树立，就需要对执政资源进行充分以及合理的利用，党的新闻宣传是执政资源的重要途径。

在传统的信息收集中，采用的是传统的媒体，而在如今社会中，新媒体为人们提供了一些正确信息，也为人们提供了一部分虚假信息，例如，部分自媒体根据一些不实消息篡写一些哗众取宠的稿件，通过个人微信公众号或者微博传播出去，严重影响党和干部的形象。为了能够解决这一问题，就需要保证新媒体信息的准确性，使新媒体成为党建宣传的堡垒，如茂名官方新闻公众号就是由茂名政府确认发布的。

二、新媒体时代党建舆论建设的新形势

毛主席曾经说过，从群众中来到群众中去。人民群众是历史的创造者，这是无产阶级政党的群众观点和群众路线的理论基础，人民群众是社会物质财富的创造者，是社会精神财富的创造者，是社会变革的决定力量。所以，积极密切地联系群众是新媒体时代加强党建舆论引导和宣传的首要任务。

中国互联网络信息中心（CNNIC）在2019年2月28日发布了第43次《中国互联网络发展状况统计报告》（以下简称《报告》），详细分析了我国网民上网时长等。《报告》显示，截至2018年12月，我国网民规模为8.29亿，全年新增网民5653万，互联网普及率达59.6%，较2017年底提升3.8%。其中，我国手机网民规模达8.17亿，全年新增手机网民6433万；网民中使用手机上网的比例由2017年年底的97.5%提升至2018年年底的98.6%。

如今人民参与社会活动的主要手段就是新媒体，因此，党建舆论引导和宣传就要对人们的思想进行尊重，人们享有表达权和知情权，此时和新媒体密切相关党群的关系就需要发挥其重要的作用。随着新媒体不断发展，要想党建舆论引导和宣传工作更好地进行，就需要借助新媒体的平台，合理地掌握自己的主动权，并使宣传的力度进行加大，增强说服力。在党建宣传工作中，可以利用青少年的力量，这样才能够更好地把握未来。中国共产党是中国的执政党，就需要对新媒体进行合理的利用，这样才能够使我国不断发展。

三、新媒体党建舆论引导的机遇和挑战

当前，经济新常态的日益明朗，赋予国企党建工作更高要求。新常态下，中央企业转方式、调结构力度持续加大，企业面临的内、外部环境改变，改革发展中的一些深层次矛盾和问题凸显，凝聚思想共识、优化发展环境的任务变得更加繁重。职工新思想的日趋多元，赋予国企党建工作更大挑战。国有企业混合制改革不断推进，将进一步向民企等多种所有制资本敞开大门，社会资本的进入、股权结构的变动必将带来国企企业文化和管理思想的变化，并将直接影响企业职工的思想。传统的说教式宣传显得力不从心，必须创新理念、内容、体裁、形式、方法、手段、业态、体制、机制，增强针对性和实效性。网络新媒体的蓬勃发展，赋予国企党建工作更多契机。在我国，新媒体经过十余年的发展历程，已经彰显其巨大的社会影响力。坚持传统媒体

和新兴媒体优势互补，顺应互联网发展大势，尊重遵循新兴社交媒体的传播形态、特点和规律，形成立体多样、融合发展的国有企业现代传播体系，抓好企业新闻舆论工作，是国有企业党建工作与时俱进的必然要求。转型新发展的形势需要，赋予企业党建工作更大使命。随着企业转型发展步伐的加快，人员将更分散、流动性更大，导致企业采用传统模式开展党建思想政治工作时难以集中、联系不便、信息脱节。如何通过媒介融合，让企业党建工作实现双向互动、异地联动，是新时期国企党建工作人员的重要职责之一。

在新媒体的党建舆论的领导和宣传下，有许多传统媒体没有的优点，如人性化特点、分散性、双向性互动等，想要参与的每个公民都可以发表自己的评论和意见。新媒体宣传是多元化的，就要使宣传力度进行加强。在传统的媒体形式下，可以对媒体进行有效的管理和控制，保证新闻的真实性。但是新媒体并不能够保证信息的真实性，因为新媒体信息获得渠道是多元性的，但是新媒体的信息传播渠道却是开放性的，比如，不用通过系统的审核，点点手指便可以转发各种消息分享到朋友圈或者其他的社交软件，可以非常到位地宣传党建工作，也使党建舆论工作面临了更大的挑战。

顺应新时代新媒体背景下国有企业的需要，需建设高效的学习型党组织。这对领导和党员及共青团员都提供了一个很好的交流平台，新媒体的宣传和社交优势也可以很好促进员工对党的思想进行学习的积极性。在满足企业内部员工多元化互动方式的基础上，也更新了员工思想，激发其工作积极性和创造性。另外，先进和不断更新的思想也有助于企业的不断进步，包括促成企业目标的方向长远清晰化，也会更有利于国有企业经济效益的各方面大步提升。

四、媒介融合背景下党建舆论引导创新

新媒体时代加强党的建设舆论引导和宣传要做到不缺席，不失误，在提高舆论引导能力上下功夫。所谓舆论引导能力，实质上就是用新闻舆论改造和同化公众舆论的能力，以媒体的立场观点改造公众立场观点的能力。舆论导向正确并不意味着具有舆论引导能力，如果所传播的信息并不为读者接受，那么这种传播就毫无意义。新媒体时代我们既要利用新媒体及时向党内外介绍党的工作的重大事件和重要热点、难点问题，第一时间表明立场观点，澄清涉及党的工作的各种误解和疑虑，消除不适或歪曲报道的影响。对于关系国计民生，国际高度关注的重大政策措施和关系群众切身利益

的问题，相关部门要积极利用网络渠道及时主动说明情况，加强政策解读，回应社会关注，做到不缺席，不失误。

在新媒体时代下，要想从根本上加强党建舆论引导和宣传，首先要做的就是提高思想认识，这样才能够使人们认识到党建舆论的重要性。对于党建舆论的引导和宣传，是非常具有鲜明的导向工作的，是保证干部对群众的关心的重要途径。党的工作中，非常重要的一部分就是党建舆论的引导和宣传，在党建历史中也有着重要的作用。毛主席曾说过，思想是一切领导的主旨。只有提高了思想意识，才能从根本上提高办事效率。在实际的党建舆论引导和宣传工作中，要明白真正的宣传概念和意识，在任何的情况下都不能够放松。

另外，还要对党建宣传舆论工作的紧迫性进行充分的认知。在新媒体的时代，会有不同的新鲜事物产生，这就需要在实际的工作中，有更高的创新能力，抓住工作中的重点，从根本上提高党建工作。在党建舆论引导和宣传的实践工作中，要对工作格局进行统一，这样就可以产生更强大的作用力。在党建舆论工作的整个过程中，都要贯穿舆论的引导和宣传工作，并从根本上调动党建工作的积极性，这样才能够实现双管齐下。对组织的优势进行充分的发挥，积极地整合内部资源和外部信息。将党政不断地注入党建舆论引导和宣传网络中去，对各行各业的组织建设情况进行充分的了解，从根本上整合媒体资源。加大媒体的建设力度，占领新的舆论阵地。加强各个部门的组织系统信息化建设工作的要求，促进各级部门之间信息资源的整合，加强党建网站硬件以及技术的优势，并且积极地与基层党建网站的建设工作结合起来，进而推进我国党建网站为中心站点，各级组织部分的建设工作。还需要通过宣传，加强舆论引导、政务公开以及促进和谐等积极观念的主体作用。

在建设网络党建工作的时候，必须要以党建工作为核心内容，充分发挥网络信息技术，进而推进组织系统党建网站之间相互融合、上下联动的网络运作提携。结合实地的特色，建立局部鲜明的地方特色品牌网站或者手机客户端，例如南方 Plus，南方 Plus 手机客户端是南方报业传媒集团官方新闻客户端，是广东省委、省政府权威发布平台。24 小时全天候不间断为用户提供原创新闻、权威资讯和深度分析，群众可以通过手机平台获取到各种各样的党建知识和新闻资讯。

人才是发展的第一要素。所以，不仅仅是硬件的提升，而且需要加强我国的宣传队伍，培养出更为优秀的人才，进而打造一支综合能力强、作风硬以及业务能力强的队伍，不断地提拔有才华的年轻干部。

控制信源关，正面引导网络舆论。随着网络时代的降临，当今社会的信源不仅仅局限于传统的信源，更增添了诸多的信源，可以使各种信息快速汇总到网站，传统媒体和网络媒体相互为信源，网络媒体和网民之间也是相互为信源的。但是，我国的网络媒体并不具备新闻采访资质和能力，网站上的新闻大部分是转发或者转载传统媒体的新闻或者评论，所以，网站的新闻页面以及论坛等信息和意见，主要还是源自网民和传统媒体。由此可见，网站中的主要信源就是传统媒体和网民。网民不仅仅是网络受众，同时也是传统媒体的受众，所以在其接触传统媒体的过程中，就会受到传统媒体的影响，势必会对网络行为产生一定的影响。为此，传统媒体作为信源，不仅会对网络媒体产生直接的影响，也会对网络媒体信源的网民产生一定的影响，这就会对网络媒体产生一个叠加的效果。传统媒体作为比网络媒体可信度更高的重要信源，所以必须要控制好传统媒体的信源关，积极地发布一些比较正能量的信息，传达党和政府的声音，尤其是发生一些特别事件的时候，更应该起到引导网络舆论健康发展的作用。

五、结　语

新媒体的发展为党建宣传工作注入了新的活力，对驱动先进文化建设，构建积极舆论导向具有深远影响。通过强化宣传工作意识、创新宣传模式、丰富宣传内容、夯实队伍建设、强化基础管理，可有力地提升党建新闻宣传工作效力。随着越来越多的人参与到公共事件中，并对公共利益进行了关注，这已经成了一个社会热点事件。舆论引导越来越高程度的影响公民的切身利益，因此，需要进行高度重视。这就需要执政党尽快地适应这种新媒体时代的要求，合理地利用新媒体，对党建舆论的引导工作和宣传工作进行合理的扩展，使新媒体能够更好地服务党建工作。在提高党建工作科学化水平上新媒体也有着非常重要的作用。要想从根本上提高党建的科学化水平，就要开阔思路，同时使党建工作人员的思想从本质上进行提高，随时掌握新的科技思想，并将这些新的思想合理利用在党建的日常工作过程中，从而从根本上提高党建工作的效率。要想保证党建工作在新媒体形式下顺利地进行，就要对党建舆论引导和宣传工作进行充分的重视，要从人民群众入手，更加贴近民意，坚持把人民群众的利益放在首位，制定出更贴合实际的方针政策，从而在新媒体时代下，使党建舆论引导和宣传工作从根本上得到加强。

参考文献：

［1］邢玲.融媒体时代地方党报采编多元化探索［J］.中国报业，2020（7）：64-65.

［2］郑昕.从时代特征出发探索传统媒体与新媒体的融合［J］.记者摇篮，2020（2）：133-134.

［3］杨祯.融媒体时代传统新闻记者的融合转型路径探索［J］.卫星电视与宽带多媒体，2020（3）：241-242.

［4］谢梦君.新媒体时代高校思想政治教育与媒介素养教育方法探索［J］.产业与科技论坛，2019（24）：174-175.

［5］弓力成.新媒体时代新闻传播创新路径探索［J］.西部广播电视，2019（23）：41-42.

［6］杨志艳.新媒体时代的党建舆论引导和宣传［J］.实事求是，2013（2）：73-74.

［7］李峰.新媒体时代的党建舆论引导和宣传［J］.中国校外教育：中旬，2013（11）：20-21.

浅析社会重大事件报道中主流媒体
如何彰显媒体价值

刘新歌[①]

2020 年的开场方式让全人类措手不及，突如其来的新冠肺炎疫情让国人度过一个漫长、难忘的春节长假。全国上下宅家闭门躲避病毒的时候，抗疫前线的实况、病毒的真相，比什么时候都更重要。

各种信息此起彼伏，谣言、虚假新闻等也乘虚而入，搅动着社会本就脆弱的神经。微博、微信等社交平台上，也有多重声音不断响起，但大多成为一场情绪裹挟下的无意义的争论。

这几乎是每次社会重大事件发生时舆论场的现场。越是众声喧哗，越是需要具有公信力的主流声音。主流媒体应该充分发挥媒体价值，为公众传递真实信息、廓清是非，化解舆论危机，引导争取的舆论导向。

一、媒体价值

媒体（media）一词来源于拉丁语"Medius"，音译为媒介，意为两者之间。

媒体是指传播信息的媒介，指人借助用来传递信息与获取信息的工具、渠道、载体、中介物或技术手段。它包含两层含义，一指承载信息的物体；二指储存、呈现、处理、传递信息的实体。

传统的四大媒体分别为电视、广播、报纸、周刊（杂志），亦称新闻媒体、大众媒体。"新闻媒体"是 20 世纪 20 年代以后出现的一个概念，是"新闻传播媒体"的简称，主要指报社、广播电台、电视台、网站、通讯社等从事新闻传播活动的组织机

---

① 刘新歌，女，法学学士，广东时代传媒有限公司记者。

构。而随着互联网的兴起，作为"新电子媒体"的网络逐渐成为一种新的媒体类型。

对新闻媒体，英国传播学家丹尼斯·麦奎尔有一连串精彩的比喻："媒体是使我们看到身外世界的窗口，是帮助我们领悟到经历的解说员，是传送信息的展台或货车，是包括观众反馈的相互作用传播，是给予指示的方向和路标，是去伪存真的过滤器，是使我们正视自己的明镜。"

从丹尼斯·麦奎尔这段话，可见媒体主要有三重价值。

第一，发掘事实，还原事实真相，还公众知情权，加深公众对社会的了解和认识。

第二，倡导正确的价值观，对偏离主流价值观的思想、行为进行纠偏。

第三，正确的舆论引导。通过对真、善、美的舆论引导，使公众拥有自己独立的价值判断与真伪分析能力。

值得注意的是，上述三重价值都建立在一个基础上，即秉持实事求是。真实是新闻的生命线，是媒体公信力的基石。而公信力是新闻媒体的生存和发展之基，是媒体核心竞争力的重要内容。没有公信力，就谈不上传播力、影响力、引导力。

公信力是媒体的一种无形资产，但不是一朝一夕能形成的。它要求媒体从业者要眼睛向下、身子下沉。习近平总书记曾对新闻工作者明确提出了"四力"的要求。他指出，好的新闻报道要靠好的作风、文风来完成，靠好的脚力、眼力、脑力、笔力得来。

二、勇于报道，理性报道，体现媒体价值

1986 年，德国社会学家乌尔里希·贝克在《风险社会》中首次提出"风险社会"这一概念。此后，学术界开始了对"风险社会"的研究与探讨。

一般来讲，所谓"风险社会"，指由于某些局部或突发事件可能导致或引发的社会灾难。一些学者又把现代社会称为"风险社会"。在"风险社会"中，怀疑与信任、安全与风险无法达成长期平衡，二者永远处于一种紧张状态，需要通过持续不断的反思进行调适。在这样的社会，新的需要越来越多，新的问题不断涌现。

无论是今年的新冠肺炎疫情，还是 2003 年的"非典"，2008 年的冰雪灾害、汶川大地震、三鹿奶粉事件，都严重影响了我国社会经济的发展，我国同样面临着"风险社会"的挑战。面对这些突发的公共事件，如何把突发事件对公众的影响降到最低限度，不仅是政府的社会责任，同时也是新闻媒体必须承担的社会责任。

（一）勇敢、真实报道

突发事件往往在短促的时间内、没有预兆的情况下发生，通常会造成重大的人员伤亡、财产损失或生态环境破坏、社会危机，并迅速成为社会关注的焦点和热点。突发事件的发生，容易造成群众慌乱、恐惧、焦虑、愤怒等，甚至引起社会动荡、加剧社会风险。

当今信息时代、网络时代，消息的传达更加迅捷，谎言和谣言也像插上了翅膀。这就更考验主流媒体的"脚力"：只有更快到达现场、做出翔实的报道，才能有效地打破谎言、击碎谣言，才能客观公正地起到正确的舆论导向作用。反之，则贻害无穷。

以新冠肺炎疫情为例，早在2019年12月下旬，有关"武汉出现不明原因肺炎病人"的信息被武汉临床医生发布并流传于网络，但因为政府官方信息的不公开和当地媒体的缺位失声，疫情信息停留于碎片化呈现阶段，且以自媒体自发披露为主。

在新冠肺炎疫情的初期阶段，武汉当地媒体基本处于缺位失声状态。1月20日之前，鲜少有媒体将疫情内容作为头版内容，即使内版有报道，不仅篇幅较少且并无太多实质性内容。零碎的自媒体爆料与武汉当地媒体的缺位失声，导致疫情未受到公众的重视，贻误了信息公开的最佳时机，也造成一定的社会信任危机。

作为疫情防控一线的巾帼奋斗者代表，新华社记者廖君也因其报道广受诟病，甚至其在两个月里写出200多篇报道、90篇内参也广受质疑："真想问问廖君同志，您写的东西，曾经扪心自问过吗？有多少是历经良心拷问的？"

（二）理性、克制报道

一个好的记者、一篇好的报道，需要一定的共情能力，只有这样才能走进采访者的内心，才能写出有感染力的报道。但是，在报道重大社会实践尤其是灾难事件时，负责任的媒体应该保持克制和冷静，唯有如此才能确保客观、公正和真实。正规媒体和自媒体的最大区别，或许就是只负责报道真实，而不贩卖情绪。

以日本最大的公共传媒NHK（日本广播协会）关于灾难的报道为例。2011年3月，日本发生9.0级大地震，随即引发海啸、核电厂核泄漏等一系列灾难，牵动世人心弦。但在NHK的报道中，很难看到对着镜头哭泣的民众、抹着双眼的政界人士，更看不到极度渲染悲伤气氛的煽情报道。不哭，是罕见大灾难后日本留给世界的最深印象。

面对史无前例的复合型灾难，NHK主播们始终保持镇静的面容，非常坚强。画面里没有令人恐怖的死亡特写，没有灾民们呼天抢地的镜头，也没有一线记者作秀式的煽情报道和媒体渲染的所谓"众志成城"。世人真正见证的是日本公共传媒的专业主义和人文情怀。

英国《金融时报》FT 中文网总编辑张力奋对此评论道："震后，日本体现的有序、镇静和高度组织令人印象深刻。作为真正的公共电视台，NHK 在国家重大危急时刻成为超越一切的公共平台，维系了国民的精神和秩序。"而一位在日本的中国留学生也感慨道："（日本）电视台的新闻特别平静。有信息量却不侵犯个人，有数据却不煽情，有各种提示却不造成恐慌。"

但冷静不等于冷酷。强震刚过，作为公共电视台的 NHK 全面跟进，不停地轮流用日语、英语、汉语、韩语等 5 个语种发布有关最新震情，甚至在余震不断的危险情况下，NHK 主持人戴着醒目的安全帽出镜，播放关于地震的最新消息。

突发事件、社会重大事件面前，当一切还处于未知，大众本就如惊弓之鸟。有担当的媒体，应该以专业主义真实报道灾情，让民众在灾难前保持平静。也只有这样，才能使媒体的公信力最大化。

（三）与时俱进，构建全媒体传播格局

"从前慢，车马邮件都慢。"而网络时代，一切都变得很快，主流媒体必须快速反应、快速行动，与谣言、谎言赛跑，和自媒体抢占舆论高地，才能较好地体现出价值。

2019 年 1 月，习近平总书记在十九届中央政治局第十二次集体学习时指出："准确、权威的信息不及时传播，虚假、歪曲的信息就会搞乱人心；积极、正确的思想舆论不发展壮大，消极、错误的言论观点就会肆虐泛滥。这方面，主流媒体守土有责，更要守土尽责，及时提供更多真实客观、观点鲜明的信息内容，牢牢掌握舆论场主动权和主导权。"

而要掌握舆论场主动权和主导权，要进一步彰显媒体价值、增强媒体公信力，除了增强脚力、眼力、脑力、笔力外，主流媒体还应该积极拥抱新技术、紧跟新潮流，运用信息革命成果，加快构建融为一体、合而为一的全媒体传播格局。

习近平总书记在上述学习讲话中提出，网络是一把双刃剑。一张图、一段视频经由全媒体几个小时就能形成爆发式传播，对舆论场造成很大影响。这种影响力，用好了造福国家和人民，用不好就可能带来难以预见的危害。

而要不断提升传播力、引导力、影响力、公信力，需要构建全媒体传播格局，更要在信息生产领域进行供给侧结构性改革，通过理念、内容、形式、方法、手段等创新，使正面宣传质量和水平有一个明显提高。

三、占领阵地，引领风向

重庆市委宣传部副部长、重庆日报报业集团党委书记管洪曾撰文称："正确引导社会舆论，正确开展舆论监督，这是党和人民赋予媒体的权利和义务，媒体必须切实担负起这些权利和义务，才会得到人民的肯定。正确引导社会舆论，其核心在于坚持真实性原则，虚假无异于'自杀'，不仅使媒体失去信誉，给社会舆论造成混乱，甚至会在政治上、经济上、思想上、精神上带来严重后果。在舆论引导中媒体要学会用全面、联系、发展的观点看问题，防止简单化、绝对化、片面性，使宣传报道符合客观实际。"

这为媒体发扬和坚守价值指出了方法和方向。媒体的价值不是一朝一夕形成的，但无疑，如何报道突发事件、社会公共事件，最能体现一家媒体的责任、担当和价值观，也是最快分辨和建立媒体公信力的时刻。因此，如何报道突发事件、社会公共事件，如何在此类报道中彰显媒体价值，值得每一家主流媒体考量。

以《长江日报》的《在广大市民中开展感恩教育，形成强大正能量》为例，该文刊发于 2020 年 3 月初，称"要在全市广大市民中深入开展感恩教育，听党话、跟党走，形成强大正能量"。

而当时，疫情尚不明朗，防控还在紧要关头，公众的神经还在为未卜的明天紧绷着，他们最需要的，不是感动、感恩，而是抗疫一线的事实和疫情退却的安全感。因此，这篇文章，可以说没有情商、没有共情，因此在网络上引发一片哗然，造成的社会影响与其宣传目的南辕北辙。

除了想人民之所想，发时代先声，新媒体时代，媒体要坚守、彰显自身价值，更需要"内外兼修"，不仅在内容上，还需要在形式上、技术上与时俱进。《人民日报》或为主流媒体探索出一条可行的路。

据人民日报社副总编辑许正中介绍，截至 2020 年 3 月，《人民日报》已由一份报纸转变为全媒体形态的"人民媒体方阵"，成为拥有报、刊、网、端、微、屏等 10 多种载体的媒体方阵，综合覆盖受众超过 9 亿。

其中，人民日报客户端下载量突破 2.61 亿。人民日报法人微博在新浪微博粉丝数突破 1.14 亿，成为新浪微博首个粉丝数过亿的媒体微博账号，连续 7 年保持中国媒体第一微博的影响力。人民日报微信公众号用户订阅量超 3200 万，人民日报抖音账号上线 1 年多，关注数突破 8000 万，在抖音所有账号中高居第一，多条短视频刷新抖音平台传播记录。

而读者可直观感受到的是，《人民日报》越来越年轻化，越来越懂得如何与年轻人交流,《人民日报》的出品尤其是新媒体端的产品,制作精良的同时,也越来越接地气、"说人话",因此拥簇者众多。

武汉市解封前夜,人民日报微信公众号发布了《今天,发条微信一起点亮武汉》,当武汉一个个标志性景点、建筑的黑白照片,在读者的拇指点触下变成彩色,每个人不仅深深感受到武汉的美,更会为山河无恙、国泰民安而自豪、感动。这种由心而发的感触,比"要求感动""被感动"来得更为真切、更为猛烈。

不止《人民日报》,《新闻联播》、新华社也在改变。从《主播说联播》风靡网络,到新华社的"刚刚体"刷屏,再到"央视F4"康辉、朱广权、撒贝宁、尼格买提为武汉"直播带货"、3小时卖出5亿的战绩,主流媒体的形象越来越平实、可爱。

同时也可见,社会不是不需要正能量,恰恰相反,真、善、美是所有人都追求的。正面宣传更不是没有受众、没有市场,关键看媒体以什么态度、什么姿态、什么语气说。

真实如果缺席,谣言就会四起。占领舆论阵地、引领舆论导向,即是新时代下主流媒体影响力、公信力的重塑之道,也是其价值的再次挖掘和彰显。

参考文献:

[1] 管洪. 媒体提升公信力的认识与路径选择 [J]. 中国记者, 2012 (3): 12-13.

[2] 刘新业. 突发事件报道中的媒体责任 [J]. 新闻爱好者: 下半月, 2009 (1): 1.

[3] 陈艳红, 王艳峰. 突发事件报道中的媒体责任 [J]. 青年记者, 2009 (4Z): 10-11.

[4] 田华凯. 突发事件报道中的媒体责任 [J]. 记者摇篮, 2007 (9): 66.

[5] 金光华, 章丹. 理性报道大灾难 体现媒体新价值——日本 NHK 灾难报道给人们的启示 [J]. 视听纵横, 2011 (3): 31-33.

[6] 刘祎. 日本 NHK 灾难报道理念探究——以日本 "3·11" 大地震报道为例 [J]. 中国传媒科技, 2011 (3): 64-66.

[7] 习近平. 加快推动媒体融合发展 构建全媒体传播格局 [J]. 奋斗, 2019 (6): 1-5.

[8] 许正中. 人民日报社: 提升 "四力" 构建全媒体传播格局 [Z/OL]. (2020-03-25) [2021-10-08]. https://media.people.com.cn/n1/2020/0325/c40606-31646797.html.

浅谈地市级电视台纪录片创作的现状与出路

刘子文[①]

国家广电总局在 2010 年印发了《关于加快纪录片产业发展的若干意见》。文件中不仅表明要大力发展国产纪录片创作生产，同时也明确指出了要对播出纪录片的专业频道、栏目予以政策支持和鼓励，支持和鼓励地方电视台上星频道和地面频道开设纪录片栏目。随着国家层面对纪录片产业发展的支持，各级政府和各电视台对电视纪录片发展的重视程度不断提高。2011 年中央电视台纪录频道开播，一些频道纪录片栏目相继面世，电视荧屏上不断出现各种题材的优质电视纪录片，越来越多的观众对电视纪录片产生了浓厚的兴趣，纪录片逐渐成为相当一部分受众重要的文化需求，也成了各级电视媒体争相发展的文化精品内容。在国内纪录片发展稳步向好的同时，地方电视台却由于受到各种现实条件的制约，纪录片创作举步维艰。但另一方面，地市台又拥有更贴近百姓、更接地气、题材反馈更灵敏等自身独特的优势。在媒体融合时代，传统传播渠道和传播思维被颠覆性地改变，也给地市级电视台纪录片创作带来了机遇和空间。

一、地市级电视台纪录片创作现状

（一）国家政策导向继续扶持和发展纪录片

"一个国家没有纪录片，就像一个家庭没有相册。"智利纪录片导演顾兹曼的这句话表明了纪录片对于国家的重要意义。近年来，我国持续对纪录片的创作和产业发展

---

① 刘子文，韶关市广播电视台全媒体节目中心编导。

大力扶持。国家广电总局在 2010 年印发了《关于加快纪录片产业发展的若干意见》。2010 中国（广州）国际纪录片大会上，国家广播电视总局副总编辑、宣传管理司司长金德龙说："纪录片是一个国家文化产业发展和文化'软实力'建设的重要一环。我们应当鼓励和扶持中国纪录片更充分地参与国际纪录片产业竞争，要为中国纪录片更好地走向市场、走向国际创造条件。"

2011 年中央电视台纪录频道的成立，为中国电视纪录片的发展带来了新气象。随着时代精神的高扬、社会思潮的变动，以及影像传播技术的发展，一批批兼具广阔视野、文化品质和艺术水准的优秀作品不断涌现，绘制出一幅幅影像与时代交织的艺术画卷，提供"让世界了解中国，让中国走向世界"的国际表达。近年来，《将改革进行到底》《如果国宝会说话》《二十二》《四个春天》《风味人间》等具有广泛社会影响力的作品次第涌现，昭示着中国纪录片在守正创新的过程中逐渐形成了自己独特的创作观念与风格。

在央视的标杆作用下，上海纪实频道、中国教育电视台纪实频道、湖南金鹰纪实频道、重庆科教频道、辽宁北方频道等一批地面纪录片频道相继诞生，全国纪录片创作和产业发展呈现一定的繁荣景象。地市级电视台也在这样的大背景下，逐步开始重视纪录片的生产和发展。

（二）广东各地市级电视台形成了创作纪录片的良好传统和基础

得益于各级政府的重视和扶持，广东各地市级电视台均出品有不少纪录片，其中也有在较高级别评比中获奖的精品，纪录片创作成为地市级电视台的常态工作。

中山市广播电视台在纪录片创作方面一直较为领先，该台纪录片《海外中山人》2011 年被国家广电总局授予"广播电视走出去优秀工程项目奖"，《味道中山》《医院里的故事》《美丽西江》等作品均在国家和省级评比中斩获不同奖项。笔者所在的韶关市广播电视台也对纪录片一直较为重视，纪录片《囚犯生死大转移》分别获得中国广播电视协会主办的 2007 年中国纪录片国际选片会"十佳纪录片"大奖，2007 年第九届四川国际电视节"金熊猫"奖入围奖和 2007 年第 24 届中国电视金鹰奖优秀纪录片奖。随后每年韶关市广播电视台都有一定数量的纪录片出品，尤其近几年，国家和省、市对文艺精品创作扶持力度加大，该台每年能获得几十万的纪录片创作扶持资金，为纪录片创作提供了较好的平台和土壤。

（三）新媒体的兴起更加呼唤接地气的微纪录片精品

随着科技的不断发展和网络技术的日益精进，新媒体环境逐渐成熟。目前，各媒介之间呈现出越来越深入的融合态势，进入到融媒体时代。在融媒体时代，观众更偏好读取在时空上更具碎片化特质的信息，鸿篇巨制逐渐被短小精悍而取代，微纪录片就这样应运而生。

程式化、精英化、政治化的大型纪录片宏大的叙事会和融媒体时代受众的心理有一定落差，现代的观众不大能从传统纪录片中找到与自身现实生活相关的内容。而微纪录片的叙事是将焦点集中于街头巷尾，深入大众生活。注重选题的平民化，以多元的视角去反映普通人的生活，并且善于利用对细节的展示带领观众去发现生活中被忽略掉的微小事件。在快节奏的生活中，更多受众乐于观看与自己身边相关的、符合自身兴趣的题材。而贴近生活、接地气、易于掌握第一手素材恰恰是地市台的优势，微纪录片的兴起，给地市台的纪录片创作打开了一片崭新的天地。

二、地市级电视台纪录片创作的困境

（一）机制体制不畅导致人才缺乏

长期以来，计划经济体制下的地市级电视台，在当地一直处于独家垄断地位，电视从业人员手捧铁饭碗、吃惯了大锅饭，缺少创新意识、竞争意识和市场意识。然而，在市场经济条件下电视媒体的产业化特征却是客观存在、无可否认的。为自身生存与发展，电视台内部理应实行企业化管理。这就是业界普遍认同的所谓媒体"事业单位，企业化管理"。然而，目前多数地市台内部还一直沿袭着机关管理模式。即使历经机制改革，号称推行企业化管理的地市台，也如一些走入困境的国有企业那样积重难返，步履维艰。目前，大部分地市台人才流失严重，由于分配机制、奖励机制等难以理顺和落实，从业人员的才能难以得到发挥的空间，不少骨干人员选择脱离体制进入到私营企业，现有在职的员工又往往缺乏主动意识和创新意识，造成地市台人才断层现象普遍存在。

（二）地域特点挖掘不够深入

由于官媒的特点，地市级电视台纪录片选题往往围绕政治宣传的需求进行。如改革开放 40 周年、中华人民共和国成立 70 周年等重要宣传节点时，各地市台大多一拥而上，选择这种重大主题进行纪录片创作，而在创作时又往往浮于表面，一味对当地经济社会进行成就性的宣传，缺乏对地域特点的角度挖掘，也缺乏对问题的思考。在纪念抗战胜利 70 周年，纪念红军长征胜利 80 周年这些选题中，又大多采用援引史料、采访专家、借用影视画面这些手法进行创作，题材单一、角度重复、手法单调。这种思维的局限性导致了不少作品缺乏新意，水平不高。

（三）市场化程度不高

一直以来，我国的各类纪录片都是"只见出钱，不见进钱"的状况，不少电视台也并没有将其视为盈利的项目，正是这种认识上的落后一定程度上模糊了电视纪录片的经济功能。在地市台的纪录片创作中，有相当大一部分都是依靠省、市提供的项目资金，按照指定的选题方向进行运作的。完成纪录片的目的往往是完成任务，没有对市场的调查，更没有针对市场的效益开发。以至于一些纪录片即使制作较精良，也往往"叫好不叫座"，得到了上级领导的肯定，但是没有收到更好的传播效果，也没有实现产品经济效益的更大化。

三、地市台纪录片创作的出路探究

（一）引进外援把控生产流程和产品品质

随着生活水平和教育程度的提高，人们对于文化艺术产品的品位在不断变化。时代的发展也给纪录片创作者提出了更高的要求。地市级电视台作为电视媒体的底层，纪录片的节目生产模式一直相对粗放，节目品质不高。如何在现有条件下提高节目质量，提升自身竞争力和影响力呢？笔者认为，巧借外力，才能打破固有观念和模式，提高产品品质。

2016 年，佛山市广播电视台顺德分台纪录片《寻味顺德》荣获第 22 届"中国电视纪录片十佳作品"，使当地"世界美食之都"形象得到进一步提升，也让顺德分台"名利双收"。《寻味顺德》成功的关键环节之一，就是邀请到《舌尖上的中国》第一、第二季的总导演担任艺术指导顾问，深度介入纪录片的策划、调研、拍摄、制作、审看、播出等创作过程，从而保证纪录片从宏观到细节都达到高标准、高质量。

韶关市广播电视台 2017 年摄制的纪录片《企业变形记》，也聘请了央视签约导演郭东升担任艺术指导，对片子的摄制全过程进行监制。该片在 2018 年中国广州纪录片节中获中国南派纪录片优秀作品奖，也是 2018 年中国纪录片"光影纪年"学院奖入围奖作品。该片播出后，在韶关企业界引起了较大反响，给韶关广电的形象塑造带来了正面意义。

在地市台纪录片创作人才缺乏，制作力量薄弱的条件下，建立高水平监制指导的引入机制，把控纪录片生产的质量水准，不但能出好作品，也能在生产的过程中培养人才梯队，优化生产流程。《企业变形记》摄制团队在纪录片生产过程中能力提升迅速，如今大多已经成为台里的业务骨干，能独当一面。通过高水平专家的指导，目前韶关广电台纪录片生产理念和生产流程均得到较大提升。

（二）报团取暖合作共赢

地市级电视台在发展中大多面临着资金缺乏、人力不足、资源匮乏等多种困境，这就导致了地市台的视频产品往往精品较少。而对于制作要求更高、投资更大的纪录片来说，实现一定数量规模的制作更是心有余而力不足。根据笔者了解，普通地市台一年能出品两到三部制作较精良、有较大影响力的纪录片已经是非常不错的成绩了。并且由于纪录片目前在地市一级还难以形成稳定的收益，大多数地市台也不会投入过多的资金外购高质量的纪录片打造这一平台。因此，纪录片播出形成不了规模、收视低迷、效益低下成为当下很多地市台共同的窘境。破局之路在哪里？2015 年，中广联城市台电视新闻委员会发起的联制联播活动，为城市台的大型专题片、纪录片的生产和播出提供了一种新的模式。

2015 年是世界反法西斯战争胜利 70 周年，也是中国抗日战争胜利 70 周年。从 2015 年 7 月开始全国 70 家城市电视台联合推出了大型抗战主题节目《血铸河山》，在全国范围内掀起了纪念抗战胜利 70 周年的热潮。《血铸河山》共 60 集，每集 30 分钟，由中国广播电视协会城市台电视新闻委员会策划，由广州台、太原台、宁波台等 13 家城市电视台共同发起，参加联制联播的有北京、上海、天津、重庆等直辖市电视台，有香港、澳门和台湾的电视台和制作单位，还有全国数十家城市电视台。笔者所在的韶关市广播电视台作为成员单位，也在这一年担负了其中一集纪录片的摄制任务。

在投入了一个 5 人的摄制团队，历经半年后，韶关市广播电视台完成了一部片长 30 分钟，制作较为精良的历史题材纪录片。拍摄成本算高，但是换来的是其他 59 部，时长共 1730 分钟的高质量纪录片的免费播权。在韶关台历史上第一次如此大规模密集地播出重大主题的系列纪录片，在当时取得了较好的社会效益。系列片《血铸河山》也在2015—2016年度中国广播影视大奖评选中获专题类大奖。

在2018年纪念改革开放40周年之际，中广联城市台电视新闻委员会再次发起大型系列纪录片《四十城，四十年》联制联播活动，韶关台再次成为受益者之一，以较小的成本获得了较大的回报。目前这种跨区域的合作模式仍在不断地摸索和完善中，不过，在联制联播模式的推动下，城市台节目生产的新亮点和新气象已经得到了初步的展现。

（三）打造微纪录为主体的融媒体传播平台

有学者认为："微纪录片应是指依托于新媒体时代的传播媒介，适应网络化传播的时间较短、篇幅有限，但是能够以小见大，进行多种艺术尝试的纪录片作品。"而国外通常以"微型纪录片"来命名4～10分钟的纪录片。

根据国内外学者观点以及微纪录片的创作实践，可以认为微纪录片就是适应新媒体传播，通过艺术化手段记录真实生活和再现真实历史事件，达到以小见大的艺术效果的纪录片作品，具有创作周期短、耗资小、传播速度快等特点。在创作力量薄弱，投入条件不足的现实情况下，微纪录片的出现，给地市台的纪录片发展提供了一条可行性较强的路径。

在融媒体时代下，微纪录片首先更符合观众审美"快餐化"的特点。媒体移动化的趋势使受众更加渴求非正式化、片段化的内容。例如，央视制作的系列微纪录片《如果国宝会说话》，共100集，分4季播放，每集5分钟讲述一件国宝文物。这就很适合现在观众的收视习惯，加之其主题清晰、制作精良，一经播放好评如潮。其次，微纪录片拥有多渠道的传播方式。微纪录片时间短、内容少，更容易储存与传播，给全渠道化传播模式提供了便利。微纪录片的传播可以是在朋友圈、公众号、微博、各大视频门户网站等移动客户端，甚至也可以在线下媒体平台传播，例如，地铁、公交、机场等户外平台。这种"一对多"的传播方式使一个用户有多个读者，多个读者拥有更多受众，受众还可以通过评论的方式对微纪录片进行二次传播。最后，随着制作技术的平民化，人人都可以成为微纪录片的创作者。这使得纪录片的资源得到有效整合，大大提升了创作效率，纪录片的传播速度和传播范围都得到深化和扩充。

当然对于地方电视台而言，还需要考虑到纪录片与实际情况的相互贴合。例如，地方电视台可以利用自身在区域中的天然优势，配合本土特色，从而让纪录片贴近本区域的大众。同时，配合上本土资源的合理利用，也可以帮助纪录片增强市场竞争力。

（四）强化产品包装与产业链延伸

地市台完成一条纪录片需要耗费不小的人力物力，但是往往在后期的宣传和包装上力度不够，形成不了效益，投入与产出不成正比。怎样强化产品包装，优化产品推广模式，让产品实现效益最大化，是地市台纪录片创作和发展中值得探讨的问题。

韶关市广播电视台 2018 年创作了《共和国的选择》4 集系列纪录片，作品讲述韶关老一代工矿人的奋斗发展史。在创作之初，就邀请了业界专家和部分老工矿人举办座谈会，提高选题影响力；在成片播出前，又以纪录片内容为基础制作了 20 集系列短视频《口述历史》，在电视、广播、手机、互联网上密集播放和推送，引起了大量的转发，为纪录片的播出造势;《共和国的选择》系列纪录片正式播出后，在社会上引起热烈反响，韶关市广播电视台品牌形象得到进一步提升和塑造。

《寻味顺德》运营的每个环节，包括合作方式、市场调查、风险评估、立项、策划、制作、宣发、衍生品开发等，都是通过市场化运作，以合同方式规范合作。把传播力转化为生产力，转化为经济效益，项目直接收入超千万元。纪录片热播后，又陆续推出了"寻味顺德"品鉴宴、"寻味顺德"旅游专线、"寻味顺德"美食节、"寻味顺德"手信礼物等等十几种产品。推动了美食文旅文化产业化发展，延伸和提升了《寻味顺德》的品牌价值。

纪录片作为一项文化产品，它的传播和推广必须要与人们的需求接轨、与市场接轨，才能让它走得更远，产生更大的影响。

四、结 语

国家广电总局在 2010 年印发了《关于加快纪录片产业发展的若干意见》，从国家政策层面支持和推动国产纪录片的创作生产。而融媒体时代的来临，也给纪录片的发展带来了新的机遇与挑战。地市级电视台在纪录片创作中必须牢牢把握本土化优势，提升作品质量，优化运营体系，同时还要掌握媒体融合规律，跟进受众需求心理，从内容呈现、制作手法、表达语态、传播方式进行颠覆式的改造，才能在这场社会变革的浪潮中站稳脚跟，走出属于地市台自己的一片天地。

参考文献：

［1］史哲宇.互联网时代的纪录片新样式——微纪录片研究［Z/OL］.（2014-10-27）

　　［2021-10-08］.https://media.people.com.cn/n/2014/1027/c382352-25916392.html.

［2］赵淑萍.国外电视纪录片的发展趋势［J］.世界电影，1994（5）：65-70.

红色文化传播的视觉修辞实践及效果提升策略研究

——基于广东省 192 个红色地标的调研①

王雪晔　许易欣　吴秋韵②

一、引　言

红色文化是随着马克思主义传入中国而逐渐形成体系的具有中国特色的政治文化，在中国特色社会主义的发展进程中发挥着重要作用。习近平在地方考察时遍访革命故地、红色热土，指出："要把红色资源利用好、把红色传统发扬好、把红色基因传承好。"强调把握红色资源，传播红色文化的重要性。以纪念馆、旧址等空间场所组成的红色地标作为重要的红色资源，在红色基因的传承中扮演着重要角色。然而，目前红色文化传播尚存在着感染力不足、与受众连接失效等问题。随着近年来红色旅游的兴起，这些不足也在红色地标当中体现出来。而如何通过完善红色地标的传播实践，来提升红色文化的传播效果？这就涉及对受众的劝服问题、增强受众的认同问题，也就是红色文化传播中的视觉修辞实践问题。因此，本文以视觉修辞为研究视角，探究红色地标的视觉修辞实践现状与优化建议，从而为红色文化传播效果的提升

① 本文为 2022 年度广东省科技创新战略专项资金（"攀登计划"专项资金）重点项目"红色文化传播的修辞实践及效果提升策略研究——以广东省 191 个红色地标为例"（pdjh2022a0172）的阶段性成果。
② 王雪晔，博士，广东外语外贸大学新闻与传播学院副教授、硕士生导师，广州城市舆情治理与国际形象传播研究中心研究员。许易欣，广东外语外贸大学本科在读，研究方向为新媒体传播。吴秋韵，广东外语外贸大学本科在读，研究方向为新闻传播。

提供借鉴与思考。

视觉修辞以媒介文本、空间文本、事件文本为研究对象，其核心命题是"图像如何以修辞的方式作用于观看者"。视觉修辞作为一种分析工具，具有诸多具体的分析视角。斯特克伦博格与克兰德曼斯指出集体层面的意义结构可以用信仰、象征、意识形态和仪式等概念来审视；国内学者刘涛在环境传播的视觉修辞实践分析中，创造性地提出了视觉修辞批评的 CIMIA 模型，从意指概念、视觉语境、视觉隐喻、视觉意象、话语接合五个修辞问题出发进行文本分析。基于以往学者的研究成果，结合本研究的具体问题，本文将以意象、语境、接合、象征 4 个具体的视觉修辞维度，分析作为空间文本的广东省 192 个红色地标打卡点的视觉修辞实践，探究红色地标在视觉意义上的红色文化传播机制，为提升红色文化的传播效果提出可行的优化建议。

二、红色地标的视觉修辞实践

广东省 192 个红色地标广泛运用了意象表征与语境构建两个维度的视觉修辞实践。意象是携"意"之符，语境是特定意义场域。它们在空间修辞中的运用是基础的、广泛的，也是直接有效的。红色地标的意象表征与语境建构两种视觉修辞实践相辅相成，在红色文化传播中发挥着重要的劝服功能。

（一）意象表征：勾连红色文化

在广东省红色地标中，意象以多样的"象"为载体广泛存在着。意象是"意"与"象"的结合，强调脱胎于客观事物的物象被意义、情感、意念、思想、话语所认领和关照的一种状态或结果。"象"一旦被置于特定的意义系统中，成为携"意"之符，就变成了意象[①]。可以说，意象表现为生动可视的图像，并驻扎着深刻的思想内涵[②]。包含红旗、党徽等符号的"象"，在红色地标的场景中诞生了特定的"意"，即：在红色地标中，意象进入了红色象征系统，并驻扎了深刻的红色历史与精神文化。

---

① 刘涛.意象论：意中之象与视觉修辞分析 [J].新闻大学，2018（4）：1-9.

② 王雪晖.图像与情感：情感动员实践中的图像框架及其视觉修辞分析 [J].南京社会科学，2019(5)：121-127.

　　红色地标中，意象通过与特定的话语与红色文化建立象征联系，并以此强化红色文化的传播效果。文化意象构成的关键在于，一种意象与特定的霸权话语、情感诉求、历史记忆、生活方式、价值观念、生命哲学或身份想象建立了某种象征联系^①。《中国共产党章程》中规定："中国共产党党徽为镰刀和锤头组成的图案。中国共产党党旗为旗面缀有金黄色党徽图案的红旗。"中国共产党党徽是中国共产党的象征和标志：锤头是工人的劳动工具，象征着工人阶级；镰刀是农民的劳动工具，象征着农民阶级。长期的使用过程中，作为意象的党徽在不同的情境下不断被"再建构"，使党徽中凝练了多个主体（如共产党员、人民群众等）的多种情绪（如感恩、崇敬、认可等）以及价值观念、历史记忆等，最终指向红色文化。可以说，党徽、党旗等意象，从诞生、传播到使用，都基于同一红色话语体系，蕴含了追忆先贤、自强不息的情感诉求，包含了抗击日寇与革命长征等红色记忆、为革命事业奋斗的价值观念、无产阶级的身份认同等。经过意象征用和建构，情感和意义进入到物象之中并被表征出来。党徽等物象最终成为一个相对比较稳定的意识层面的形象。

　　红色地标中不仅陈设着党徽、党旗等红色文化下的专属意象，更征用了其他符码意象（见表1），例如旗帜。在当代社会视觉表征体系中，旗帜是一种被反复使用的符码。许多符码形式因有普遍的社会认知基础，且承载了一定的认同话语，故成为符码意象。符码意象经过文化积淀而成了一个"象征之符"，进而强化了红色文化传播效率。此外，作为原型意象，旗帜往往象征着集体、方向、荣誉、信仰、胜利等，与红色地标力图构建的红色文化框架不谋而合。

表1　广东192个红色地标中的主要符号频次及占比

	频次	百分比
党徽	77	40.3%
党旗	82	42.9%
入党誓词	33	17%
国旗	21	11%
红星	12	6.3%

　　红色地标利用特定语用情景塑造意象内涵，在征用符码意象的基础上"再建构"，强化受众对红色文化的特定联想。意识作用是沿着一定的释义规则展开的，而释义规则本身又受制于具体语境的变化，这使得同一物象在不同的语用情境中可以生成不同

---

① 刘涛.视觉修辞学［M］.北京：北京大学出版社，2021：386-387.

的意象。在中国传统的色彩体系中,"朱红"为贵色,蕴含了喜庆、积极的情绪。红旗广泛出现在不同的语用情景中,在中国传统节日春节中,红旗象征着传统、喜庆、团圆,而在红色地标中象征着鲜血、革命、中国共产党。这既体现相同的"象"在不同语境下"意"的差异,也反映红色地标对被征用的红旗意象的"再建构"。红旗作为意象,蕴含了中国传统文化、民众色彩偏好、国家代表颜色、近现代革命党建的历史与文化背景等深刻文化内涵。与之相似的是红色地标对金色的选择和广泛使用,比如党徽、党旗都有金色元素。在中国古代,金色被赋予神权、王权等象征意义,为"尊色"。在红色地标中,金色的党徽、党旗象征着神圣、敬畏,实现了"意"与"象"的结合,与红色地标文化建构的目标契合。广东红色打卡点空间的设计与意象的使用都采用了色彩象征这一重要修辞实践,从而促进红色文化的传播。

表2   广东192个红色地标的主色调使用频次及占比

	频次	百分比
红色	126	66.0%
金色	81	42.4%

广东省的红色地标还通过集合意象,强化场所功能性意义。当前视觉修辞实践中的符码意象,不仅体现为单个象征符号所形成的符码意象,还表现为一系列符码意象组合与汇聚后而形成的一种拼图式或连续性的符码意象,亦即集合意象。后者是当前视觉景观中主导性的意象形态,强调的是多种符码意象在意识领域的共存状态或共显状态。在广东省192个红色地标中,党旗与入党宣言往往共同出现,使空间成为党员的宣誓场所。党旗与入党誓词、红旗等意象形成连续、集合的符码意象,赋予场所功能性意义。从红色地标集中建构的红色精神,具象化为党员担当与一种号召,具有现实意义。

(二)语境建构:铺设意义场域

广东省192个红色地标以博物馆(纪念馆)与旧址形式为主,分别占35%与33%。这些红色地标根据特性,构造相应的语境,铺设了特定的意义场域,从而引导受众的意义解码沿着预先设定的路径展开,达到精准传播红色文化的效果。根据人类学家布洛尼斯拉夫·马林诺夫斯基的语境理论,语境在文本意义的诠释上具有决定性意义,既对文本意义解释起着必要的限定和导向作用,又参与文本意义的直接建构。从修辞学的意义上讲,语境创设了一个巨大的释义结构,沉淀了某种劝服的权力形式或意识形态,以便接受者的释义过程可以沿着特定的认知体系和解释框架进行延伸。相对来看,语境本身又是被建构的产物,因此,视觉话语生产的基本思路就是实现图像符号与特定语境的接合,从而赋予图像释义活动一定的框架和规则[①]。

广东省红色博物馆广泛地构建了互文语境,强化着对受众的劝服力。互文语境依赖于图像与其伴随文本之间的视觉想象,强调在文本与文本的互动关系中诠释逻辑。大量红色地标通过史料和文物的语图互文叙事构建互文语境——史料阐释文物的意图与内涵,文物确认史料的可靠性,二者合力提升劝服力,完成语境的构建。例如,位于广州市的辛亥革命纪念馆,展览了解放军穿过的军大衣,大多数较为朴实、破旧,并配以文字与图片史料,激发游客联想解放军在冰天雪地中长征、战斗的场景。实物的展示加上史料的佐证,向受众呈现行军打仗条件之艰苦和胜利的来之不易。这样的互文语境在红色地标中随处可见,比如,东莞市的广东东江纵队纪念馆中展示红军缴获的日军的枪械,配以史料数据,使游客通过视觉想象体悟战争的残酷和红军的英勇;中山市五桂山街道南桥村旧址中陈设的大幅油画,呈现党中央进行作战会议的景象,配以介绍性文字,呈现背景信息,帮助游客定位到某一重要历史节点并进行场景想象,从而塑造党中央果决、可靠的形象,蕴含"跟党走"的思想。

与博物馆相异,广东省红色旧址充分发挥了构建情景语境的优势。情景语境中的文本往往依赖于情景本身的语言系统以达到劝服效果。在红色旧址中,常常出现旧址主人曾使用的会议桌、草帽等文本。它们依赖于旧址这一特定场所而承载特殊意义——向游客传递某位革命家的生活图景与生平故事,通过语境建构传递红色精神。在情景语境中,不同情景总是对应于某种既定的视觉形式,有相对特殊的视觉形式与风格。东莞市的大岭山抗日根据地旧址集合了第三大队大队部、会议室、大家团结报社、交通站、粮食加工场、操场6处抗日旧址。游客既可以看到由水壶、脚踩缝纫机等充满年代感的生活物件组成的生活情景语境,也可以看到由工作台、油灯、军帽组成的工作情景语境,从而能够迅速捕捉语境蕴藏的红色内涵。红色旧址中的语境风格鲜明且各不相同,能够完善游客对红色文化的认识与感知。其中,情景语境是流动的,往往依托于具体的话题或事件而存在。广州农民运动讲习所通过创设情景语境,还原了番禺学宫、宿舍等多个场景,直接指向毛泽东主席曾在农讲所授课、培育农民运动骨干的具体事件,从而有利于提升游客的认知程度。可见,

---

① 刘涛.语境论:释义规则与视觉修辞分析[J].西北师大学报(社会科学版),2018(1):5-15.

红色地标作为特定的物理场所，蕴含着既定的时空概念，为空间情景的创设提供了极佳的条件。

值得注意的是，广东省的红色地标通过构建多种语境合力提升劝服作用，在语境建构方面进行了积极实践并获得成效。互文语境与情景语境具有内在对话关系，许多红色地标同时构建多种语境。例如，位于佛山市的邓培故居，展厅内陈列"邓培生平事迹展"，通过邓培旧照与史料说明的互文语境，展示了邓培从出生到投身革命，乃至献身革命的事迹；通过还原客厅、书房等故居场景，构建情景语境，营造历史场域，建构红色文化语境，强化精神共鸣。

三、红色文化传播效果的提升策略

红色地标在传播红色文化的过程中，较多呈现了意象、语境维度的视觉修辞实践，但在接合、象征等修辞视角的应用方面稍显不足。接合意为"一种构建意义元素之间对应关系的意指实践"，即建立事物之间的联系，连接符号与意义。象征是一种约定俗成的"相对持久而稳定的隐喻"①，包含着经过积淀的深厚的文化内涵。提升红色文化的传播效果，还需要在接合与象征两方面深化红色地标的视觉修辞实践。

（一）增强话语接合实践：多角度阐释红色文化

就广东省红色地标视觉修辞实践现状来看，现有的接合实践大多停留在红色文化符号层面，如借由隐喻完成符号内部能指与所指的勾连、征用符码意象表征红色文化意义等。由于叙事空间有限、受众理解偏差等，较多红色地标尚未与其他话语体系进行接合实践。实际上，诉诸话语是视觉修辞实践的一个常用策略。在红色地标传播中，从表征元素、连接元素、构建话语框架三方面使用并优化话语接合实践，能够让受众在不同的话语体系下感知、理解与认同红色文化。

第一，可以通过表征元素的话语行为，将红色文化与其在特定话语体系中的本质意义相勾连，完成话语层面的接合实践。凯文·迪卢卡认为，事物是以浮动的能指形式而存在，而表征元素这一话语行为就是根据传播目的，选取符号文本特定的所指进行表征，重构符号所处的话语体系。在红色地标的传播中，通过表征红色文化在某一话语中的本质，可以将红色文化与同一话语体系的其他意识概念相互勾连，从而调动

---

① 战迪. 从隐喻、象征到神话修辞——电影文本认知的一个重要视域［J］. 当代电影，2017（9）：40-43.

受众在这一话语体系中对红色文化的认知与记忆。具体来说，通过表征红色文化中的传统文化基因，建立红色文化与传统文化话语的勾连关系。例如，潮汕地区的红色地标建筑——汕头市南山革命历史纪念馆的红宫，还是当地村民祭拜祖先的场所——建筑的两边建有厝包，大门上方有"李氏祖祠"石匾，拜亭屋顶有彩瓷塑像，因而也具有传统文化的意义与价值。通过表征经过漫长历史积淀而产生象征意义的传统建筑元素及其符码意象，使红色地标在传播中勾连传统文化话语，既能激活红色文化的传统文化基因，又能勾起受众的民族认同感。

第二，可以借由连接元素的方式，将红色文化置于另一个话语体系中，在红色文化原有意义的基础上赋予其新的内涵。与表征元素不同，连接元素强调改变事物的所指意义，即在新的话语体系中重新勾连符码与意义之间的连接关系，赋予事物以新的意义。在红色文化的传播实践中，一些红色地标也呈现出连接元素这一话语接合实践。例如，佛山市政府在修缮郑大夫家庙的过程中，既保留了它的空间布局，呈现"家"的元素；又增加了东江纵队抗日战争中的史料、文物等，呈现"国"的元素。可见，郑大夫家庙在红色文化与家国情怀的勾连上进行了创新实践——将家庙符号与红色地标、家国情怀与红色文化连接起来，从家国话语体系中阐述红色文化。这种在连接元素维度采用的话语结合策略，可以成为今后通过红色地标提升红色文化传播效果的参考路径。

第三，通过勾连不同的话语体系，构建不同的话语框架，并在其中审视和陈述红色文化，使受众以不同的视角展开认知活动。话语框架是接合实践的最终产物，与一般框架理论中所提出的框架构建不同，其劝服动力来自既有的某种话语。也就是说，传播主体在构建话语框架时是基于一定话语体系的，话语框架从本质上说是一种认知框架。在红色地标传播中，通过建构不同的话语框架，从而建立红色文化与特定话语之间的联系。例如，茂名市茂南区山阁镇烧酒村的陈列展通过空间文本的巧妙布局，设置茂南抗日烽火、茂南抗日英雄烈士谱、茂南抗日武装斗争领导干部、老区人民贡献、老区新貌等展区，并陈列英烈事迹与照片，建立了较为成熟的民族英雄话语框架，使红色文化中革命精神、奉献精神、爱国主义精神等内涵得以在这一话语框架中呈现。在不同的话语框架中表述红色文化，能够使受众沿着不同的视角展开对红色文化的认知和认同活动，有利于提升红色文化的传播效果。

（二）构建象征符号系统：多方面呈现红色文化

红色地标作为公共空间，在传播实践中可以进一步运用象征的修辞策略。象征的基本工作原理是通过约定俗成的认知体系，调动受众的感官认知。象征策略在公共空间的修辞实践中具有举足轻重的作用。合理运用象征，能够提升红色文化的劝服效果。

在红色地标的传播实践中，对于象征策略的应用，大多呈现在有关红色文化物化象征符号的征用上，如党徽、党旗等；而对于其他维度的象征符号运用较少，使得红色文化象征系统较为单薄。瞿明安根据英国人类学家维克多·特纳的宗教仪式象征符号，提出了文化象征体系中的六种象征类型：物化象征、行为象征、感觉象征、自然象征、社会象征、虚拟象征。为了在红色地标传播中建立相对系统的红色文化象征体系，可以提高空间内象征符号的多元性，增加其他类型象征符号的使用。

第一，红色地标可以通过征用自然象征符号，纪实化地再现红色历史，勾起受众的红色记忆。自然象征符号指环境中天然形成且经过人们加以想象的自然物和自然现象，例如水、石头、四季、身体等。在红色地标传播中利用自然符号，能够带给受众一种独特的历史真实感，既能提升受众的体验，又能将红色文化的历史内涵表征出来。在红色地标现有的视觉修辞实践中，虽然大多数地标在象征这一维度上选择征用物化象征符号，但也有少数地标实现了自然象征符号的征用。例如，广东省将红色文化传承发展的重要历史载体——古驿道作为红色地标打卡点，并保留了大量呈现沿途风光的自然符号，使红色革命的历史得以再现；在韶关市的湘粤古道（连州段）中，沿途的大片山林、山路和旧址建筑上的爬山虎等，都将静态的历史风貌展现在受众眼前，铺设了一幅沧海桑田般的历史画卷。红色地标原本是人为构建的场所，在搭建空间景观的同时，巧妙地运用自然符号及其象征修辞实践，能够提升红色文化的传播效果，因此在其他红色地标今后的传播实践中可以更多使用自然象征符号。

第二，红色地标可以通过征用感觉象征符号，多模态构建受众对红色文化的统一认知。感觉象征符号指包括色彩、纹样、雕塑、音乐等在内的语言和非语言的信息传递方式，强调系统性与协调性[12]。红色地标在空间布局设计中可以结合新媒体技术，利用音频、视频等多媒体技术连接象征意义，构建故事立体感和受众的临场感。例如，东莞市的广东东江纵队纪念馆运用艺术景箱、多媒体设备等展陈手段和方法，以实景复原的形式，结合文物、绘画、音乐等象征符号，辅以多媒体投影，呈现日军轰炸广州时黑烟缭绕、火光四射的动态场景，传递革命历史中的红色文化内涵。目前

VR 技术在红色地标中也逐渐兴起，已有 46% 的场所配备了 VR 装置，但在结合技术的同时也要注重象征符号系统的统一和协调性，广东东江纵队纪念馆的空间设计就提供了一个较好的借鉴。

第三，红色地标可以通过征用社会象征符号，塑造革命先烈的"平民英雄"形象，提高受众对红色革命先烈的情感认同，从而提高红色文化的传播效果。社会象征符号是一种社会结构和社会关系的象征，包括制度、组织、群体、阶级、角色等。在红色地标传播实践中，征用社会角色象征符号最容易激起受众的情感认同和共鸣。例如，阳江市阳西县塘口镇横山村红色长廊呈现的革命先烈，既是红色革命英雄，也是当地的某一居民、某一家庭的成员。具体来说，在红色长廊的空间叙事中，既以战争旧照、石碑、名录等象征符号塑造革命先烈的战争英雄形象，传递红色革命的精神内涵，又呈现英烈相片、生平小事等图文资料，塑造先烈的平民形象。在红色地标传播中征用社会角色的象征符号，塑造革命先烈的"平民英雄"形象，能够拉近与受众的心理距离，使受众产生情感认同。尤其是在横山村这类革命村落或先烈故居等红色地标中，征用社会象征符号有利于提升红色文化的传播效果。

四、结　语

红色文化是中国共产党带领中华民族在历史实践中所沉淀的宝贵的精神财富，是中华人民共和国的根基和底色，更是社会主义发展的立国之本。红色文化传播是新时期文化自信的重要命题。红色地标作为重要的红色资源，是红色文化传播研究中不可忽视的关注对象。目前来看，广东省红色地标通过红色文化意象的表征，互文、情景语境的构建进行了卓有成效的视觉修辞实践，但在接合、象征策略的运用上相对欠缺，主要体现为：接合实践停留在符号层面，象征符号的运用较为单一。因此，在红色地标今后的传播实践中，可以强化话语结合实践，从不同角度阐释红色文化；并在象征策略上征用多种类型的象征符号，以构建完整的红色文化象征系统。通过红色地标的多种视觉修辞实践发挥合力作用，将有利于提升红色文化的传播效果。

参考文献：

［1］王宇龙 . 新媒体时代红色文化传播策略分析［J］. 传媒，2019（5）：76-78.

［2］OLSON L C. Intellectual and conceptual resources for visual rhetoric: A re-examination of scholarship since 1950［J］. The Review of Communication. 2007, 7（1）：3-4.

［3］刘涛 . 视觉修辞学［M］. 北京：北京大学出版社，2021.

［4］BLACK M. *Metaphor in models and metaphor*［M］. New York: The Cornell University Press. 1962:37.

［5］STEKELENBURG J V, KLANDERMANS B. Individuals in movements: A social psychology of contention.［J］. *In Handbook of social movements across disciplines*. 2017:103-139.

［6］刘涛 . 意象论：意中之象与视觉修辞分析［J］. 新闻大学，2018（4）：1-9.

［7］刘涛 . 语境论：释义规则与视觉修辞分析［J］. 西北师大学报（社会科学版），2018（1）：5-15.

［8］LACLAU. Mouffe. *Hegemony and Socialist Strategy: Towards a adical Democratic Politics*［M］. London: Verso，1985.

［9］刘涛 . 接合实践：环境传播的修辞理论探析［J］. 中国地质大学学报（社会科学版），2015，15（1）：58-67+140.

［10］瞿明安 . 象征人类学视野中象征的构成要素［J］. 贵州社会科学，2013（8）：40-43.

非职业演员在新现实主义电影中的表演调度研究

谢德炬[①]

新现实主义电影始于"二战"后一段时间内兴起的意大利电影，这些电影多反映人民饱经战争的痛苦与灾难，以《偷自行车的人》《罗马11时》等为代表，并逐渐影响至其他国家，直到20世纪50年代受审查制度等影响才逐渐衰退。中国的新现实主义电影早在20世纪30年代出现，当时影响较大的是《神女》《渔光曲》和《桃李》等电影。后来随着社会思想及历史认识的进步，新现实主义电影在当代发展中得到较好的传承与发展，如张艺谋的《一个都不能少》《老井》，贾樟柯的《三峡好人》《小武》，冯小刚的《老炮儿》《芳华》等。

一般而言，新现实主义电影比其他类型电影更要求"按生活的原貌再现"，技术上打破戏剧性的格局，是一种"反戏剧"的电影美学样式。在题材上，电影多是根据真实故事改编，形式上以白描手法为主进行叙事，镜头运用亦偏向于记录式的风格，较多地运用景深镜头及段落镜头，注重营造真实感觉，倡导用故事中原型人物本色出演。

一、新现实主义电影对演员的要求

新现实主义电影中的主演多数还是专业演员，尤其是电影主题专业性比较强的电影也多考虑通过对专业演员进行特训，使其技术、气质符合该原本角色的要求，如美国电影《爆裂鼓手》、印度现实主义电影《摔跤吧！爸爸》，俄罗斯篮球电影《绝杀慕尼黑》，徐皓峰导演的国产电影《师父》等，均使用实力派演员来演绎片中主要角色，

---

①　谢德炬，广州广播电视台主管。

也收到非常好的效果。

但不可忽视的是，比起其他类型的电影，非职业演员更大量出现在新现实主义电影中，这里面有着新现实主义电影更贴近生活的考量。在这些电影中，让专业人士饰演配角的数不胜数，包括近年上映的排球电影《夺冠》中的朱婷、白浪等。事实上，也有很多非职业演员以主角身份出现于各种题材的新现实主义电影中，尤其是在艺术、体育等专业性比较强的领域，如英国电影《跳出我天地》饰演舞蹈演员的亚当·库珀，就是专业的舞蹈演员，冯小刚的电影《芳华》中的男女主角，绝大部分都是专业的舞蹈演员，不少还是初次亮相电影屏幕。而在笔者本人编剧并执导的以跳绳为主题的儿童励志电影《点点星光》中，主角均由跳绳世界冠军本人本色出演。一般而言，非职业演员在表演时需达到以下要求。

（一）外形或生理特征符合角色要求

电影中经常出现一些具备鲜明特征的角色，例如，超过两米的巨汉、侏儒、骨瘦如柴的人等，很难通过化妆或后期处理达到要求。对此，雷诺阿毫不含糊地说："理想的情况自然是把角色委派给那些在生活中就具有人物精神和外貌的人们去担当。"

（二）职业气质符合角色要求

一些讲述体育运动、武术、舞蹈等专业领域的电影，往往有该领域特色的情节设计，若可选择的职业演员中不具备该角色的气质，就会考虑使用该专业领域的非职业演员，以使该演员能够演绎出该角色的职业气质。

（三）具备表演可塑性

非职业演员缺乏表演经验，往往会出现放不开、表演单调等问题，有些可以通过与导演的沟通、自己的努力克服，但有些经多次调教后仍无法达到要求，就必须考虑更换角色。而一些极具灵性的非职业演员，却能在短时间内就能呈现出明显的特点，为电影增色。

二、非职业演员的优点

使用非职业演员有利有弊，因此导演在电影开拍前往往需要对演员有较多的了解，以清楚该演员的优点与缺点，以便在电影中做到扬长避短。

首先，非职业演员在本色演绎中，在表演专业动作时可以表现得放松自如，甚至拥有让人叹为观止的气场。例如，在电影《白鬃野马》中的小男演员，捉鱼、骑马等场景让人印象深刻，给人以天人合一的感觉。

其次，非职业演员往往在态度上更加认真刻苦，这种努力融合的精气神使他更好地融入电影角色当中。

最后，部分非职业演员本身就有着鲜明个性，如能巧以利用，反而有可能成为不可复制的经典。如李小龙初次出演电影就惊艳八方，极其极鲜明的个性足以让荧屏前的观众沸腾不已。

总之，这些专业领域的非职业演员，除了能保证专业动作的观赏性外，还能使角色得到更真实的呈现，这一优点在新现实主义的电影中尤其突出。对于使用非职业演员的导演来讲，如何挖掘演员、调教演员的表演、因人而异进行调度成为拍摄中非常重要的一环，一旦有所闪失，整部影片将前功尽弃，但处理得好，往往能收到出人意料的效果。

三、非职业演员的缺点

首先，非职业演员缺乏专业的表演技巧。一般而言，专业演员需要经过长时间的训练，才能在舞台动作、表情、肌肉控制、眼神等方面做得比较娴熟。例如，在《霸王别姬》中，张国荣的台词很少，很多时候全靠面部表情与动作来完成，其中一场戏中他通过转身、低头、抬眼、远望，一气呵成，就能将他对师哥的哀怨与爱意表露无遗。

其次，非职业演员很难演绎出富有层次且鲜明的个性，更遑论演绎像葛优、陈道明这样鲜活的角色。在电影《大腕》中，葛优凭借着自己老到的表演功力，把朴素、小聪明、一根筋的个性演绎到极致。

最后，非职业演员无法做到随性而发、柔韧有余。艺术的最高境界，应是"众里寻他千百度。蓦然回首，那人却在，灯火阑珊处"。例如，在《西游降魔》中的黄渤和舒淇在片中一段即兴的舞蹈，反而成了经典片段之一。吴孟达也是出名的不按常理出牌，无厘头的神来之笔反而成了让人津津乐道的经典。

四、非职业演员的调度研究

就非职业演员如何在自我再现时达到最好的效果，笔者从几个方面进行陈述。

（一）演员的挖掘

一般而言，演员的挖掘往往倾向于选择科班出身，例如，中戏的章子怡、赵薇、黄晓明等，但电影《芳华》中，选择的却多是舞蹈学院的学生，这主要是因为电影中有大量的舞蹈镜头，只有专业的舞蹈演员，才能更好地演绎出这种美感。在《芳华》中一个跳舞的长镜头，可以说，如果不是专业演员，是很难在这么长的时间里把舞蹈表演得那么酣畅淋漓。

（二）编剧阶段以人物本原性格重建故事结构

人物设计和情节设计一定相互依存，互成镜像。编剧大师麦基表示：如果你改变了事件设计，那么也就改变了人物；如果你改变了人物的深层性格，也就必须再造结构来表达人物被改变了的性格。

电影《芳华》中，冯小刚有感于周放干脆爽利的风格，为她二度改戏，使戏中的角色更近贴近演员自身的性格特点。电影《点点星光》在这方面做了更大胆的尝试，在剧本已成型阶段意外发现新进队员中有一对双胞胎，加上两人表演可塑性极强，剧组立刻根据这种变化重新调整故事结构，创造了不少令人印象深刻的情节，收到了很好的效果。

（三）根据其性格特点推动情节发展

饱满的人物形象设计，在电影创作中的地位十分关键，尤其在推动情节发展方面起着非常重要的作用。

在电影《点点星光》中，在剧本写作阶段对几位演员的性格特点做了深入的了解，并根据其性格特点重新设计情节，例如，片中的任宇翔角色的扮演者钟炜峰，因为本身就是世界冠军，身上有着一股舍我其谁的霸气，因此他的这种气场几乎贯穿全片，并以极具个性的方式推动故事向前发展。

（四）场景的真实还原

场景的熟悉、搭档的默契配合，都利于角色彼此间表演的真实自然流露。例如，电影《芳华》中男主角黄轩和女主角苗苗均来自北京舞蹈学院，《点点星光》中的队员均是平日里朝夕相对的同学，而部分拍摄地点就在他们学校里面，这种熟悉感特别有利于他们演绎出一些只可意会不可言传的细腻的情感。

（五）表演的调教

导演需对非职业演员进行调教，帮助他进一步理解剧情，理解剧组的拍摄手法及意象的表达，增进其对影视艺术的理解。例如，在对现实理解的基础上，可以让他们尝试一些更具诗意的表达，赋予他们对情节做更主观、更艺术的表演。例如，任宇翔在《点点星光》中对"听绳子说话"独特的演绎，赋予了绳子以生命，使人与物的联系显得更具诗意。一些本身就具备一定艺术修养的非职业演员，甚至能同时运用文学技巧及美学处理，使在写实基础上达到扑朔迷离的艺术境地。

不能忽略的一点是，导演对非职业演员的调教虽然重要，但演员自身的条件才是经典角色的决定因素。优秀的导演亦需要优秀的演员，优秀演员也需要出色的导演，两者相辅相成，缺一不可，一旦导演和演员擦出火花，往往能使作品呈现出令人叹为观止的艺术价值。

五、总　结

在新现实主义电影中，非职业演员其实是得天独厚的，是完全能够让一些专业领域的故事得到更具观赏性的效果。多部经典电影亦证明了，这些本色出演的演员确有利于故事的真实再现，个别极具天赋的演员，是完全能达到导演更高的要求，甚至能在演员这条路上，走得更远。在这方面有着很多的例子，例如，"武而优则演"的明星演员李连杰、甄子丹，"唱而优则演"的张学友、张国荣，皮划艇运动员胡兵、游泳运动员方力申、全国射击冠军牛莉，都是从非职业演员迈向专业演员的极具说服力的典型代表。

参考文献：

［1］倪祥保.中国新现实主义电影的前世今生［J］.江苏社会科学，2018（6）：196-201.

［2］［美］安德烈·巴赞.电影是什么［M］.崔君衍，译.北京：文化艺术出版社，2008：176.

［3］［美］罗伯特·麦基.故事［M］.周铁东，译.天津：天津人民出版社，2014：114.

［4］张潇.意大利新现实主义电影的废墟美学［D］.长春：吉林大学，2015.

地方媒体区域文化建构与传播现状分析

——以《潮州日报》为例

詹妙蓉[①]

一、地方媒体的区域文化传播现状及问题

区域文化是指一个地域里的生态环境、历史风貌、风土人情、民俗艺术、价值观念和思维方式等，它是区域内一切和精神和物质的财富的总和。"区域文化只有借助区域传播的广泛扩散，并在传播过程中整合创新，才能在对区域文化的维系中保持生命力。[②]"

（一）地方媒体助推区域文化传播

区域文化传播能够有效提升区域形象，是区域精神文化的一种展现，同时对区域发展产生推动作用。笔者认为，地方媒体与区域文化存在共生互长关系。其一，区域文化传播有赖于地方媒体深耕。区域文化只有借助大众传播的广泛扩散，并在传播过程中整合创新，才能在区域文化的维系中保持生命力。其二，区域文化特色是地方媒体的"宝藏"。优良的区域文化有助于促成区域民众的身份界定与文化认同，增强区域群众的归属感和自豪感，提升区域文化自信。其三，地方传媒与区域文化相互交融、共同促进。区域文化与地方媒体紧密结合，形成流行文化；而地方媒体通过对区域文化的深度挖掘和传播，也拓展了当地发展空间。

---

① 詹妙蓉，潮州日报社记者。

② 周鸿铎.区域传播学导论［M］.北京：中国纺织出版社，2005：50.

（二）地方媒体在区域文化传播中的不足

地方媒体与区域文化互动过程中，地方媒体发挥了新的价值功能，在传播区域文化方面也存在不足。其一，媒体深度融合力度不足。要做区域文化的记录者、传播者和传承者，就要突破传统的报道方式，才能赢得受众，在新媒体时代突出重围，不断提升传播力和影响力。一些地方媒体由于人才、技术等瓶颈，区域文化报道在新媒体平台推广方面相对薄弱，传播效果有限。其二，传播人才与技术遇到瓶颈。新媒体为区域文化传播提供便捷条件，然而，目前大数据、云计算等仍未与文化产业充分结合，掌握相关技术的人才较少，这些都是新媒体环境下区域文化传播必须解决的问题。

二、《潮州日报》区域文化核心理念建构

地方媒体作为文化事业的重要组成部分之一，在传承区域文化、提升区域文化软实力、彰显区域文化个性、增强区域吸引力和辐射力等方面，具有重要的地位和作用。

潮州市是国家历史文化名城，潮州文化历史悠久、源远流长、内涵丰富，潮州工艺美术、潮州美食声名远播，这些都是值得地方媒体进行深度报道的好题材。以地方纸媒《潮州日报》为例，《潮州日报》依托地域独特文化和侨乡特色，经营品牌栏目，打造文化精品，形成一份富有影响力的地市综合性党报。《潮州日报》于1992年创刊，本着"做大本地、做强民生、做活文化、做亮特色"的办报思路，确立读者意识，不断创新求变。《潮州日报》致力挖掘地方文化，做大做强传统舆论阵地，做好"潮"味、"侨"味文章，开设了"观潮""潮商""潮州文化""潮人风采"等特色板块，在海内外特别是潮人群体中产生较大影响。

传统纸媒要适应新形势发展，必须求新求变，主动与新媒体融合。近年来《潮州日报》就不断尝试，在媒体融合和品牌建设上走出自己的路子。2009年，《潮州日报》试水新媒体；2013年，对潮州日报网站进行全新改版，更名为"潮州新闻网"；2013年和2014年，潮州日报社先后开通官方微博和在微信公众平台上开通公众号，2015年开通潮州日报新闻客户端。目前，潮州日报社已形成网站、微博、微信、"潮州+"客户端等"一报一网两微一端"全媒体格局，实现报网全媒互动报道，有效拓展潮州舆论宣传阵地，扩大对外宣传影响力。

2015年以来，潮州日报官方微信公众号多次进入省内纸媒公众号排名前10，潮

州新闻网日均点击量超 10 万，已成潮州第一门户网站。2016 年，由于"在承担社会责任、推进融合创新、探索互联网＋等方面所做出的努力与取得的成绩"，《潮州日报》获评"金长城传媒奖·2015 中国十大创新力地市党报"；2018 年，《潮州日报》的"突出特色创新思维"项目荣获"2017—2018 年度中国报业新媒体项目优秀奖"。

因此，笔者选取《潮州日报》作为研究个案，通过分析研究《潮州日报》在区域文化传播的媒体策略，从个案研究到整体分析，探索提升区域文化传播影响力的新渠道。

三、《潮州日报》区域文化传播的媒体策略

（一）彰显区域文化特色

地方报业媒体立足地方，节目本土化色彩鲜明。在全媒体时代，新闻报道仍应坚持"内容为王"原则，结合当地实际，发掘有地方特色的内容，做区域文化的记录者、传播者和传承者。

以《潮州日报》为例，近几年，《潮州日报》推出一系列大型策划报道，"探访城市老街巷""文化扫地僧""寻找潮州老味道""老行当"等专栏或专题，并发布新媒体平台，赢取了许许多多读者的芳心。京都帝皇府，潮州百姓家。在潮州古城牌坊街一带，遍布着"猷、灶、义、兴、甲、家、石、辜、郑、庵"这 10 大名巷。这 10 条名巷自北向南依次平行排列，首连牌坊街、尾通下西平路，在历史上曾经是名门望族、达官贵人的聚居地。一条巷道就是一个故事，《潮州日报》开设"探访城市老街巷"栏目，从 2012 年组建采访团，对古城 30 多条老街进行长达 4 年的探访和报道。其间，《潮州日报》"探访城市老街巷"专题报道，利用一个版面篇幅讲述一条潮州老街的故事，图文并茂、内容充实、版式清新。"探访城市老街巷"已结集出版，成书《潮州老街巷》并被纳入《根在潮州》文化系列丛书，旨在更为完整具象地对古城历史进行系统回望梳理。

潮州菜是潮州文化的重要组成部分，也是享誉中外的一大菜系，集多地名菜的风味和烹饪技术，精制创新，"色、香、味、形"并美。2004 年 10 月，国家烹饪协会授予潮州"中国潮州菜之乡"称号。近年来已整理出来的潮州菜谱共分 8 大类，234 个品种。其中，潮州小食是全国八大点心系列之一，远近闻名，乡土风味浓郁，春饼、草粿、卤鹅、蚝烙等应时上市，香溢凤城街头。2016 年，《潮州日报》推出"寻找潮

州老味道"专题，通过对潮州传统美食进行较为系统的收集、呈现，寻找美食背后的故事，展现潮州人的美食人生。

（二）传承区域历史文化

对于地方报业媒体的受众而言，区域文化存在接近性、显著性、趣味性等要素，具有可供发掘的新闻价值，因此，做好区域文化报道是地方报业亲近读者的途径之一。地方报业媒体通过对某一特定文化事象的关注，确定其稿件的角度、篇幅以及版面的版式、设计，引导人们把关注的焦点转移到它们设定的文化事象上来。地方媒体的这种文化梳理和引导有利于找准文化定位，培育主流文化思想，彰显地方文化个性。

潮州素有"岭海名邦""海滨邹鲁"的美誉，被专家学者称为"中原古典文化橱窗"，也是1986年国务院公布的第二批国家历史文化名城之一。再以《潮州日报》为例，潮州文化具有不可代替的独特性，《潮州日报》注重发挥地方文化特色，传播潮州历史文化。其中，"潮州文化"版面坚持了18年不间断，开设"亲近先贤""方言雅语""文脉印记""中山路故事""地名盘点"等栏目，发掘了大量潮州文化方面有价值的史实，已成为海内外潮人了解潮州的重要窗口，也成了具有研究价值的地方历史资源，被广泛采用。比如，"潮州文化"版面中开设《潮州地名纵横谈》，搜集地名现象，阐释地名内涵，研究命名规律，展现地域风貌，提升地名价值，引导读者探讨地名保护、地名管理等问题。研究和传播潮州地名文化，有助于地方文化遗产和文脉保护传承，也契合潮州市当前"打造沿海经济带上的特色精品城市"的语境。

潮州市自2011年被评为"中国工艺美术之都"以来，通过一系列政策措施加以扶持引导，工艺美术发展呈现出前所未有的活力和光彩。目前，全市共有工艺陶瓷、木雕、潮绣、麦秆画等门类品种40多个，拥有一支技术高超、数量大的工艺美术专业人才队伍，众多传统工艺分别被列为国级、省级和市级非物质文化遗产保护项目，门类品种、人才队伍、创新能力、精品力作和产业规模等方面在国内均处于优势地位和领先水平。为扩大和提高潮州传统工艺美术品的知名度及影响力，弘扬潮州传统工艺优秀的技艺，《潮州日报》推出"文化扫地僧"系列报道，推介一批不显山不露水、默默坚守传统技艺的潮州工匠，从不同角度梳理了潮州民间传统文化艺术的发展历程，是对潮州传统文化的一次记录、传播，展示了潮州艺人的工匠精神。

四、提升区域文化传播影响力的建议

随着社会发展和科技进步，当下的传播环境发生改变，这也给区域文化传播带来新的机遇和舞台。通过分析《潮州日报》对区域文化核心理念的建构、在区域文化传播的媒体策略，结合当前地方媒体在区域文化传播中普遍存在的不足之处，笔者在地方媒体提升区域文化传播影响力方面，提出以下几点建议。

（一）擦亮区域文化品牌

区域文化能够展现该区域的精神文明状况，蕴含区域发展的精神源泉，比如"敢为人先、务实进取、开放兼容、敬业奉献"的广东人精神，这是区域文化精神的凝练，并助力区域文化实现更好地传播。对于地方文化的推介宣传，应该融入新时代的气息，在以传统文化为核心的基础上，实现创造性的转化与发展。充分利用区域文化与地方媒体的共生互长规律，在传播区域文化过程中打造自身品牌，完善区域文化拟态环境的建构。要建立区域文化品牌的长效机制，使之成为众所周知的亮点，使区域文化得以发展壮大，让地方媒体的信息"走出去"。设置与自身媒体特点相吻合的文化品牌栏目，深入挖掘区域文化内涵，采访报道中邀请更多专家学者进行指导，确保报道兼具可读性和专业性。

（二）创新宣传报道方式

在全媒体时代，地方报业媒体除了利用自身新媒体矩阵传播内容，还可以尝试在视频门户网站、微信小程序、移动短视频等传播平台进行内容分发。充分利用自身的新媒体阵地，整合当地文化旅游资源，创新形式、细化分类进行宣传短视频创作，介绍当地特色文化、风土人情等，加强信息更新和活跃度。利用新媒体技术对大型文化活动进行直播互动，营造热点互动话题，进行议题设置等，提高粉丝的关注度和忠诚度。积极联合网络直播平台，或与新媒体平台中具有公信力、影响力的营销团队合作，进行地方特色文化传播。借助地方媒体的内容优势，结合直播平台技术优势和平台运营，探索更加广泛有效的合作方式，比如体验式直播报道等。此外，在运用直播平台传播区域文化时，要避免传播内容落入泛娱乐化，要培养专业文化类主播，使地方媒体形成规模化、专业化的区域文化传播优势，实现区域文化在网络直播领域的常态化输出。

（三）延伸深度报道触角

地方传统媒体要充分利用"近水楼台"的区域优势，深度挖掘区域文化特色，结合传统节日、重大活动等节点，创新性策划包装本土化、地域性的栏目，将报道触角延伸到乡村及群众身边，打造地方文化特色频道品牌，讲好本土故事。地方媒体可强化策划报道，地方媒体可利用移动视频直播、AI 虚拟现实场景等方式，建立融合传播矩阵，打造融合产品，通过媒体人的视角宣传地方文化特色，增强地方文化吸引力，在发展中保护和传承地方文化，不断提升地方媒体传播力、引导力、影响力、公信力。

（四）完善人才培养机制

区域文化传播离不开文化传播人才的支撑。地方媒体只有注重人才培养，全面建立人才培养机制，让人才符合区域文化传播需求，才能真正实现区域文化的有效传播。这就需要地方媒体、相关部门、龙头企业等多方协调联动，充分发挥内容优势，培养更多"一专多能"复合型媒体传播人才。目前，移动媒体将进入加速发展新阶段，5G、大数据、人工智能、云计算等新兴技术不断发展，未来将更快地与文化产业相融相生。针对掌握新兴技术的媒体人才较少情况，建议高校与企业携手合作，高校在开设传媒专业的同时，相关企业推出培训体系，实现"订单式"人才培训，保障云计算、大数据人才的培养与就业，缓解新媒体环境下区域文化传播的技术人才短缺问题。

五、结　语

对于地方媒体而言，既要传承本土优秀文化，又要立足当前，灵活运用新媒体传播规律，讲好本土故事。只有坚持地方媒体的文化属性，立足于区域文化的特色，挖掘现实生活中独具神韵的文化元素，充分运用全媒体传播优势，更好地发挥地方媒体的价值功能，才能成为区域文化传承的重要标杆。

参考文献：

［1］何斌.地方广电媒体对区域文化的构建现状分析［J］.新闻研究导刊,2015（22）:
　　24-24, 19, 35.

［2］吴道锷.用地域文化打造媒体品牌［J］.中国记者,2015（7）:77.